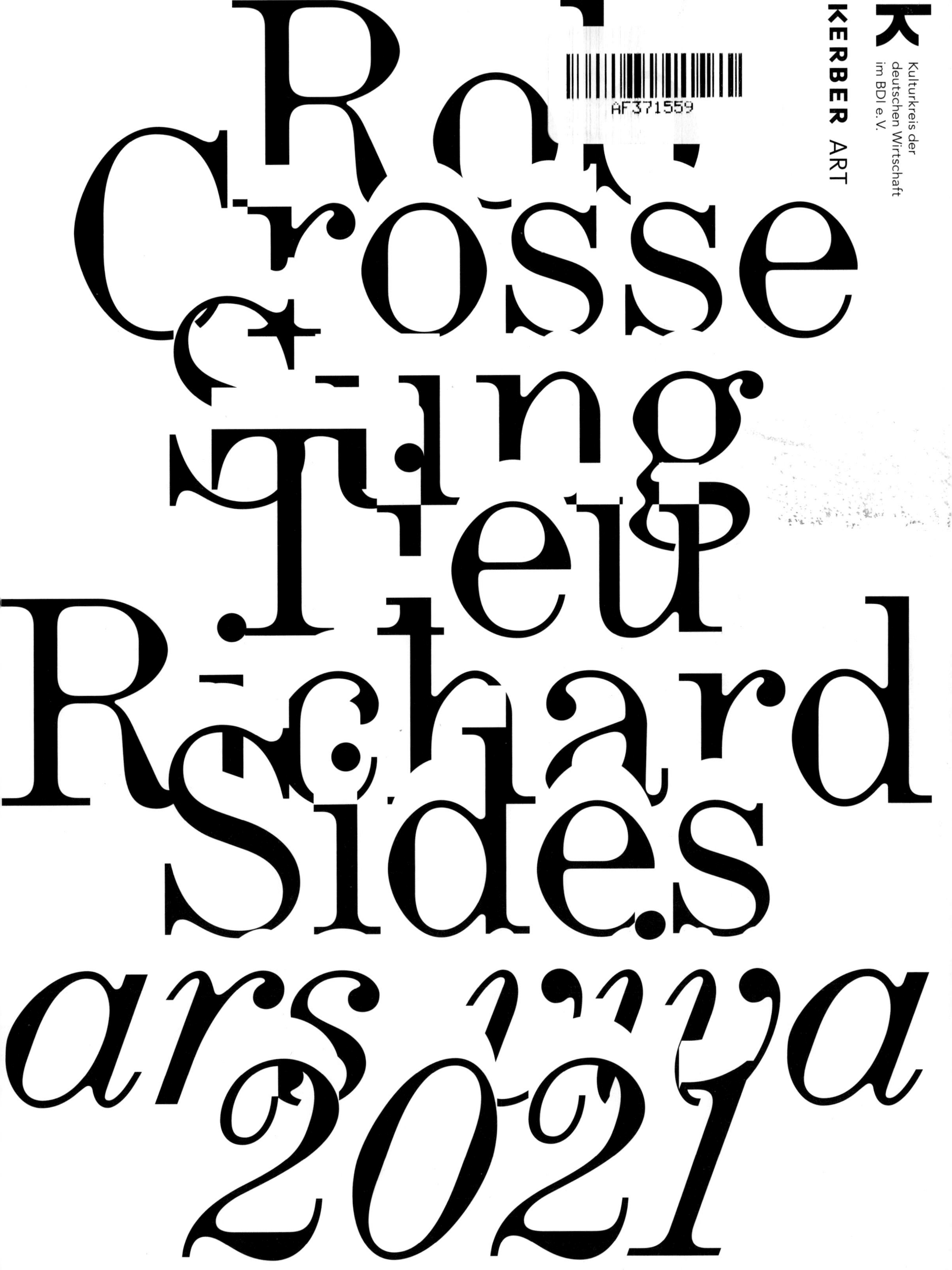

k
KERBER ART
Kulturkreis der
deutschen Wirtschaft
im BDI e.V.

Vorwort

Der Kulturkreis der deutschen Wirtschaft im BDI e. V. verfolgt seit seiner Gründung im Jahr 1951 das Ziel, „eine freie Entwicklung von Kunst und Kultur in Deutschland sicherzustellen und auszubauen". Er ist der Überzeugung, dass „Kunst und Kultur zu den Grundbedürfnissen der Gesellschaft"[1] gehören. Gerade in Krisenzeiten, so scheint es, müssen Akteurinnen und Akteure sowie Institutionen, die sich einem solchen Gebot verpflichtet fühlen, die Bedeutung von Kunst und Kultur für eine freie und gemeinschaftliche Gesellschaft immer wieder und vor allem für die Öffentlichkeit deutlich sichtbar machen.

Wir leben in bewegten Zeiten: Die Entwicklungen der letzten Monate um die Covid-19-Pandemie treffen uns alle. Ein ebenso medienbeherrschendes und unsere Zeit prägendes Thema sind die weltweiten Protestmärsche für die Rechte und die Gleichbehandlung von People of Color. Beides greift tief in alle Bereiche des gesellschaftlichen, sozialen und wirtschaftlichen Lebens ein. Wir alle sind mit Fragen konfrontiert, wie wir in Ausnahmesituationen handeln und mit Krisen umgehen sollen.

Auch die Arbeit des Kulturkreises der deutschen Wirtschaft im BDI e. V. ist durch vielerlei Einschränkungen um die Pandemie betroffen. Viele Veranstaltungen und Projekte konnten nicht in der gewohnten Weise stattfinden. Gemäß unserer Vereinssatzung und um ein klares Signal nach außen zu senden, war es dem Kulturkreis der deutschen Wirtschaft im BDI e. V. jedoch ein besonderes Anliegen, seine Förderung junger Künstlerinnen und Künstler auch in diesen herausfordernden Zeiten fortzuführen und dafür auch neue Formen zu entwickeln. So wurde erstmals in der beinahe siebzigjährigen Geschichte des Kulturkreises die Endjurysitzung des *ars viva*-Preises für bildende Kunst virtuell abgehalten. Die zur Tradition gewordenen Studiobesuche der für die Finalrunde aus 45 nominierten Positionen ausgewählten zwölf Künstlerinnen und Künstler, die unter 35 Jahre alt sind und ihren Lebensmittelpunkt in Deutschland haben, fanden in diesem Jahr als Videopräsentationen statt. Sie waren so kreativ und individuell wie die einzelnen Finalistinnen und Finalisten selbst.

Im Fokus der Preisvergabe des *ars viva*-Preises stehen junge, noch unbekannte herausragende Positionen, die eine eigenständige Formensprache und ein Bewusstsein für kulturelle und gesellschaftliche Fragestellungen der Gegenwart erkennen lassen. Neben einem Preisgeld und der Kooperation mit renommierten Institutionen für zeitgenössische Kunst ist der vorliegende Katalog Teil der Auszeichnung. Der Preis wird von einer Jury verliehen, die sich aus Mitgliedern des Gremiums Bildende Kunst des Kulturkreises der deutschen Wirtschaft e. V., den teilnehmenden Kooperationspartnern sowie externen Fachberaterinnen und Fachberatern zusammensetzt.

Der Kulturkreis der deutschen Wirtschaft zeichnet in diesem Jahr Rob Crosse (*1985), Richard Sides (*1985) und Sung Tieu (*1987) mit dem *ars viva*-Preis 2021 aus. Sie werden eine Ausstellung im Museum Angewandte Kunst, Frankfurt am Main, und im Kunstverein Hannover realisieren. An die Ausstellungen schließt sich eine mehrwöchige Teilnahme am Residenzprogramm Fogo Island Arts, Kanada, an.

Der von der Grafikdesignerin Siyu Mao gestaltete Katalog zeigt nicht nur die Werke der *ars viva*-Preisträgerin und -Preisträger, sondern fragt gleichermaßen nach ihrem Kontext und der „Story behind": ausgehend von der fabelhaften, für den Betrachter oftmals verborgenen (Produktions-)Welt hinter den Kunstwerken integriert sie künstlerisches Material in die versteckt liegenden Innenseiten des Katalogs. Ebenso greifen Typografie

[1] Präambel, Satzung des Kulturkreises der deutschen Wirtschaft im BDI e. V., Berlin 2012.

und Gestaltung das Thema des Dokumentarischen und des Archivs auf, indem sie auf die umfangreiche künstlerische Recherche verweisen, die den Arbeiten der Preisträgerin und der Preisträger zugrunde liegt.

Einfühlsam beschreibt Marc Siegel die feinen Beobachtungen generationenübergreifender homosexueller Paare, die Rob Crosse in Filmen und Fotografien festhält. Auf vielfältige Weise gelingt es Crosse, Momente der Fürsorge und Nächstenliebe im Zwischenmenschlichen in dokumentarisch anmutende, filmische Aufnahmen zu transportieren. Eklektisch ist das faszinierende, multimediale Werk von Richard Sides. Elisa R. Linn verweist in ihrem Beitrag auf die Nähe von Sides' Arbeiten zur Komplexität eines Hypertextes mit unendlichen Bezügen, Querverweisen, filmischen und popmusikalischen Zitaten, unterlegt mit einer kapitalismuskritischen Haltung. In seinem Essay über die Künstlerin Sung Tieu erläutert Colin Lang das Zusammenspiel von Sound und installierten Objekten ihrer Arbeiten im Ausstellungsraum. Ihre kritische Auseinandersetzung mit Migration und militärischer Kriegsführung führt die Künstlerin oftmals zu historischen und fiktiven Narrativen im Ausstellungsraum zusammen. In ihrem Überblickstext verweisen Min-young Jeon und Mathilda Legemah auf die Herausforderungen der Kunst in Zeiten von Corona und geben eine kurze Einführung in die Arbeiten der diesjährigen *ars viva*-Preisträgerin und Preisträger. Ihnen allen gilt der herzliche Dank des Kulturkreises.

Der Kulturkreis gratuliert Rob Crosse, Richard Sides und Sung Tieu zur Auszeichnung mit dem *ars viva*-Preis und wünscht ihnen für ihren weiteren künstlerischen Weg alles Gute und den besten Erfolg! Er dankt ihnen für die Zusammenarbeit bei der Entstehung des Katalogs und der Realisierung der Ausstellungen. Ein besonderer Dank gilt zudem den Kooperationspartnern des Kulturkreises, Grit Weber vom Museum Angewandte Kunst, Frankfurt am Main, Kathleen Rahn und Sergey Harutoonian vom Kunstverein Hannover, Willem de Rooij, Fogo Island Arts, sowie Hilke Wagner vom Albertinum der Staatlichen Kunstsammlungen Dresden als Fachberaterin. Die Jury tagte im Februar (Vorjury) und April 2020 (Endjury) unter dem Vorsitz von Ulrich Sauerwein. Ihr gehörten in diesem Jahr Sergey Harutoonian, Stefanie Humbert, Min-young Jeon, Mathilda Legemah, Dr. Rüdiger Maaß, Dr. Franziska Nentwig, Isabel Podeschwa, Kathleen Rahn, Willem de Rooij, Dr. Marie Schnell, Thomas Timmermanns, Hilke Wagner und Grit Weber an.

Der Kulturkreis bedankt sich bei der HypoVereinsbank – Member of UniCredit für die Förderung des *ars viva*-Preises 2021.

Ulrich Sauerwein
Vorsitzender Gremium Bildende Kunst im Kulturkreis der deutschen Wirtschaft im BDI e. V.

Franziska Nentwig
Geschäftsführerin Kulturkreis der deutschen Wirtschaft im BDI e. V.

Min-young Jeon, Mathilda Legemah
Leitung Programmbereich Bildende Kunst, Kulturkreis der deutschen Wirtschaft im BDI e. V.

Preface

Since its establishment in 1951, the Kulturkreis der deutschen Wirtschaft im BDI e. V. (Association of Arts and Culture of the German Economy) has been pursuing the aim of safeguarding and developing "a free development of art and culture in Germany." It is convinced that "art and culture are among the basic needs of society."[1] Particularly in times of crisis, or so it seems, protagonists in the field and those in leading cultural institutions who feel obliged to realize such a mandate must make the importance of art and culture for a free and communal society clearly visible again and again, in particular for the public sphere.

We are living in eventful times: the developments of the past months with relation to the Covid-19 pandemic affect us all. A topic that is just as media-dominating and formative for our era is the protest marches for the rights and equal treatment of people of color around the globe. Both issues impinge profoundly on all areas of societal, social, and economic life. We are all confronted with the questions of how we should act in exceptional circumstances, and how we should deal with crises.

All sorts of restrictions connected to the pandemic have also impacted the work of the Kulturkreis der deutschen Wirtschaft. Many events and projects were unable to take place in the customary manner. In accordance with the statutes of our association, and so as to send a clear signal to the outside, it was, however, a special concern of the Kulturkreis to continue its promotion of younger artists in these challenging times, and at the same time develop new forms for this. For the first time in the nearly seventy-year-old history of the Kulturkreis, the final jury session for the *ars viva* prize for visual art was held virtually. This year, the traditional studio visits for the final round of the twelve artists, under thirty-five years of age and residents of Germany who were selected from the forty-five nominees, took place as video presentations. These were as creative and individual as the finalists themselves.

The awarding of the *ars viva* prize focuses on young, still unknown, outstanding positions that make it possible to recognize an autonomous formal language and an awareness of the cultural and social questions of the present. Besides the prize money and the collaboration with prestigious institutions for contemporary art, this catalogue is also part of the prize. It is awarded by a renowned jury consisting of members of the Committee for Visual Arts of the Kulturkreis der deutschen Wirtschaft e. V., the co-operation partners involved, and external advisors.

This year, the Kulturkreis der deutschen Wirtschaft awarded the *ars viva* prize for 2021 to Rob Crosse (*1985), Richard Sides (*1985), and Sung Tieu (*1987). They will realize an exhibition at the Museum Angewandte Kunst, Frankfurt am Main, and at the Kunstverein Hannover. The exhibitions are followed by a several-week-long participation in the Fogo Island Arts residency program in Canada.

The catalogue, designed by the graphic designer Siyu Mao, not only shows the works of the winners of the *ars viva* prize but examines the context and stories behind them: starting from the fabulous world (of production) behind the artworks, which often remains hidden from viewers, she has also integrated artistic material in the concealed inside pages of the catalogue. The typography and design, too, take up the topic of the documentary and of archives by making reference to the extensive artistic research that underlies the prizewinners' works.

Marc Siegel sensitively describes the subtle observations of an intergenerational homosexual couple that Rob Crosse has captured in films

[1] Präambel, Satzung des Kulturkreises der deutschen Wirtschaft im BDI e. V., Berlin 2012.

and photographs. Crosse succeeds in transporting moments of solicitude and brotherly love in interpersonal relationships in a multifaceted way in documentary-like, filmic footage. The fascinating, multimedia oeuvre of Richard Sides is eclectic. Elisa R. Linn makes reference in her text to the closeness of Sides's works to the complexity of a hypertext, with infinite references, cross-references, and citations of films and pop music underlaid with a stance critical of capitalism. In his essay about the artist Sung Tieu, Colin Lang discusses the interplay of sound and objects installed in the exhibition space. The artist often merges her critical examination of migration and military warfare to create historical and fictitious narratives in the exhibition space. In their overview text, Min-young Jeon and Mathilda Legemah point out the challenges for art in the era of the coronavirus, and provide a brief introduction to the works of this year's prizewinners. The Kulturkreis expresses its heartfelt gratitude to all of them.

The Kulturkreis now congratulates Rob Crosse, Richard Sides, and Sung Tieu on winning the *ars viva* prize and wishes them all the best and great success on their further artistic journeys! It thanks them for their collaboration on the creation of the catalogue and the realization of the exhibitions. Special thanks also go to the Kulturkreis's cooperation partners: Grit Weber of the Museum Angewandte Kunst, Frankfurt am Main, Kathleen Rahn and Sergey Harutoonian of the Kunstverein Hannover, Willem de Rooij, Fogo Island Arts, and Hilke Wagner of the Albertinum of the Staatliche Kunstsammlungen Dresden as advisors. The preliminary jury met in February and the final jury in April 2020 under the chairmanship of Ulrich Sauerwein. The members of this year's jury were Sergey Harutoonian, Stefanie Humbert, Min-young Jeon, Mathilda Legemah, Dr. Rüdiger Maaß, Dr. Franziska Nentwig, Isabel Podeschwa, Kathleen Rahn, Willem de Rooij, Dr. Marie Schnell, Thomas Timmermanns, Hilke Wagner, and Grit Weber.

The Kulturkreis thanks the HypoVereinsbank – Member of UniCredit for its support for the *ars viva* prize in 2021.

Ulrich Sauerwein
Chairman of the Committee for Visual Arts in the Kulturkreis der deutschen Wirtschaft im BDI e. V.

Franziska Nentwig
Director of the Kulturkreis der deutschen Wirtschaft im BDI e. V.

Min-young Jeon, Mathilda Legemah
Heads of the Visual Arts Program, Kulturkreis der deutschen Wirtschaft im BDI e. V.

Grußwort HypoVereinsbank - Member of UniCredit

⟨Kunst wäscht den Staub des Alltags von der Seele⟩

Diese Worte, die Pablo Picasso zugeschrieben werden, sind heute vielleicht wichtiger als je zuvor. Denn die Covid-19-Pandemie hat viel mehr als nur Staub auf unseren Seelen hinterlassen: Sie hat das alltägliche Leben in unserer Gesellschaft maßgeblich bestimmt und eingeschränkt. Als Bank leisten wir unseren Beitrag, indem wir versuchen, mit Krediten und Beratung da zu helfen, wo Geld offensichtlich zum Leben gebraucht wird. Doch das Leben braucht eben mehr, um nicht nur ein Überleben zu sein. Dieses „Mehr" kann die Kunst uns Menschen geben.

Die Förderung von Kunst und Kultur ist ein wichtiges Mittel, um uns zu mehr Kreativität, Optimismus und Aufgeschlossenheit zu inspirieren und nachhaltig ein besseres Miteinander in dieser Gesellschaft zu ermöglichen.

Mit dem renommierten *ars viva*-Preis fördert der Kulturkreis der deutschen Wirtschaft im BDI e. V. seit vielen Jahrzehnten herausragende junge, in Deutschland lebende Künstlerinnen und Künstler der bildenden Kunst. Die drei diesjährigen Preisträgerinnen und Preisträger Rob Crosse, Richard Sides und Sung Tieu, deren Werken dieser Katalog gewidmet ist, stehen mit ihren Arbeiten in eindrucksvoller Weise für die besondere Rolle der Kunst. Sie greifen aktuelle, hochrelevante gesellschaftliche Entwicklungen auf, verdichten und reflektieren diese in beeindruckender Weise und in den unterschiedlichsten künstlerischen Darstellungsformen.

Wir freuen uns, dass die HypoVereinsbank diesen Preis als Kooperationspartner des Kulturkreises der deutschen Wirtschaft in diesem Jahr erstmals begleiten kann. Die Kooperation ist dabei der jüngste Baustein zur Förderung von Kunst und Kultur im Rahmen unseres Engagements für Nachhaltigkeit und regionale Gemeinschaften. Zu den kulturellen Initiativen der HypoVereinsbank gehören die jährliche UniCredit Festspielnacht und die Förderung der Kunsthalle in München. Mit dem Künstlercube „K4" haben wir zudem eine exklusive Plattform für Nachwuchskünstlerinnen und -künstler etabliert.

Unterstützt werden die Initiativen zur Förderung von jungen Talenten durch einen gezielten Verkauf ausgesuchter Kunstwerke in Deutschland, Italien und Österreich im Rahmen von „Art4 Future". Dieses Projekt der UniCredit Gruppe zielt speziell darauf ab, aufstrebende Künstlerinnen und Künstler sowie Gemeinschaften in allen UniCredit-Märkten zu unterstützen. So fließen die Verkaufserlöse auch in das Social Impact Banking, mit dem sich die HypoVereinsbank seit 2019 in Deutschland für eine gerechte und integrative Gesellschaft engagiert.

Ich selbst merke immer wieder, wie gut es tut, sich Kunstausstellungen anzusehen – das ist einfach Balsam für die Seele.

Ich wünsche Ihnen bei der Lektüre dieses Katalogs und dem Besuch der Ausstellungen der drei jungen Kunstschaffenden viel Freude, Inspiration und einige glückliche Momente.

Ihr
Michael Diederich
Sprecher des Vorstands der HypoVereinsbank – UniCredit Bank AG

Greeting
HypoVereins-bank - Member of UniCredit

"Art washes away from the soul the dust of everyday life"

These words attributed to Pablo Picasso are today perhaps more important than ever, since the Covid-19 pandemic has left behind much more than just dust on our souls: it has significantly defined and restricted daily life in our society. As a bank, we are making our contribution by trying to provide assistance with loans and advice where money is apparently needed to live. But life needs to be much more than simply surviving. Art can give us this "more."

Promoting art and culture is an important way to inspire us to greater creativity, optimism, and open-mindedness, and to facilitate better coexistence in this society in the long term.

With the renowned *ars viva* prize, the Kulturkreis der deutschen Wirtschaft im BDI e. V. (Association of Arts and Culture of the German Economy) has been fostering the talent of outstanding young visual artists based in Germany for many decades. This year's three prizewinners, Rob Crosse, Richard Sides, and Sung Tieu, to whose works this catalogue is dedicated, stand for the special role of art in an impressive way. All three take up current, very topical social developments, and impressively concentrate and reflect them, albeit in very different forms of artistic presentation.

We are pleased that now, for the first time, the HypoVereinsbank has the opportunity to accompany this prize as a cooperation partner of the Kulturkreis der deutschen Wirtschaft. The collaboration is hence the most recent building block for promoting arts and culture within the framework of our commitment to sustainability and regional communities. The cultural initiatives of the HypoVereinsbank include the annual UniCredit Festival Night and support for the Kunsthalle in Munich. We have also established an exclusive platform for young artists with the "K4" artists' cube.

The initiatives to promote young talents are funded by the targeted sale of selected artworks in Germany, Italy, and Austria within the framework of "Art4Future." This project of the UniCredit Group aims in particular at supporting aspiring artists and communities in all of UniCredit's markets. The proceeds of sales thus flow into Social Impact Banking, with which the HypoVereinsbank has dedicated itself to a just and integrative society in Germany since 2019.

I myself notice again and again what good it does to see art exhibitions—doing so is simply balsam for the soul.

I wish you lots of joy, inspiration, and happy moments when reading this catalogue and visiting the exhibitions of the three young artists.

Michael Diederich

Spokesperson for the Executive Board of HypoVereinsbank – UniCredit Bank AG

Die Suche nach einem Common Ground.

Der andere Ort, die Strategie des Blicks und die absurde Welt

---

In Search of a Common Ground:

The Other Place, the Strategy of the Gaze, and the Absurd World

Min-young Jeon
Mathilda Legemah

Es ist Sommer 2020. Die Galerien und Ausstellungshäuser haben ihre Türen für Besucher wieder geöffnet. Nach langen Wochen der Pause, des Kontaktverbots, der Schließungen von Ländergrenzen, des sogenannten Lockdown des gesamten öffentlichen Lebens beginnen langsam erste Lockerungen. Der Virus hält die Welt weiterhin in Atem. Wir arbeiten an den Vorbereitungen für die beiden *ars viva*-Ausstellungen der diesjährigen Preisträger und der Preisträgerin: im Oktober 2020 im Museum Angewandte Kunst in Frankfurt, danach im Kunstverein Hannover. Was bedeutet die gegenwärtige Situation für Kunst und Kultur? Die Kulturinstitutionen in New York haben 70 Prozent ihres Personals entlassen, das Metropolitan Museum rechnet mit finanziellen Einbußen in Höhe von 100 Millionen US-Dollar, das Frankfurter Städel bei Schließung des Museums mit Verlusten in Höhe von 10.000 Euro täglich. Gleichzeitig arbeiten Künstlerinnen und Künstler weiter in ihren Studios; zeigt sich ein überarbeiteter Kulturbetrieb teils erleichtert über neue Formen des flexiblen Arbeitens von „Homeoffice" und „Remote"; fördert die Zwangspause Grundsätzliches zutage: Welche strukturellen Probleme gibt es im Kulturbetrieb? Kann die Kunst ohne Publikum existieren? Ist es besser, Arbeitsstipendien als Kunstpreise zu vergeben? Hilft uns die Kunst durch die Krise?

Manche glauben nicht an Veränderungen, eher, dass sich bestehende Ungerechtigkeiten nur noch verschärfen werden. Aber es gibt auch andere Stimmen. Die Künstlerin Hito Steyerl fordert pandemieunabhängig ein Grundeinkommen für Künstlerinnen und Künstler. Kurator und Autor Hans Ulrich Obrist sieht die Herausforderung in einer Balance zwischen den Sorgen vor Veränderungen und der Ermutigung zur Offenheit gegenüber neuen Experimenten. Jörg Heiser spricht in *Artists in Quarantine* über positive Beispiele der Solidarität und Fürsorge, von Kampagnen von und für Künstlerinnen und Künstler. In der Krise wird das Thema der Fürsorge und Verantwortung als gesellschaftliche Grundlage, als Common Ground, neu diskutiert.

⊂The other place⊃

„Caring" – zu Deutsch: sich sorgen – bezeichnet ein ethisches Konzept, das Menschen nicht nur als Individuen, sondern als Teile einer Gesellschaft betrachtet. Die umgangssprachliche Verwendung von „Care" ist vielseitig: Der ehemalige US-Präsident Barack Obama nutzte den Begriff „Care" für sein 2010 verabschiedetes Reformpaket „Obama Care" (im Original: Patient Protection and Affordable Care Act) – eine Krankenversicherung für US-amerikanische Bürgerinnen und Bürger. Wir kennen die Begrifflichkeit „to care for somebody" aber auch aus ihrer gegenteiligen Aussage „I really don't care", es ist mir vollkommen egal. Ein Satz, den die aktuelle First Lady der Vereinigten Staaten, Melania Trump („I really don't care, do u?"), als Fashion Statement, man könnte auch sagen „Signature Piece", im Jahr 2018 ausgerechnet während ihres Besuchs eines Aufnahmezentrums für undokumentierte mexikanische Einwandererkinder in Texas auf ihrem olivgrünen Parka trug. An „Care" scheiden sich grundsätzlich verschiedene politische und philosophische Auffassungen: Die eine fußt auf der Idee eines Netzwerks von zwischenmenschlichen Beziehungen und einem fürsorglichen Sozialstaat. Die andere geht von autonomen Individuen aus und erachtet staatliche Eingriffe als Freiheitsbeschränkung.

⊂„I'll take care of you"; „I'll support your arm when you cross the street".⊃

Diese Textzeilen sind Teil der Videoarbeit *Dear Samuel* (2019) des britischen Künstlers Rob Crosse, die er während eines Aufenthalts in Hongkong konzipiert, aber noch nicht fertiggestellt hat. Der Text läuft wie eine Karaoke-Zeile über den Bildschirm. Es spricht eine männliche Stimme aus dem Off. Was zeigt die Kamera nicht, was liegt außerhalb des Bildfelds? Danach folgen Aufnahmen von Vögeln in Käfigen in einem Park. Sie wurden von ihren Besitzern, einer Gruppe von älteren Herren, die sich aus diesem Anlass trifft, an die frische Luft getragen. Sie kümmern sich auf diese spezielle Weise um ihre Vögel. Stimme und Text erinnern an einen Liebesbrief und erzählen von der Erotik zwischen zwei Männern, einer ungleichen Beziehung zwischen Jung und Alt, der Sexualität im Alter, einer Beziehung in der Verborgenheit. Crosse zeigt die Beziehung der beiden Männer nicht. Inhalt und Form greifen ineinander: Beziehungen von älteren homosexuellen Männern sind in der Öffentlichkeit kaum sichtbar, kein akzeptierter Bestandteil der Gesellschaft, weshalb sie andere Formen der Begegnung (im öffentlichen Raum) finden müssen.

Anders verhält es sich in seiner Videoarbeit *Prime Time* (2017), die eine Gruppe von älteren, teils offen homosexuell lebenden Männern zeigt. Die sogenannten Prime Timers, eine US-amerikanische Männergruppe im „besten Alter", reisen auf einem Kreuzfahrtschiff durch die Karibik. Die Kamera mit ihrem anthropomorphen Blick beobachtet die Männer schonungslos und ehrlich. Vom Slipper bis zur Nackenfalte legt die Kamera die unterschiedlichen Körperteile der Männer offen. Sie zeigt ein besonderes Interesse des Künstlers an den Alterserscheinungen seiner Protagonisten, ihrer Haut, den Speckfalten und Altersflecken. Detailaufnahmen der Männer werden Ansichten des Boots und des Personals gegenübergestellt. Die Entgegensetzung von Nahaufnahme und Totale, von Passagierschiff und den porträtierten Männern erinnert an den Einsatz des Dokumentarischen in den Filmen des US-amerikanischen Regisseurs Frederick Wiseman. Das Dokumentarische zeichnet sich bei Wiseman durch ein Spannungsverhältnis aus: Die Grenzen zwischen objektiver und subjektiver Kameraperspektive verschmelzen. Seit den 1970er-Jahren porträtiert Wiseman Systeme und Institutionen, wie die Pariser Oper, die National Gallery oder ein amerikanisches Polizeirevier gemeinsam mit den darin tätigen Personen. Teils beiläufig gleitet der Blick der Kamera durch die jeweiligen Räume, zeigt die Institutionen in ihren Hierarchien und analysiert gesellschaftliche Verhältnisse. Die Kamera in *Prime Time* zeigt ähnlich den Rumpf des Schiffes, die Reinigungskräfte in menschenleeren Räumen, genauso wie die Bäuche der „Prime Timers" im Whirlpool, Berührungen zwischen Männern, aber auch die Kreuzfahrtgäste in ihren unbeholfenen Bewegungen zu *YMCA*, der Hymne auf die Liebe zwischen Männern.

Rob Crosse interessiert sich für Formen, in denen sich ältere homosexuelle Männer organisieren, wie die der „Prime Timers" in den USA, „Gay and Grey" in Hongkong oder die „Schwule Beratung" in Berlin. Wie kommen sie zusammen, wie finden sie Formen der Unterstützung, Fürsorge und Beratung? Susan Sontag (*The Double Standard of Aging*, 1972[1]) oder auch Simone de Beauvoir (*Das Alter*, 1972[2]) befassen sich mit den kulturellen Implikationen von Alter und dem Zusammenhang zum (weiblichen) Geschlecht. Frauen, häufig auch zuständig für Pflege und Hausarbeit, werden demnach in einer patriarchalen Gesellschaft im Alter eher als „alterndes Objekt" beurteilt. Auf der Grundlage identitätspolitscher Diskurse definiert Rob Crosse in seinen Arbeiten neue Formen von Maskulinität beziehungsweise Geschlecht und Zugehörigkeit.

In seinen Fotografien verwendet Crosse eine sehr klare Bildsprache, die in technischer Perfektion eine Erotik des Nichtperfekten thematisiert. Sie steht im Gegensatz zu den massenmedialen Idealen eines Lebens in ewiger Jugend. Auch wenn die Werke von Crosse eine Komplizenschaft mit den darin porträtierten Personen zum Ausdruck bringen, konfrontiert er den Betrachter gleichermaßen mit dem eigenen Alter und, wenn auch bei Crosse positiv besetzt, dem Verfall des eigenen Körpers — einem Zustand, in dem wir uns eventuell bereits befinden oder der uns erwarten wird. Altern als Metapher. Susan Sontag beschreibt in ihrem eindringlichen Aufsatz „Krankheit als Metapher" die zwei Seiten des Lebens: „Everyone who is born holds dual citizenship, in the kingdom of the well and in the kingdom of the sick. Although we all prefer to use only the good passport, sooner or later each of us is obliged, at least for a spell, to identify ourselves as citizens of that other place."[3]

Multiperspektivität oder die Strategie des Blicks

Welche Rolle nimmt der Künstler beziehungsweise die Künstlerin in der derzeitigen Situation ein? Können sie unser gegenwärtiges Leben reflektieren oder liegt das Wesen der Kunst in ihrer Autonomie? Wie verhält es sich mit den oft prekären Lebensbedingungen von Kulturschaffenden, dem Spagat zwischen Wirtschaft und Kunst?

Der in Berlin lebende britische Künstler Richard Sides folgt in seinen filmischen Arbeiten jungen Erwachsenen auf dem Weg in alternative Lebensformen. Seine Charaktere

[1] Susan Sontag, „The Double Standard of Aging", in: *The Saturday Review*, 23.9.1972, S. 29–38.

[2] Simone de Beauvoir, *Das Alter. Essay*, übers. von Anjuta Aigner-Dünnwald und Ruth Henry, Reinbek bei Hamburg 1972, S. 29–38.

[3] Susan Sontag, „Illness as Metaphor", in: *The New York Review of Books 24*, 26.1.1978.

befinden sich stets in einem Spannungsverhältnis zu ihren ökonomischen Bedingungen. So auch die Figur namens Peter, die in der Filmarbeit *Midnight in a Perfect World* (2019) von ihren Existenzängsten und dem Wunsch „abzuschalten" erzählt. Peter vermietet seine Wohnung, um einen sogenannten Parasite Pod zu beziehen, einen Mikroraum innerhalb eines anderen Gebäudes. Der Eigentümer der Parasite Pods begleitet Peter nicht nur als Vermieter, sondern auch als Guru auf seinem spirituellen Weg. Sides' Figuren wirken stets überfordert von ihrer Lebenssituation. Sie reflektieren ihr Leben, das ihnen wie ein einziges Baudrillard'sches Simulacrum erscheint: Selbstoptimierung und Spiritualität werden neben Strategien diskutiert, um der Totalvernetzung zu entgehen.

Im Kunstverein Braunschweig bettete Sides den Film *Midnight in a Perfect World* in eine selbst gebaute Holzhütte im Ausstellungsraum ein. Sie erinnerte an die Behausung eines Eremiten, der fernab der Gesellschaft und des Stadtraums lebt. In *Bugout* (2018) folgt die Kamera jungen Erwachsenen (darunter auch Sides selbst) durch das touristische Zentrum Berlins, zeigt Aufnahmen aus einem der größten innerstädtischen Supermärkte Deutschlands – dem Kaufland am Alexanderplatz in Berlin – neben Sehenswürdigkeiten wie dem Fernsehturm, dem Brandenburger Tor oder dem Reichstag. Gezeigt wird auch das Mahnmal für die ermordeten Juden Europas und das Denkmal für die im Nationalsozialismus ermordeten Sinti und Roma Europas im Tiergarten in Berlin. Sides' Figuren taumeln durch die Großstadt, in der Geschichte nur noch als Kulisse fungiert.

Sides greift in seinen Arbeiten auf ein umfangreiches Archiv aus Musik, ikonischen Bildern, selbst gedrehtem und computergeneriertem Material zurück. Seine Videoarbeiten konfrontieren mit schnellen Schnitten, Splitscreens oder Zeitraffern bis zum Grad leichter Überforderung. Einen Splitscreen verwendet Sides häufig als Gestaltungsmittel. Der geteilte Bildschirm ermöglicht es, unterschiedliche Bilder nebeneinanderzusetzen, die – wie in einer psychologischen Versuchsanordnung – erst in ihrer Kombination bestimmte Assoziationen auslösen. Historisch bedient sich der Film des Splitscreens als Reflexion über die Errungenschaften unserer

medial geprägten Welt, wie die Möglichkeit, zeitliche und räumliche Distanzen zu überbrücken: anfänglich durch das Telefon oder die Live-Übertragung im Fernsehen, später mithilfe digitaler Netzwerke. Heute ist der geteilte Bildschirm durch die Online-Videotelefonie, durch das Hinter-, Über- und Nebeneinander vieler Fenster am Computerbildschirm längst Teil unserer Alltagsästhetik geworden. Der geteilte Bildschirm symbolisiert die Zeit- und Ortlosigkeit einer globalisierten und vernetzten Gesellschaft. Gleichzeitig drückt die Fülle an Bildern und Informationen bei Sides ein Lebensgefühl aus, das von Schnelllebigkeit und Überreizung geprägt ist. Indem Sides Alternativen zu unserer restlos durchökonomisierten Gegenwart erforscht, stellt sich die Frage, ob ein Außerhalb überhaupt denkbar ist.

In *Topologie der Kunst* (2003) beschreibt der Philosoph Boris Groys einen tiefgreifenden Wandel in der gesellschaftlichen Rolle der Künstlerin, des Künstlers, insofern diese, dieser nicht mehr die Rolle des Produzenten, sondern des Konsumenten einnimmt: „Der Akt der Kunstproduktion ist selbst zu einem Akt des Shoppings geworden. Der Künstler entnimmt der Massenkultur, in der er lebt, Bilder und Objekte und verwendet sie für die Erschaffung eigener Räume."[4] Der Ausstellungsraum ist darüber hinaus bei Groys nicht mehr Ort der Repräsentation von Geschichte und deren Unwiederholbarkeit. Vielmehr archiviert er unterschiedliche Strategien des Blicks, „die jederzeit aus diesen Archiven herausgeholt und neu eingesetzt werden können"[5]. Ähnlich erschließt sich das Werk von Richard Sides als ein kulturelles Bild- und Musikarchiv, welches den Blick auf die unendlichen Referenzen, die Multiperspektivität und gleichzeitige Perspektivlosigkeit im spätkapitalistischen System legt. Auch der Eremit lebt heute im Zeichenwald.

(Von Geistern und anderen Kulturen)

1942 schrieb Albert Camus in sein Tagebuch: „Die absurde Welt lässt sich nur ästhetisch rechtfertigen."[6] Auf dem Theorem des Absurden fußt Camus' kritische Auseinandersetzung mit der Welt. Über die begriffliche Einordnung hielt er fest: „Was ist das Ab-

[4] Boris Groys, *Topologie der Kunst*, München 2003, S. 49.

[5] Ebd., S. 51 f.

[6] Albert Camus, „Carnets. Mai 1935 – décembre 1948", in: ders., *Œuvres complètes*, Bd. II, 1931–1944, hrsg. von J. Lévi-Valensi, Paris 2006, S. 994: „Le monde absurde ne reçoit qu'une justification esthétique." Dt. Ausgabe: Albert Camus, *Tagebücher 1935–1951*, übers. von G. G. Meister, Reinbek bei Hamburg 1972, S. 246.

surde? Es ist die Dichte und die Seltsamkeit der Welt, es ist die Sünde ohne Gott. – Außerhalb eines menschlichen Geistes kann es nichts Absurdes geben. So endet das Absurde wie alle Dinge mit dem Tode."[7]

Wie ließen sich die Verbrechen des Menschen an der Menschheit während des Vietnamkriegs als etwas anderes als „absurd" im Sinne von Camus bezeichnen?

Sung Tieu setzt sich vor allem in ihren frühen Arbeiten mit ihrer vietnamesisch-deutschen Herkunft und der Geschichte Vietnams auseinander. In ihrer Videoarbeit *No Gods, No Masters* (2017) verknüpft sie auf Bild- und Soundebene historische Ereignisse und persönliche Erfahrungen miteinander. Die bewegten und stillstehenden Videobilder verkehrt die Künstlerin in Negative. Aneinandergereiht bewegt sich das Bilderband von rechts nach links über die gesamte Breite des Screens. Landschaftsaufnahmen aus Mo Cay in Südvietnam und den Black Virgin Mountains verbindet sie mit Filmaufnahmen ihrer Tanten und anderer Verwandten in Hai Duong, wo sie geboren wurde. Der Sound dazu changiert von verzerrten Frequenztönen über den dumpfen Klang vietnamesischer Worte bis hin zu blechernem Hundegebell in lang gezogenen Intervallen. Eigene Soundaufnahmen verbindet sie mit Tonaufnahmen des *Ghost Tape № 10*, eines von dem Psychological Operations Battalion (PSYOP) des US-Militärs während des Vietnamkriegs eingesetzten akustischen Mittels als Teil der psychologischen Kriegsführung. Mit dem Tape, auf dem neben Beerdigungsmusik, einem Kind, das nach seinem Vater ruft und dem Vater eines toten Soldaten auch ein sich durch die Aufnahmen ziehender Klangteppich sphärischer Dissonanzen zu hören ist, zielte das US-Militär auf die Spiritualität der Vietnamesen und deren Glauben an rastlos wandernde Seelen der Ahnen, die keine Ruhe geben, bis ihnen ein ordentliches Begräbnis gewährt wird.

Der Blick der Künstlerin auf dieses Ereignis in der Geschichte Vietnams ist ein eigener. In *No Gods, No Masters* – ein Ausruf, der Ende des 19. Jahrhunderts in Anlehnung an Friedrich Nietzsche von englischen Arbeitern und Anarchisten aufgegriffen und zum Slogan einer Gegenkultur wurde – verbindet Sung Tieu auf „geisterhafte" Weise Welt- und Familiengeschichte miteinander: Aufnahmen

spiritueller Riten ihrer Familie in Vietnam, deren Zeremoniell unter anderem dazu dient, die Künstlerin in eine direkte Verbindung mit Geistern und ihren Prophezeiungen zu bringen, reihen sich an Aufnahmen aus den Regionen Vietnams, in denen das *Ghost Tape № 10* durch die US-Soldaten akustisch verbreitet wurde. Wen adressieren die klagenden Stimmen auf dem *Ghost Tape № 10*? Sind es die Personen, die sich in Sung Tieus Videoarbeit mit dem Dampf der Räucherstäbe rituell reinigen, bevor sie die Geister beschwören? Oder resultierte die westliche Annäherung des US-Militärs an die fernöstliche Kultur Vietnams mittels einer akustischen Mimikry aus einem Missverständnis, einem Cultural Gap?

Von einer anderen Perspektive könnte man sich dem Thema der Auseinandersetzung mit anderen Kulturen und der eigenen Kenntnis jüngerer Geschichte nähern, indem man sich mit Migration und ihrer Historie auseinandersetzt. Vor der Gründung des Deutschen Reichs 1871 galt bereits ein Umzug von Stuttgart nach Mannheim als Migration.[8] Ein Zeitsprung in das Deutschland der Wirtschaftswunderjahre bezeugt eine deutliche Migrationsbewegung von Gastarbeiterinnen und Gastarbeitern, die über zwischenstaatliche Anwerbeabkommen aus Ländern wie Griechenland, der Türkei oder aus Teilen Asiens kamen – immer mit der Prämisse, nach einem Rotationsprinzip von einigen Jahren Aufenthalt durch neue Gastarbeiterinnen und Gastarbeiter aus den jeweiligen Ländern ausgetauscht zu werden. Fluktuation war erwünscht, Wurzeln schlagen im Land des Gastgebers dagegen war nicht vorgesehen. Ähnlich sah es mit den Bedingungen für die zumeist männlichen sogenannten Vertragsarbeiter in der DDR aus, die aus den „sozialistischen Bruderstaaten" wie Kuba, Mosambik und Vietnam kamen und nach einigen Jahren als Gastarbeiter Ostdeutschland wieder verlassen sollten. Nach dem Zusammenbruch der DDR sahen sich viele dieser Gastarbeiter nicht nur Diskriminierung und Ressentiments ausgesetzt, sondern verloren vor allem ihren rechtlichen Aufenthaltsstatus.

In ihrer Installation *Recruitment Agreements Between Nations* (2015), die Sung Tieu im vietnamesischen Dong Xuan Center in Berlin-Lichtenberg, einem Warenlager für vietnamesische Lebenskultur und einem

[7] Morvan Lebesque, *Albert Camus*, Reinbek bei Hamburg 1989, S. 57.

[8] Marcel Berlinghoff, „Geschichte der Migration in Deutschland", https://www.bpb.de/ gesellschaft/migration/ dossier-migration/ 252241/deutsche-migrationsgeschichte (10.7.2020).

Sammelpunkt für die in Berlin und Umgebung lebenden Vietnamesen, installierte, laufen Sätze aus den Anwerbeabkommen in rot leuchtender Schrift auf schmalen LED-Anzeigen. Verteilt auf Regalen mit Elektroartikeln und Ablagen mit Haushaltswaren reihen sie sich ein in die Präsentationsästhetik dieser für den westlichen Blick so exotisch anmutenden Heterotopie.

Die Geschichte der vietnamesischen Diaspora im Westen Deutschlands ist – anders als die der nordvietnamesischen Vertragsarbeiterinnen und -arbeiter – eine der Flucht: der Flucht von bis zu 1,5 Millionen Südvietnamesen, den sogenannten Boat People oder Kontingentflüchtlingen, die 1975 nach der Machtübernahme der kommunistischen Nordvietnamesen aus dem Land strömten und Schutz unter anderem in Deutschland fanden. Zwischen den Vietnamesen aus Süd- und Nordvietnam in Deutschland gibt es eine bis heute „unüberwindbare Mauer, viel stärker als die zwischen Ost- und Westdeutschen".[9]

Die Auseinandersetzung mit Fremdheit, Migration, soziokulturellen und identitätspolitischen Fragestellungen bilden auch im aktuellen Werk Sung Tieus Ausgangspunkte ihrer künstlerischen Praxis. Zunehmend widmet sie sich darin den Themen Sound und dessen Einsatz in der Kriegsführung.

Es ist der Sommer 2020. Nach dem gewaltsamen Tod des Afroamerikaners George Floyd erlebt die Black-Lives-Matter-Bewegung ausgehend von den USA, dem Land mit den aktuell am rasantesten wachsenden Zahlen von mit dem Covid-19-Virus Infizierten, weltweite Solidarität. In Deutschland deckt der Virus skandalöse Zustände in der fleischverarbeitenden Industrie und den dortigen ausbeuterischen Arbeitsbedingungen für Gastarbeiterinnen und Gastarbeiter aus Osteuropa auf. Absurd erscheint auf einmal vieles in der Welt, das durch den Virus Sichtbarkeit und mediale Präsenz erfährt. Lässt sich das Absurde gemäß Camus tatsächlich nur ästhetisch rechtfertigen, so können Künstlerinnen und Künstler dazu beitragen, uns mit ihrem Schaffen das Unverständliche ein wenig verständlicher zu machen. Alles weitere liegt in unser aller Hände.

[9] „Vietnamesen in Deutschland. Die unsichtbaren Lieblinge", https://www.cicero.de/innenpolitik/die-unsichtbaren-lieblinge/46135 (10.7.2020).

It is the summer of 2020. Galleries and exhibition venues have once again opened their doors for visitors. After a break of many weeks, a ban on contact, the closing of national borders, and a so-called lockdown of public life as a whole, the first easing of rules has begun. The virus continues to keep the world in suspense. We are working on the preparations for the two *ars viva* exhibitions by this year's prizewinners: in October 2020 at the Museum Angewandte Kunst in Frankfurt, and in April 2021 at the Kunstverein Hannover. What does the current situation signify for art and culture? Cultural institutions in New York have laid off seventy percent of their personnel, The Metropolitan Museum of Art is anticipating financial losses amounting to 100 million U.S. dollars, and Frankfurt's Städel Museum has calculated losses of up to 10,000 euros per day due to its closure. At the same time, artists continue working in their studios; an overhauled cultural sector seems partially relieved by the new flexible forms of "working from home" and "remote" work; the compulsory break has brought fundamental issues to light. What structural problems are there in the cultural sector? Can art exist without an audience? Is it better to award work stipends than art prizes? Does art help us through a crisis?

Many people do not believe that change will occur: rather, that existing inequities will further intensify. But other voices can also be heard. The artist Hito Steyerl is calling for a basic income for artists, independent of the pandemic. The curator and author Hans Ulrich Obrist sees the challenge in achieving a balance between concerns about change and encouraging openness to experiments. In *Artists in Quarantine*, Jörg Heiser speaks about positive examples of solidarity and caring, of campaigns by and for artists. In the crisis, the topics of caring and responsibility are being discussed a new as a basis for society, as a common ground.

⊂The Other Place⊃

"Caring" denotes an ethical concept that regards people not only as individuals, but also as part of society. The colloquial use of "care" is multifaceted: the former United States President Barack Obama used the term "care" in his "Obamacare" reform package, which was adopted in 2010 (the original name: Patient Protection and Affordable Care Act) with the aim of providing affordable health care for American citizens. The term "to care for somebody," however, has its opposite as well: "I really don't care." The current First Lady of the United States, Melania Trump, wore an olive-green parka emblazoned with "I really don't care, do u?" as a fashion statement, or "signature piece," in 2018, when visiting a Texan reception center for undocumented immigrant children from Mexico, of all things. Various political and philosophical views diverge fundamentally in connection with the term "care." One is based on the idea of a network of interpersonal relationships and a caring social state. The other believes in autonomous individuals and regards government interventions as restrictions of freedom.

⊂"I'll take care of you." "I'll support your arm when you cross the street."⊃

These lines of text are part of the video work *Dear Samuel* (2019) by the British artist Rob Crosse, a piece that he conceived during a stay in Hong Kong but did not complete at the time. The text runs across the screen like lines for karaoke. A male voice speaks the lines. What is the camera not showing; what lies beyond the framing? This is followed by footage of birds in cages in a park. They have been carried into the fresh air by their owners, a group of older men, who use this as an occasion to meet. They take care of their birds in this special way. Both the voice and the text call to mind a love letter and tell of the eroticism between two men, of an unequal relationship between young and old, of sexuality in old age, of a clandestine connection. Crosse does not show the relationship between the two men. The content and form are intertwined: the relationships of older homosexual men are barely visible in the public sphere, are not an accepted part of society, which is why they have to find other ways to meet one another (in public space).

The situation is different in Crosse's video work *Prime Time* (2017), which shows a group of older men who live their homosexuality at least in part openly. These are the so-called "Prime Timers," a group of American men in their prime who travel through the Caribbean on a cruise ship. With its anthropomorphic gaze, the camera observes the men in an unsparing and honest way. From a loafer up to neck wrinkles, the camera reveals different parts of the men's bodies. It shows the artist's particular interest in his protagonists' signs of aging, their skin, liver spots, and age spots. Close-ups of the men are juxtaposed with views of the boat and the personnel. The contrasting of close-up views and total view, of the passenger ship and the men portrayed, calls to mind the use of the documentary in the films of the American director Frederick Wiseman. The documentary quality is characterized in Wiseman's works by a relationship of tension: the boundaries between objective and subjective camera perspectives merge. Since the 1970s, Wiseman has been portraying systems and institutions like the Paris Opera, the National Gallery, or an American police department, along with the individuals who work there. In part incidentally, the camera's gaze glides through the respective spaces, shows the institutions with their hierarchies, and analyzes social relationships. The camera in *Prime Time* shows the ship's hull in a similar way, along with the cleaning staff in deserted rooms, the bellies of the "Prime Timers" in a whirlpool, and encounters between the men, as well as the guests on the cruise ship awkwardly moving to "YMCA," the hymn to love between men.

Rob Crosse is interested in forms in which older homosexual men organize themselves, such as the "Prime Timers" in the United States, "Gay and Grey" in Hong Kong, or the "Schwule Beratung" (consultation for gay men) in Berlin. How do they come together, how do they find forms of support, care, and advice? Both Susan Sontag (*The Double Standard of Aging*, 1972[1]) and Simone de Beauvoir (The Coming of Age, 1970[2]) address the cultural implications of age and the connection to (the female) gender. In a patriarchal society, women, who are frequently also responsible for care and housework, are thus assessed in old age more as "aging objects." On the basis of discourses on identity politics, Rob Crosse defines new forms of masculinity, gender and belonging in his works.

In his photographs, Crosse makes use of a very clear visual vocabulary that deals with an eroticism of imperfection with technical perfection. It contradicts the mass-media notion of a life of eternal youth. Even though Crosse's works express a complicity with the individuals portrayed in them, he also confronts viewers with their own age and, even though it has a positive connotation in Crosse's oeuvre, the decaying of one's own body—a state in which we possibly already find ourselves or one that awaits us. Aging as metaphor. In her haunting essay "Illness as Metaphor," Susan Sontag describes the two sides of life: "Everyone who is born holds dual citizenship, in the kingdom of the well and in the kingdom of the sick. Although we all prefer to use only the good passport, sooner or later each of us is obliged, at least for a spell, to identify ourselves as citizens of that other place."

Multi-Perspectivity or the Strategy of the Gaze

What role do artists assume in the current situation? Can they reflect our present life or is the essence of art found in its autonomy? What about the often-precarious living conditions of those involved in culture, the balancing act between economics and art?

In his film works, the Berlin-based British artist Richard Sides follows young adults on their path to alternative forms of living. His protagonists always find themselves performing a balancing act with respect to their economic conditions—as with the character named Peter in the film work *Midnight in a Perfect World* (2019), who tells of his fears about his existence and his desire to "disconnect." He rents out his apartment to move into a so-called parasite pod, a micro-space within another building. The owner of the parasite pods accompanies Peter on his spiritual path not only as a landlord but also as a guru. Sides's characters always seem overwhelmed by their living situations. They reflect on their lives, which seem to them to be something like a unique Baudrillardian simulacrum: self-optimization and spirituality are discussed along with strategies for avoiding total interconnectedness.

At the Kunstverein Braunschweig, Sides embeds the film *Midnight in a Perfect World*

[1] Susan Sontag, "The Double Standard of Aging," in *The Saturday Review* (September 23, 1972), pp. 29–38.

[2] Simone de Beauvoir, *The Coming of Age*, trans. Patrick O'Brian (New York: W.W. Norton & Company, 1970).

[3] Susan Sontag, "Illness as Metaphor," in *The New York Review of Books* 24 (January 26, 1978).

in a self-constructed wooden hut in the exhibition space. It calls to mind the dwellings of hermits, who live far away from society and urban space. In *Bugout* (2018), the camera follows young adults (including Sides himself) through the touristic center of Berlin, showing footage from one of the biggest city-center supermarkets in Germany—Kaufland on Alexanderplatz in Berlin—in addition to sights like the Fernsehturm, the Brandenburg Gate, or the Reichstag. The Berlin Memorial to the Murdered Jews of Europe and the Memorial to the Sinti and Roma of Europe who were murdered under National Socialism in the Tiergarten are also shown. Sides's characters wander through the big city, in which history only still serves as a backdrop.

In his works, Sides makes use of an extensive archive of music, iconic images, and self-produced and computer-generated material. His video works confront us with rapid cuts, split screens, and also time lapses, to an extent that is somewhat overtaxing. Sides frequently uses a split screen as a design tool. This makes it possible to position different pictures next to one another, that—as in an experimental psychological arrangement—first trigger particular associations as a result of how they are combined. Historically, film makes use of a split screen as a reflection on the achievements of our media-dominated world and the possibility to bridge temporal and spatial distances: at first with the telephone or live transmissions on television, and later with the aid of digital networks. Today, the split screen has long since become part of our day-to-day aesthetics as a result of online video telephony and the behind, over, and next-to-one-another of many windows on a computer screen. The split screen symbolizes the timelessness and placelessness of a globalized and interconnected society. At the same time, the abundance of pictures and information in Sides's work expresses an awareness of life shaped by a fast pace and over-stimulation. By exploring alternatives to our restless, thoroughly commercialized present, Sides poses the question of whether an existing outside is even conceivable at all.

In *Topologie der Kunst* (2003), the philosopher Boris Groys describes a profound change in the social role of artists, to the extent that they no longer assume the role of producers but rather that of consumers: "The act of producing art has itself become an act of shopping. The artists gather pictures and objects from the mass culture in which they live and use them to create a space of their own."[4] For Groys, the exhibition space is also no longer a place for representing history and its unrepeatability. It instead archives various strategies of the gaze, "which can be taken out of these archives at any time and deployed anew."[5] Richard Sides's oeuvre is revealed in a similar way as a cultural archive of pictures and music that focuses on the unlimited references, multi-perspectivity, and simultaneous lack of perspective in the late-capitalist system. Today, the hermit also lives in a forest of signs.

⊂Of Spirits and Other Cultures⊃

Albert Camus wrote in his notebook in 1942: „Die absurde Welt lässt sich nur ästhetisch rechtfertigen."[6] Camus's critical examination of the world is based on the theorem of the absurd. About the terminological classification, he wrote: „Was ist das Absurde? Es ist die Dichte und die Seltsamkeit der Welt, es ist die Sünde ohne Gott. – Außerhalb eines menschlichen Geistes kann es nichts Absurdes geben. So endet das Absurde wie alle Dinge mit dem Tode."[7]

In line with Camus, how could the crimes of human beings against humanity during the Vietnam War be described as anything else than "absurd"?

In her early works, Sung Tieu examines in particular her Vietnamese-German origins and the history of Vietnam. In her video work *No Gods, No Masters* (2017), she links historical events and personal experiences with each other on the level of picture and sound, and inverts the moving and motionless video images into the negative. The strung-together mass of images moves from the right to the left over the entire width of the screen. Sung Tieu combines landscape pictures from Mo Cay and the Black Virgin Mountains in southern Vietnam with film footage of her aunts and other relatives in Hai Duong, where she was born. The sound ranges from distorted frequency sounds to muffled Vietnamese words to the tinny barking of dogs in long, drawn-out

[4] Boris Groys, *Topologie der Kunst* (Munich: Carl Hanser Verlag, 2003), p. 49. Translation by Amy Klement.

[5] Ibid., 51f.

[6] Albert Camus, "Carnets. Mai 1935 – décembre 1948," in idem, *Œuvres complètes*, vol. II, 1931–1944, ed. J. Lévi-Valensi (Paris, 2006), p. 994: "Le monde absurde ne reçoit qu'une justification esthétique." Engl. edition: *Albert Camus, Notebooks 1935–1951*, trans. G. G. Meister (Reinbek bei Hamburg: Rowohlt, 1972), p. 246. "The absurd world can only be defended aesthetically." (Translation Amy Klement)

[7] Morvan Lebesque, *Albert Camus* (Reinbek bei Hamburg: Rowohlt, 1989), p. 57. "What is the absurd? It is the concentration and oddness of the world, it is sins without God.— Nothing absurd can exist outside of the human spirit. Like all things, the absurd thus ends with death." (Translation Amy Klement)

intervals. The artist combines her own sound recordings with audio recordings from *Ghost Tape № 10*, an acoustic tool used by the Psychological Operations Battalion (PSYOP) of the United States military during the Vietnam War as part of psychological warfare. With this tape, on which it is possible to hear burial music, a child calling for its father, the voice of a dead soldier's father, and also a soundscape of spherical dissonances that extends through the recordings, the U.S. military targeted the spirituality of the Vietnamese and their belief in the restlessly wandering souls of their ancestors, who allow them no rest until they are given a proper burial.

The artist's view of this event in Vietnamese history is her own. In *No Gods, No Masters* —a call following Friedrich Nietzsche that was taken up by English laborers and anarchists at the end of the nineteenth century and became the slogan of a counterculture— Sung Tieu combines world and family histories in a "spectral" way: footage of spiritual rituals of her family in Vietnam, whose ceremonial character enables her, among other things, to put herself in a direct connection with spirits and their prophecies, alternates with footage from the regions of Vietnam where *Ghost Tape № 10* was disseminated acoustically by U.S. soldiers. To whom are the lamenting voices on *Ghost Tape № 10* addressed? Are they the people cleansing themselves ritually with the smoke of incense in Sung Tieu's video work before conjuring up the spirits? Or did the Western approach of the U.S. military to the Far Eastern culture of Vietnam using acoustic mimicry result from a misunderstanding, a cultural gap?

One might approach the topic of examining other cultures and one's own knowledge of more recent history from a different perspective by examining migration and its history. Prior to the establishment of the German Empire in 1871, moving from Stuttgart to Mannheim was already regarded as migration.[8] A leap forward in time to Germany during the *Wirtschaftswunder* ("economic miracle"), from the late 1950s on, bears witness to a significant migration movement of guest workers, who came from countries like Greece, Turkey, and parts of Asia based on intergovernmental labor recruitment agreements—always with the premise of being re-

placed by new guest workers from the respective country based on a rotation principle of a few years' stay. Fluctuation was desired, while putting down roots in the host country was not foreseen. Things looked similar with respect to the conditions for the mostly male so-called contract workers in the German Democratic Republic (GDR), who came from "socialist brother states" such as Cuba, Mozambique, and Vietnam, and who as guest workers were supposed to leave East Germany after a few years. Following the collapse of the GDR, many of these guest workers not only found themselves exposed to discrimination and resentment, but, above all, also lost their legal residency status.

In her installation *Recruitment Agreements Between Nations* (2015), which Sung Tieu installed in the Vietnamese Dong Xuan Center in Berlin-Lichtenberg, a depot for Vietnamese lifestyle culture and a gathering place for Vietnamese living in Berlin and its surroundings, sentences from the recruitment agreement run on narrow LED displays in illuminated red lettering. Distributed on shelves with electrical appliances and racks of household goods, they fit into the presentation aesthetics of this heterotopy, which seems so exotic to the Western eye.

The history of the Vietnamese diaspora in the west of Germany is—unlike that of the North Vietnamese contract workers—one of fleeing: the flight of up to 1.5 million South Vietnamese, the so-called Boat People or contingent refugees, who streamed out of the country in 1975 following the seizure of power by the communist North Vietnamese and found protection in Germany, among other countries. Between the Vietnamese from South and North Vietnam in Germany, there is still today an "insurmountable wall, much stronger than the one between East and West Germans."[9]

The examination of foreignness, migration, and sociocultural and political questions also forms the starting point for Sung Tieu's artistic practice in the current work. In it, she has increasingly dedicated herself to the topic of sound and its use in warfare.

It is the summer of 2020. After the violent death of the Black American George Floyd, the Black Lives Matter movement originating from the United States, the country currently

[8] Marcel Berlinghoff, "Geschichte der Migration in Deutschland," https://www.bpb.de/ gesellschaft/migration/ dossier-migration/ 252241/deutsche-migrationsgeschichte [accessed July 10, 2020].

[9] "Vietnamesen in Deutschland. Die unsichtbaren Lieblinge," https://www.cicero.de/ innenpolitik/die-unsichtbaren-lieblinge/ 46135 [accessed July 10, 2020].

showing the most rapid increase in Covid-19 cases, is experiencing solidarity around the world. In Germany, the virus has revealed scandalous conditions in the meat-processing industry and its exploitative working conditions for "guest workers" from Eastern Europe. Many things in the world that are being given visibility and media presence as a result of the virus suddenly seem absurd. If the absurd, according to Camus, can actually only be defended aesthetically, artists can thus contribute to making what seems incomprehensible a little more understandable with their work. Everything else lies in all of our hands.

Rob Crosse

Der alternde Körper in Bewegung

The Aged Body in Motion

Marc Siegel

In einer urkomischen Sequenz seines Films *Uccellacci e uccellini* (*Große Vögel, kleine Vögel*, 1966) lässt Pier Paolo Pasolini ein zwei Generationen umfassendes Mönchspaar Falken und Spatzen zum Christentum bekehren. Um zu bestätigen, dass die Vögel die Botschaft hinter dem albernen Zwitschern und Flattern der menschlichen Glaubensbrüder entschlüsselt haben, verkünden sie schließlich: „Liebe! LIEBE!" Die beiden Vogelarten scheinen auf den rechten Weg gebracht. Als die Männer kurz darauf beobachten, wie ein Falke einen Spatzen attackiert, kommen sie ins Grübeln: Steckt hinter der artübergreifenden Liebe mehr, als das Evangelium zu versprechen scheint? Der heilige Franziskus, Auftraggeber der Mönche, nimmt es locker und rät zu einer weiteren Runde mit den Vögeln – diesmal mit einem vertieften Bewusstsein für soziale Ungleichheit und Klassenkampf. Pasolinis skurrile Fabel von der Bekehrung der Vögel – im Film erzählt von einem linksgerichteten Raben – ist ein Lehrstück, über die Schnittmengen christlicher und marxistischer Ideologie ebenso wie über die Semiotik der audiovisuellen Kommunikation. So wie die Mönche über Laute und Gesten mit den Vögeln zu kommunizieren lernen, so kann sich das Filmpublikum den Sinn oder Unsinn der audiovisuellen Poesie von filmischen Bildern erschließen.

Mit seinem Film *Dear Samuel* (2019) wendet sich auch Rob Crosse den Lautäußerungen von Vögeln zu, um essenzielle Aussagen über die Nachhaltigkeit zwischenmenschlicher Beziehungen zu transportieren. Im Gegensatz zu Pasolinis komödiantischer Darstellung sind es bei Crosse die Vögel, die eine Botschaft weiterzugeben haben. *Dear Samuel* ist ein Film in Briefform, der aus der Ichperspektive die sexuellen und emotionalen Besonderheiten einer Beziehung zwischen dem jungen Erzähler und einem älteren Mann offenlegt. Eine Stimme aus dem Off legt sich über den akustischen Hintergrund aus Gezwitscher, Vogelgesängen und Geräuschen der Hongkonger Großstadtkulisse. Die selektive Schilderung der Beziehung zwischen den beiden Männern behandelt intime Details der bewussten Anpassung eines jüngeren Mannes an die Bedürfnisse und Einschränkungen, die der alternde Körper seines Partners mit sich bringt, und die Begeisterung des Jüngeren für die Spuren, die die Zeit auf der faltigen Oberfläche dieses Körpers hinterlassen hat. So berichtet der Erzähler von der Vorbereitung auf Sex in Socken: „Meist lässt du sie an, wenn du mich fickst, aber wenn du möchtest, kann ich sie dir heute ausziehen. Deine Knie sind nicht mehr so beweglich und deine Knöchel geschwollen. ‚Nur wenn du sie mir auch wieder anziehst‘, erwiderst du: ‚Ich bin zu alt, um da unten anzukommen.‘" Die spärliche und schnörkellose Erzählung ist mit Schwarzbildern unterlegt, die die Aufmerksamkeit der Betrachterin, des Betrachters auf die Intensität der persönlichen Enthüllungen in der Tonspur umzulenken scheinen. Vier Mal während der ungefähr neuneinhalb Filmminuten wird die schwarze Bildspur durch kurze Farbsequenzen aus einem öffentlichen Garten mit Aufnahmen von verschiedenen Singvögeln in Käfigen unterbrochen. Diese Bilder werden von Karaoketexten begleitet, imaginären Übersetzungen dessen, was die Vögel einander vielleicht vorsingen: „Ich werde für dich sorgen. / Ich werde dich stützen, wenn du die Straße überquerst, / die Post vom Boden aufheben und die Mülleimer leeren. / Manchmal bist du zu müde, doch das macht mir nichts aus, / ich werde dir beim Atmen zuhören, wenn du schläfst, / deinen Körper halten und mit dem Finger die Falten auf deiner Haut nachzeichnen." Es scheint, als übernähmen die Vögel die Aufgabe des Erzählens, indem sie eine Ethik der Fürsorge betonen, die den Kern der geschilderten Liebe des Erzählers berührt. Die Vögel treten auf, um das Unaussprechliche in der generationenübergreifenden Beziehung auszusprechen. Mit ihrer intimen Botschaft der Fürsorge, übermittelt als Karaoketext, appellieren sie auch an die Filmzuschauer. Singt mit! Lasst zu, dass sich dieser seltene Ausdruck der Hinwendung eines jüngeren Mannes zu seinem älteren Geliebten wie ein Lieblingslied in euren Köpfen festsetzt! „Ich werde für dich sorgen. / Ich kann dich füttern, wenn du essen möchtest, / tägliche Medikamente besorgen und deine Windeln wechseln. / Manchmal fällt dir das Atmen schwer, / doch das macht mir nichts aus, / ich werde dir zuhören, wenn du im Schlaf nach Luft ringst, / deinen Körper halten, bis du dich nicht mehr bewegst."

Die Aufnahmen der Singvögel für *Dear Samuel* entstanden in Hongkongs beliebtem Vogelgarten in der Yuen Po Street.[1] Crosse verbrachte einige Zeit in der chinesischen Metropole und traf sich mit Mitgliedern von Gay and Grey, einer Selbsthilfegruppe für ältere schwule Männer. Zu erleben, wie diese miteinander umgehen, ließ ihn das Thema Fürsorge besser verstehen – und seine Bedeutung in einem Umfeld, in dem viele Organisationen für ältere Menschen einer religiösen Mission folgen und nicht besonders LGBTQ*-freundlich eingestellt sind. Die Nahaufnahmen der Vögel, die in ihren Käfigen von Fürsorge singen, werden zu wirkmächtigen Anspielungen auf die prekäre Lage, der sich einige dieser älteren Männer ausgesetzt sehen. Eine vielseitige Annäherung an das Thema Fürsorge, die eine gemeinsame Ausrichtung und Konzentration erfordern, kennzeichnet Crosses Arbeit. Während *Dear Samuel* sich abheben mag, weil darin das homosexuelle Verlangen nach älteren Männern besonders deutlich zum Ausdruck kommt, spiegelt und erotisiert der Film lediglich die wahrhaft außergewöhnliche Offenheit und Achtsamkeit des Filmemachers gegenüber den Körpern, Bewegungen und Aktivitäten älterer Menschen, durch die sich nicht nur Videos wie *Mall Walking* (2015), *Clear as a Bell* (2016) und *Prime Time* (2017), sondern auch eine Reihe von Crosses Fotografien, Installationen und Performances auszeichnen.

Die Glocken in *Clear as a Bell* sind zum Auftakt deutlich zu vernehmen, doch der Grund für ihr Erklingen bleibt rätselhaft. Der Film beginnt mit einer Nahaufnahme des in langsamer Kamerafahrt von der Seite eingefangenen Gesichts eines älteren Uniformierten, der neugierig eine vor ihm stehende, ebenso antiquierte wie nicht identifizierbare mechanische Vorrichtung betrachtet. Nacheinander ertönen mehrere Tischglocken zu einer schnellen Abfolge von Naheinstellungen – eine goldene Glocke; eine runzelige Männerhand, die in Erwiderung eine weitere Glocke anschlägt; das Gesicht eines weiteren älteren Mannes. Es herrscht gedämpfte Stille, als ein dritter Mann – in extremer Nahsicht von vorn gefilmt – unwillkürlich mit der Zunge seine Lippen befeuchtet. Er ist so intensiv auf ein Geschehen vor seinen Augen konzentriert, dass sein Körper sich selbst überlassen bleibt. Falls noch immer unklar ist, was diese alten Männer in ihren schwarzen Westen, weißen Hemden, Krawatten und schwarzen Hosen

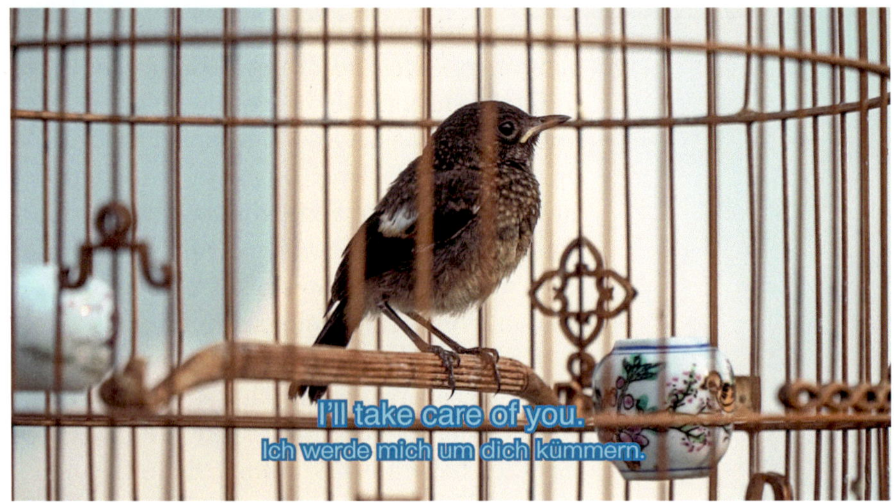

treiben, helfen einige weitere Naheinstellungen, ihr Tun zu verorten: eine Kette, die hörbar einrastet, während sie durch eine Miniaturrolle gleitet; eine Hand, die an einer mechanischen Hebelbank nummerierte Stellhebel umlegt; eine andere Hand, die ein Stellwerk antippt. Dieses Männerritual der verschlüsselten Kommunikation über Drahtseile, Hebel, Knöpfe und Glocken ist eine Demonstration des Blocksignalsystems auf der ältesten in Betrieb befindlichen Modellbahnanlage der Welt, die im National Railway Museum der englischen Stadt York steht. Etwa sechs Monate lang besuchte Crosse regelmäßig das Museum, sah sich Vorführungen der Anlage an und belegte Abendkurse zum Einsatz von Blocksignalen, um mehr über die Geschichte dieses Systems zu erfahren, das im 19. Jahrhundert einen gefahrlosen und effizienten Bahnbetrieb sicherstellen sollte. Bei den Schauspielern, die in seinem Film auftreten, handelt es sich um dieselben Freiwilligen – Eisenbahnfans und ehemalige Signalwärter –, die im Museum die wöchentlichen Vorführungen bestreiten.

Während *Clear as a Bell* einen Einblick in die Funktionsweise des Blocksignalsystems vermittelt und Begeisterung für die Maschinen und Apparaturen im National Railway Museum weckt, geht sein Reiz weit über diesen dokumentarischen Aspekt hinaus. Ganz ohne Dialoge oder erklärende Texte setzt der Film fast ausschließlich auf Detailansichten der Körper seiner Darsteller, während diese die Geräte bedienen oder auf ein Signal warten, sowie auf Großaufnahmen der Bahnanlage und der verschiedenen Bauteile ihrer Steuervorrichtung. Die häufigen Schärfenverlagerungen, die das Augenmerk von Vor-

⑤ Der imaginäre Adressat des Films ist Samuel R. Delany, ein für Crosse sehr wichtiger Schriftsteller.

der- auf Hintergrunddetails lenken (respektive umgekehrt) und einen Teil des Bilds in leichter Unschärfe zurücklassen, sind die visuellen Begleiter einer vielschichtigen Tonspur, die zwischen klaren mechanischen Tönen und dumpfen Raumgeräuschen alterniert. Der Schnitt scheint dieser Logik von Verlagerung und Wechsel ebenfalls zu folgen, wenn er dezente Körperbewegungen mit der Mechanik des Schienennetzes verknüpft. Das Schwenken eines Miniaturflügelsignals auf Halt scheint zu bewirken, dass einer der Männer plötzlich den Kopf zur Seite wendet, während eine kleine mechanische Bewegung mit den sich langsam drehenden Händen eines anderen Mannes harmoniert. *Clear as a Bell* ist jedoch kein künstlerischer Versuch über die Vernetzung von Mensch und Maschine. Dafür geht es Crosse viel zu sehr um die Männer selbst, ihre Hingabe und die Vertrautheit ihrer wechselseitigen Verständigung über den mechanischen Umweg eines Eisenbahnsignalsystems. Die meisten Einstellungen des Films zeigen die Männer, wie sie schauen, warten, zuhören, ihre Hände ausruhen, sich konzentrieren oder langsam hin und her gehen. Der gewissen Melancholie dieser Bilder von gealterten Körpern, welche sich mit großer Ernsthaftigkeit und Überzeugung den Besonderheiten altertümlicher Maschinen widmen, kann man nicht entkommen. Crosses audiovisuelle Darstellung dieser Melancholie und seine Anteilnahme an den Interessen der

Männer machen klar, dass manche Melancholien, wie Jonathan Flatley es ausdrückt, „als genau der Mechanismus [fungieren], aus dem heraus man sich womöglich für die Welt interessiert".[2]

Crosses Interesse an der Welt richtet sich auf die Gruppenaktivitäten, die ältere Menschen organisieren, um einander zu helfen und beizustehen. Egal, ob er ehrenamtlich tätige Signalwärter, Hongkonger Singvogelbesitzer, sogenannte Mall Walker in Nebraska oder schwule Urlauber in den Mittelpunkt stellt, hebt sein audiovisuelles Werk die Besonderheiten verschiedener Freizeitbeschäftigungen im Hinblick auf das Wohlergehen der Personen hervor, von denen sie ausgeübt werden. Wie in *Clear as a Bell* treten freiwillige und unfreiwillige Bewegungen des gealterten Körpers immer wieder in den Vordergrund. Niemals Respektlosigkeit vermittelnd, rückt Crosses intime Kamera hautnah an die Protagonisten heran – mit einer Begeisterung für die Geschichte, die sich in die Falten, die Flecken und das hängende Fleisch eines Körpers auf dem Höhepunkt des Lebens eingeschrieben hat. „Woher kommen diese Spuren?", stimmen die Singvögel an.

Dieses künstlerische Interesse an der Entwicklung eines audiovisuellen Vokabulars, das geeignet ist, die Auswirkungen von Aktivität und Zeit auf den Körper zu dokumentieren, lässt sich bis zu Crosses frühem Kurzfilm *Team Roedale* (2012) zurückverfolgen. Der

[2] Jonathan Flatley, *Affective Mapping. Melancholia and the Politics of Modernism*, Cambridge (MA)/ London 2008, S. 1.

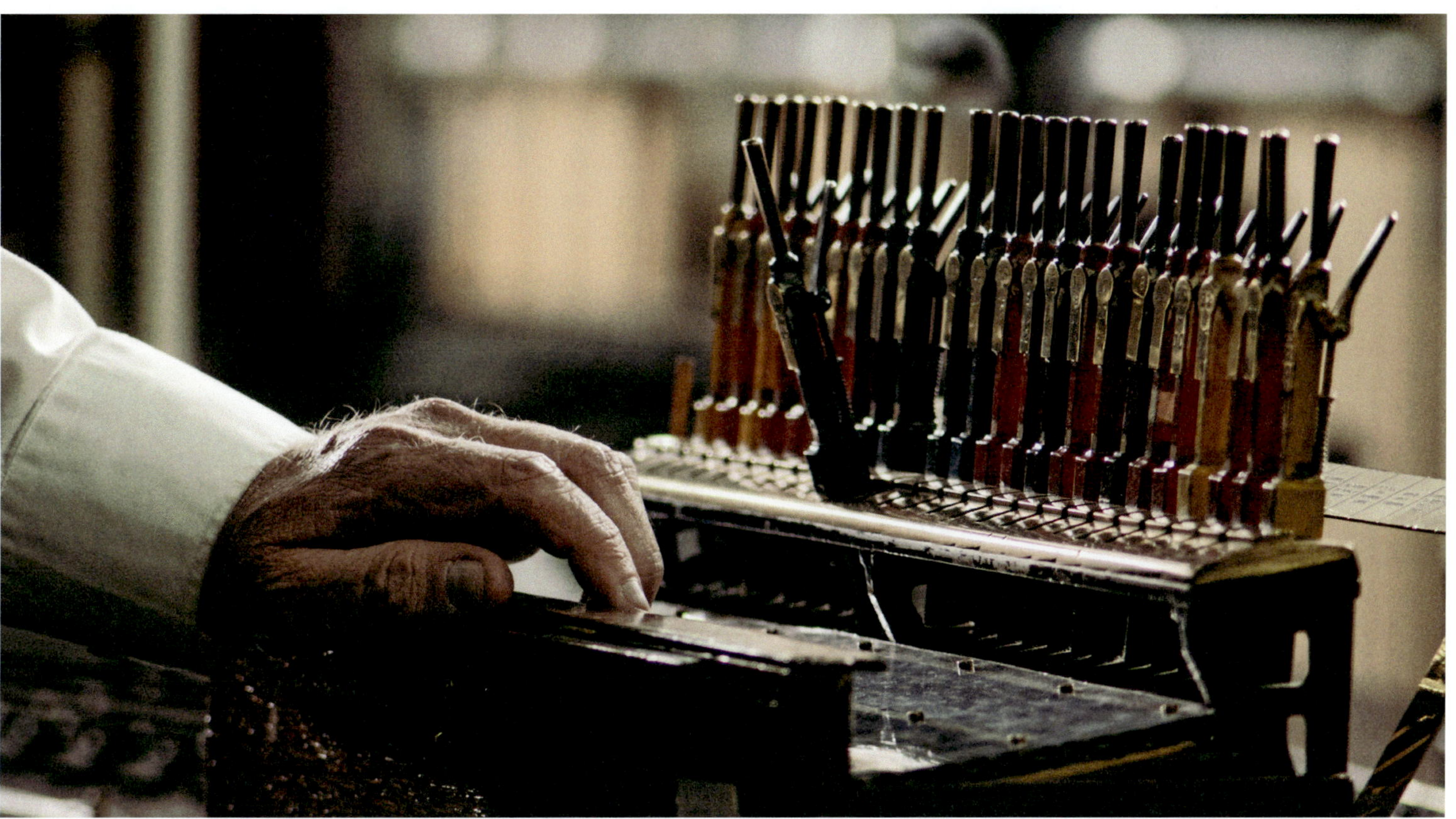

ungefähr dreieinhalb Minuten lange Film beginnt mit einer tonlosen Großaufnahme vom Hals und Hinterkopf eines Mannes, der den Kopf in relativ schneller Folge mehrmals von links nach rechts schwingt. Versucht der Gefilmte auf kunstvolle Weise einen steifen Nacken zu lösen? Ein abrupter Schnitt und ein lautes, zischendes Geräusch schrecken Auge und Ohr auf, während wir in Großeinstellung von schräg hinten den Schultergürtel eines anderen Mannes sehen, der die gleichen Kopfbewegungen vollführt. Wahrscheinlich ist eine Gruppenaktivität der Grund für diese merkwürdigen Bewegungsabläufe. Aufnahmen von wackelnden Ellbogenrückseiten, drei nebeneinander stehende Männer mit nach vorn angewinkelten Unterarmen in Rückansicht, die kleine, ruckartige Bewegungen ausführen, paaren sich mit dem inzwischen vertrauten, von einer schnell vorüberzischenden Geräuschquelle ausgelösten Dopplereffekt. Nachdem drei formell komponierte Aufnahmen von farbigen Linien auf einer Modellautorennbahn zu sehen sind, haben wir wahrscheinlich längst erkannt, was die ungewöhnlichen Bewegungen der Männer hervorruft. Crosses Film über einen britischen Slotracing-Verein porträtiert flüchtig die Rennbahn und das Klubheim, konzentriert sich im Übrigen jedoch auf die oft synchronisierten Körperbewegungen der aus allen Altersgruppen stammenden Teilnehmerinnen und Teilnehmer. Wie in *Clear as a Bell* fangen Großaufnahmen die Details des Ereignisses ein: die Konzentration im Gesicht eines Einzelnen; eine Hand, die auf dem Streckenrand ruht; die körperliche Nähe der Rennteilnehmerinnen und -teilnehmer beim Zucken, Schwanken und Ruckeln. Das größte Faszinosum aber ist der hin- und herschwingende, gefilmte Hinterkopf, der die über den Rundkurs rasenden Autos verfolgt. Der Film endet in ergreifender Stille mit einer Abfolge von vier Rückansichten solcher Köpfe in rhythmischer Bewegung. Ob synchron mit den anderen oder in seinem eigenen Tempo, tritt der schwingende Kopf als symbolisches wie mysteriöses Bild für den in die Gruppenaktivität des Modellautorennens vertieften Körper in Erscheinung. Obendrein ist dieses Bild eine Art filmisches Markenzeichen, das die Ästhetik der Videoarbeiten von Rob Crosse in weiten Teilen prägt: Es veranschaulicht seine Strategie, den Körper aus einer gemein-

schaftlichen Aktivität herauszulösen, um die Effekte von Zeit, Bewegung und konzentriertem Fokus besser beobachten zu können.

In den Filmen *Mall Walking* und *Prime Time* setzt Crosse diese Strategie lückenlos um. Beide locken mit Bildern von gealterten Körpern in Bewegung, oft herausgehoben aus der kollektiven Betätigung, die sie zusammengebracht hat. Während eines Residenzaufenthalts am Bemis Center for Contemporary Arts in Omaha, Nebraska, nutzte Crosse seine Begeisterung für die Kultur des Mall Walking: Einzelpersonen und kleine Gruppen älterer Menschen fahren frühmorgens in eine Shopping-Mall, wo sie sich mit Walking fit halten und Kontakte pflegen. Die ebenen, sauberen Fußböden, Klimaanlagen, zahlreichen Plätze zum Ausruhen und barrierefreien Toiletten der Einkaufszentren bieten den Bewegungssuchenden ein willkommenes und sicheres Ambiente. Während Gesundheitsorganisationen entstanden sind, um die Walkerinnen und Walker zu unterstützen, war es die Selbstorganisation, die Crosse an dieser Aktivität ursprünglich fasziniert hat. Ohne Kommentar taucht sein Film direkt in die Aktion ein, den Walkerinnen und Walkern überwiegend mit Einstellungen von hinten folgend, um die sportliche Betätigung zu dokumentieren. Gesprächsfetzen und die Mall-Musik im Hintergrund begleiten die bedächtige, ausdauernde Bewegung der älteren Walkerinnen und Walkern durch leere Food Courts und vorbei an nicht geöffneten Geschäften. Vor allem diese nichtkommerzielle Eigenart der Tätigkeit manifestiert sich in Crosses würdevollen Bildern der Seniorinnen und Senioren, die in aller Stille und Entschlossenheit Orte des Konsums für ihr eigenes körperliches und soziales Wohlbefinden beanspruchen.

In *Prime Time* drücken sich die Würde und Unbeugsamkeit des gealterten Körpers nicht durch antikonsumistisches Handeln, sondern in den stillen Momenten einer kommerziellen Freizeitbeschäftigung aus. Die Protagonisten des Films sind Mitglieder der Prime Timers, einer Selbsthilfegruppe schwuler Männer, die gemeinsam eine Karibikkreuzfahrt machen. Dem unpersönlichen Hintergrund eines großen Kreuzfahrtschiffs, das hauptsächlich von heterosexuellen Urlaubern bevölkert wird, setzt Crosse einzelne Mitglieder, Paare und Gruppen der Prime Timers entgegen. Man

sieht ausgelassene Männer an der Bar, im
Kasino und auf der Tanzfläche, doch erst die
intimen Einstellungen, die sie allein beim
Rasieren oder beim Zurechtmachen für den
Abend zeigen, stechen mit ihrer schonungs-
losen Darstellung der körperlichen Folgen
des Alterns wirklich heraus. So wie die Bilder
der Männer in den öffentlichen Bereichen des
Schiffs die gegenseitige Fürsorge und Anteilnahme dokumentieren (ein Paar beschließt,
sich unter die tanzende Menge zu mischen;
ein Mann gibt einem anderen Tipps zur Nut-
zung des Wellnessangebots), so machen die
langsamen Schwenks über den nackten Ober-
körper eines Mannes, der auf Deck schwei-
gend liest, Crosses achtsames Verständnis
und seine Wertschätzung für den alten und
verfallenden männlichen Körper deutlich. Das
Interesse seiner Kamera gilt weniger der Tätigkeit des Manns als der durch sie ermöglich-
ten Sichtbarkeit und Haltung dessen Körpers.
Praktisch niemals zuvor hat man Bilder von
schwuler Kultur gesehen, die so ehrlich, res-
pektvoll und mit Liebe alternde Männer und
ihre Körper in den Fokus rücken: Falten auf
schlaffer Haut, dichte graue Brustbehaarung,
hängende Männerbrüste, Schwabbelbäuche
in kurzen Hosen. Das sind die Spuren der Zeit
auf einem Körper. „Warum kannst du nicht
erkennen, woher diese Spuren kommen?“,
pfeift der Singvogel. Crosses audiovisuelles
Werk schnüffelt nicht in ihrer Geschichte
herum, sondern weckt unsere Offenheit und
Achtsamkeit gegenüber den Körpern, die
diese Spuren tragen.

In a hilarious section of the film *Uccellacci e uccellini* (Hawks and Sparrows, 1966), Pier Paolo Pasolini sets an intergenerational couple of friars on the path of converting hawks and sparrows to Christianity. Both species of birds eventually proclaim, "Love! LOVE!" in an apparent acknowledgment that they have deciphered the message communicated through the chirps and goofy fluttering of the human believers. The birds seem to be on the righteous path. Soon thereafter, the two men witness a hawk attacking a sparrow and they're forced to ponder whether there's more to interspecies love than the Christian gospel would seem to promise. St. Francis, who gave the monks their mission, takes it in stride, suggesting another round with the birds—this time armed with a deepened awareness of social inequality and class conflict. Pasolini's whimsical fable about the conversion of the birds—as recounted in the film by a left-wing crow—is a lesson about both the possible overlaps between Christian and Marxist ideology and the semiotics of audiovisual communication. Just as the monks learn to communicate with the birds through sound and gesture, so too can film spectators make (non)sense out of the audiovisual poetry of cinematic images.

With his 2019 film *Dear Samuel*, Rob Crosse also turns to the vocalizations of birds in order to convey crucial information about the sustainability of interpersonal relationships. Contrary to Pasolini's comedic depiction of monks proselytizing to birds, it's the birds in Crosse's film that are the ones with a message to share. *Dear Samuel* is a film in the form of a letter that reveals through first-person narration the sexual and emotional specifics of an intergenerational relationship between the young male narrator and an older man. An off-screen voiceover is set against the acoustic backdrop of chirps and birdsongs, as well as location sound from the urban setting of Hong Kong. The selective account of the men's relationship addresses intimate details about a younger man's willful accommodation to the needs and limitations of his partner's aging body and his fascination for the effects of time inscribed on that body's wrinkled surface. Preparing for sex with socks on, for instance, the narrator recounts: "You mostly leave them on when you fuck me, but today I offered to remove them. Your knees don't bend so easily anymore and your ankles are swollen. 'Only if you put them back on,' you say. 'I'm too old to reach down there.'" The sparse and relatively unadorned narration is accompanied by black images that seem to deflect the viewer's attention to the intensity of the personal revelations on the soundtrack. Four times throughout the approximately nine-and-a-half-minute film the black image track is interrupted with brief color sequences of shots of various songbirds in cages in a public garden. These images are accompanied by karaoke text, an

ⅅ The imagined addressee of the film is Samuel R. Delany, a writer of great importance to Crosse.

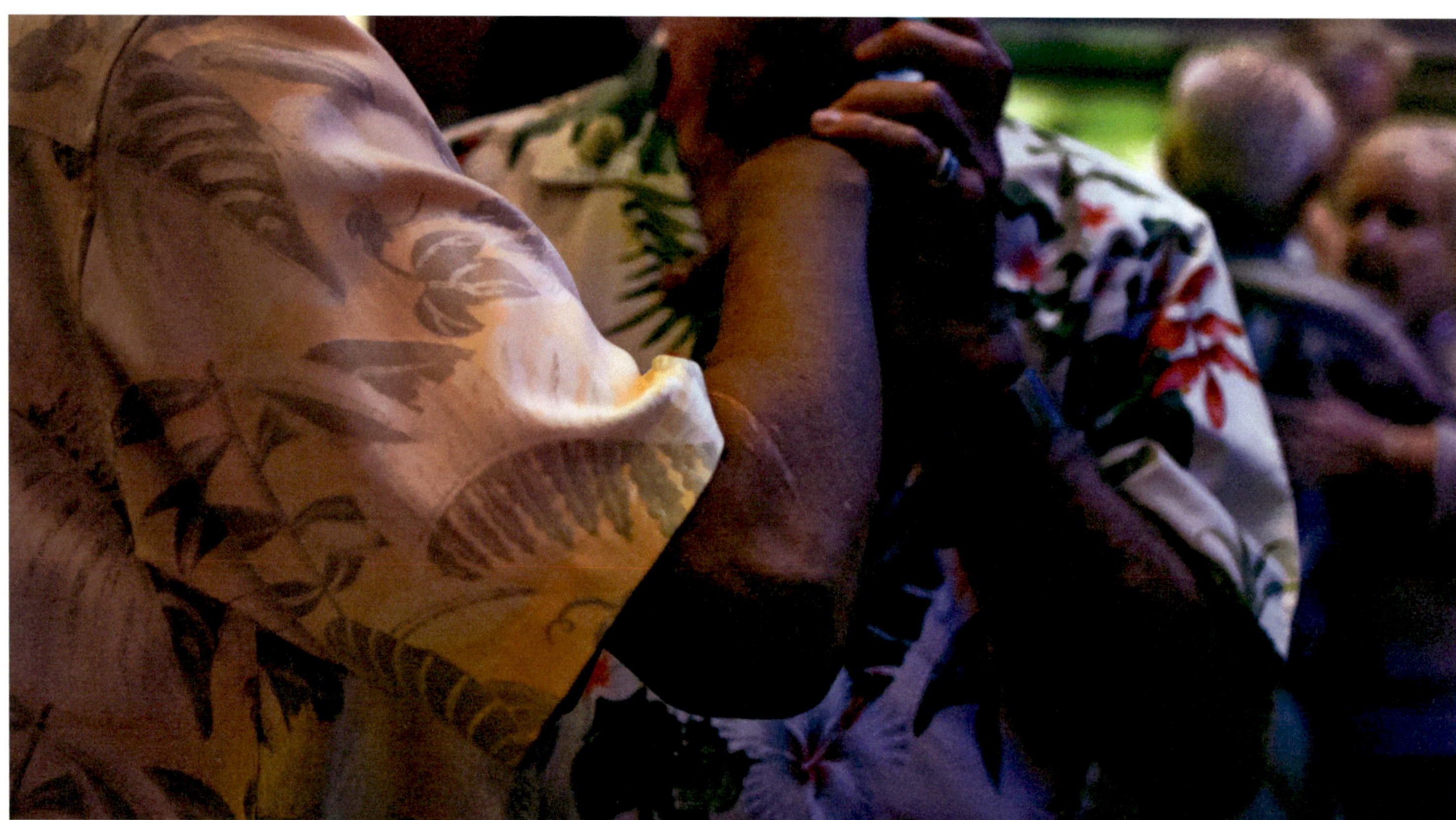

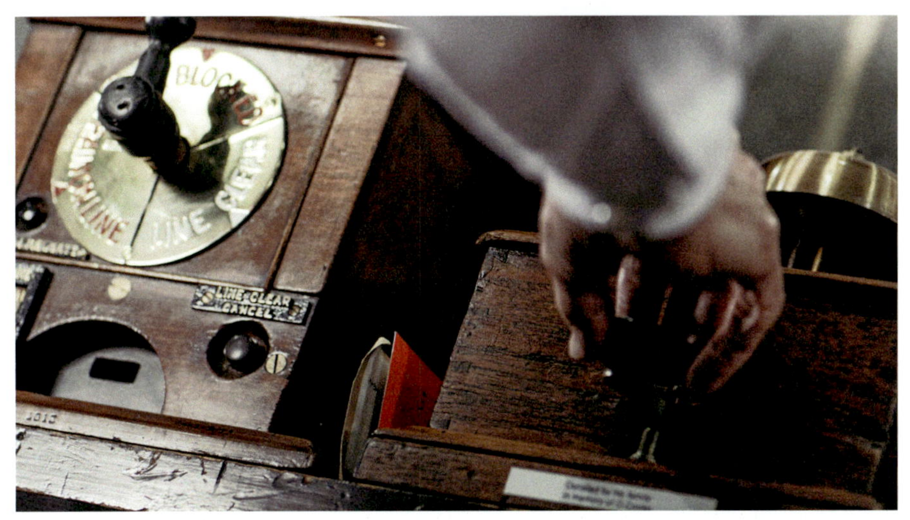

imagined translation of what the birds might be singing to one another. "I'll take care of you. / I'll support your arm when you cross the street, / collect post from the floor and empty the bins. / Sometimes you're too tired but I don't mind, / I'll listen to you breathe when you sleep, / hold your body and trace the lines on your skin." It's as if the birds take up the job of narration by emphasizing an ethics of care that goes to the heart of the narrator's account of his love for an older man. The birds move in to articulate the emotionally inarticulable in the film's intergenerational relationship. Their intimate message of care, conveyed as karaoke text, is a solicitation to the film's spectators as well. Sing along! Let this rare expression of care from a younger man to his aged male lover stick in your head like a favorite pop song! "I'll take care of you. / I can spoon-feed you when you want to eat, / collect daily medicine and empty your diapers. / Sometimes you struggle to breathe / but I don't mind, / I'll listen to you gasp in your sleep, / hold your body till you're no longer moving."

The shots of the songbirds in *Dear Samuel* were taken in Hong Kong's popular Yuen Po Street Bird Garden.[9] Crosse spent a period of time in the city interacting with members of a support group for older gay men, Gay and Grey. Thanks to their exchanges, he was able to refine his understanding of the issue of care and its particular significance in a context where many organizations dedicated to older people have a religious mission and are not particularly LGBTQ+ friendly. With that in mind, the close-ups of delicate caged birds singing of care become highly suggestive of the precarious situation faced by some of these elderly men. A multifaceted approach to the subject of care and to its expression through social activities requiring shared focus and concentration is a distinguishing feature of Crosse's work. While *Dear Samuel* may stand out for its explicit expression of homosexual desire for older men, it merely literalizes and eroticizes the truly exceptional interest in and attentiveness towards the bodies, movements, and activities of older people that characterizes such videos as *Clear as a Bell* (2016), *Mall Walking* (2015), and *Prime Time* (2017), as well as some of Crosse's photography, installation and performance work.

The bells in *Clear as a Bell* ring out clearly at the start of the film but the motivation for their sounding remains seductively enigmatic. The film begins in action, as a slightly moving camera captures an older uniformed man from the side of his face in close-up while he looks inquisitively at an unidentifiable antiquated mechanical machine in front of him. A series of bell taps resonate on the soundtrack over a quick succession of close-ups: a gold bell, a wrinkled male hand tapping another bell in response, another older man's face. This man looks concerned, as he attentively scans his immediate surroundings while retreating a step. A muffled silence prevails as another man, shown in extreme close-up from the front, seems involuntarily to moisten his lips with his tongue. He's so intensely focused on an activity in front of him that his body is left to its own devices. If it's not yet clear what these old men, clad in black vests, white shirts, ties, and black pants, are doing, a few other close-ups help to localize their actions: a chain clicking into place as it passes through a miniature pulley; a hand moving numbered levers on a mechanical lever frame; another hand tapping a signal box with a blurred informational sticker on the front of it. This male ritual of coded communication through cables, levers, buttons, and bells is actually a demonstration of block signaling on the oldest operating model railway layout in the world, which is located at the National Railway Museum in York, England. Crosse spent about six months visiting the museum and attending demonstrations and block signaling evening classes to learn about the history of this nineteenth-century method of ensuring safe and efficient railway operation. The actors in his film are actually the very volunteers—enthusiasts and former signalmen—who perform the museum's weekly demonstrations.

While *Clear as a Bell* certainly provides insight into the mechanics of block signaling and solicits fascination for the machines and gadgetry in the National Railway Museum, it has far more than such documentary appeal. Without dialogue or explanatory text, the film relies almost entirely on detail shots of the men's bodies as they operate the equipment or wait for a signal, as well as close-ups of the railway layout and the various mechanical constituents of the control apparatus. The frequent rack focus shots, which shift attention from foreground to background details (and vice versa) and leave part of the image in a slight blur, are perfect visual accompaniments to a multilayered soundtrack that alternates between crisp mechanical sounds and muffled room noise. The editing also seems to follow this logic of shifts and alternations as it links subtle bodily movement with the mechanics of the railway system. The lowering of a miniature semaphore stop signal seems to bring about a man's sudden turn of the head, while a slight mechanical movement synchs up with another man's slowly turning hands. *Clear as a Bell* is not, however, another artistic treatise on the interconnectedness of man and machine. Crosse is far too concerned with the men themselves, their dedication to this shared activity and, perhaps most significantly, the intimacy of their mutual communication as mediated through the mechanics of a railway block signaling system. Most of the shots in the film capture the men as they look, wait, listen, rest their hands, concentrate, or slowly walk to and fro. Being attentive to the movements of the machine enables their attunement to one another. There's no escaping a certain kind of melancholy in these images of aged bodies attending with great seriousness and conviction to the particularities of antiquated machines. Crosse's audiovisual rendering of that melancholy, however, and his palpable concern for the men's concerns, makes it clear as a bell that some melancholias, as Jonathan Flatley puts it, function "as the very mechanism through which one may be interested in the world."[2]

Crosse's interest in the world is directed primarily at the group activities that elderly people organize to support and sustain one another. Whether focusing on volunteer railway signalmen, Hong Kong songbird owners, Nebraskan mall walkers, or gay vacationers, his audiovisual work highlights the specifics of different hobbies and leisure activities in relation to the sustenance of the individuals and groups who engage in them. As in *Clear as a Bell*, voluntary and involuntary movements of the aged body frequently come to the fore. Never conveying disrespect, his intimate camera approaches his subjects at close range with a loving fascination for the inscription of history in the wrinkles, spots, and hanging flesh of a body in the prime of its life. "Where have these marks come from?" the songbirds sing.

This artistic interest in constructing an audiovisual language suitable for documenting the effects of activity and time on the aging body can be traced back to Crosse's early short film *Team Roedale* (2012). The approximately three-and-a-half-minute film begins with a twenty-second, silent close-up of the back of a man's head and neck as he swings his head from left to right and back again in relatively quick succession. Is the man engaging in an elaborate attempt to loosen a stiff neck? An abrupt cut shocks with a loud, whizzing sound as we see another man, shot in close-up at an oblique angle along the back shoulder, making the same head motions. It's likely that some group activity is the cause of these strange bodily movements. Shots of jiggling backs of elbows, a row of three men captured from behind as they make slight jerking movements with their bent arms in front of them, and other detail shots of the backs of shoulders and bent arms are scored to the same Doppler effect of a quick whizzing sound. About one minute into the film, when we see three formally composed shots of painted lines on a slot car race track, we've likely already discerned what unites these men and what causes their unusual bodily movements. Crosse's film of a British slot car racing club fleetingly documents the track and club room, but its focus is squarely on the frequently synchronized bodily movements of the intergenerational players. As in *Clear as a Bell*, close-ups pick up details of the event: the concentration on an individual's face, an aged hand resting on the edge of a track, the proximity

[2] Jonathan Flatley, *Affective Mapping: Melancholia and the Politics of Modernism* (Cambridge, MA and London: Harvard University Press, 2008), p. 1.

of the players to one another as they jerk and shake. The main object of fascination, however, is undoubtedly the swinging head, seen either from the side or behind, as it follows the cars speeding around the track. The film closes poignantly in silence with a succession of four such heads in rhythmic motion, shot from behind. Whether in synch with the others or moving at its own pace, the swinging head emerges as an emblematic and enigmatic image for the body engaged in the group activity of slot car racing. Moreover, this image is a kind of signature shot that informs the aesthetic of much of Crosse's video work; it exemplifies his strategy of extricating the body from a specific collective activity so as to observe better the effects of time, movement, and concentrated focus on its surface.

This strategy is fully realized in the films *Mall Walking* and *Prime Time*, each of which lures with images of aged bodies in motion that are often singled out from the collective, social activity that brought them together. During a 2015 residency at the Bemis Center for Contemporary Arts in Omaha, Nebraska, Crosse capitalized on a fascination for the culture of mall walking. Individuals and small groups of elderly people drive to a shopping mall in the early morning where they exercise and socialize by walking around the mall. The flat, clean surfaces, air conditioning, numerous places to rest, and accessible toilets provide a welcome and safe atmosphere for the aged exercisers. While caregiving and health organizations have emerged to support the walkers, the self-organized nature of the activity is what initially attracted Crosse to it. His film abstains from commentary and contextualization and simply plunges directly into the activity of walking, with a predominance of shots from behind individual, pairs, or trios of walkers that follow and document their actions. Snippets of conversations and location sound of mall music accompanies the slow, persistent movement of the elderly walkers through empty food courts and in front of unopened stores.

Mall walking often takes place before most of the stores are open to the public. It is this non-commercial—even anti-consumerist— nature of the activity that comes to the fore in Crosse's dignified images of the elderly, quietly and determinedly claiming the spaces of consumerism for their own bodily and social sustenance.

In *Prime Time* the dignity and defiance of the aged body is not expressed through anti-consumerist activity but through quiet moments of commercial leisure. The subjects of the film are members of a support group of gay men, "Prime Timers," who take a Caribbean cruise together. Crosse's film singles out individuals, couples, and groups of Prime Timers against the impersonal backdrop of a large cruise ship peopled predominantly with heterosexual vacationers. There are shots of the men frolicking in the bar and casino and on the dance floor, but it is the select intimate shots of them alone while shaving or getting dressed for the evening that truly stand out for their candid depiction of the effects of time on the aged body. If the images of the men in the ship's more public spaces document the care and concern they share for one another (a couple decides to join the crowd on the dance floor, one man offers another tips for taking advantage of the spa services), the slow pans down and up a man's bare chest while he reads silently on the deck make explicit Crosse's care for and appreciation of the aged and weathered male body. His camera is less interested in the man's activity than in the visibility and posture of his body enabled by it. It's practically unprecedented to see images of gay male culture that so honestly, respectfully, and lovingly bring aging men and their bodies into focus: wrinkles on sagging skin, overgrown grey chest hair, hanging male breasts, flabby bellies tucked into shorts. Such are the marks of time on a body. "Why can't you see where these marks have come from?" the songbird sings. Crosse's audiovisual work does not pry into the history of these marks but rather solicits our interest in and care for the bodies that bear them.

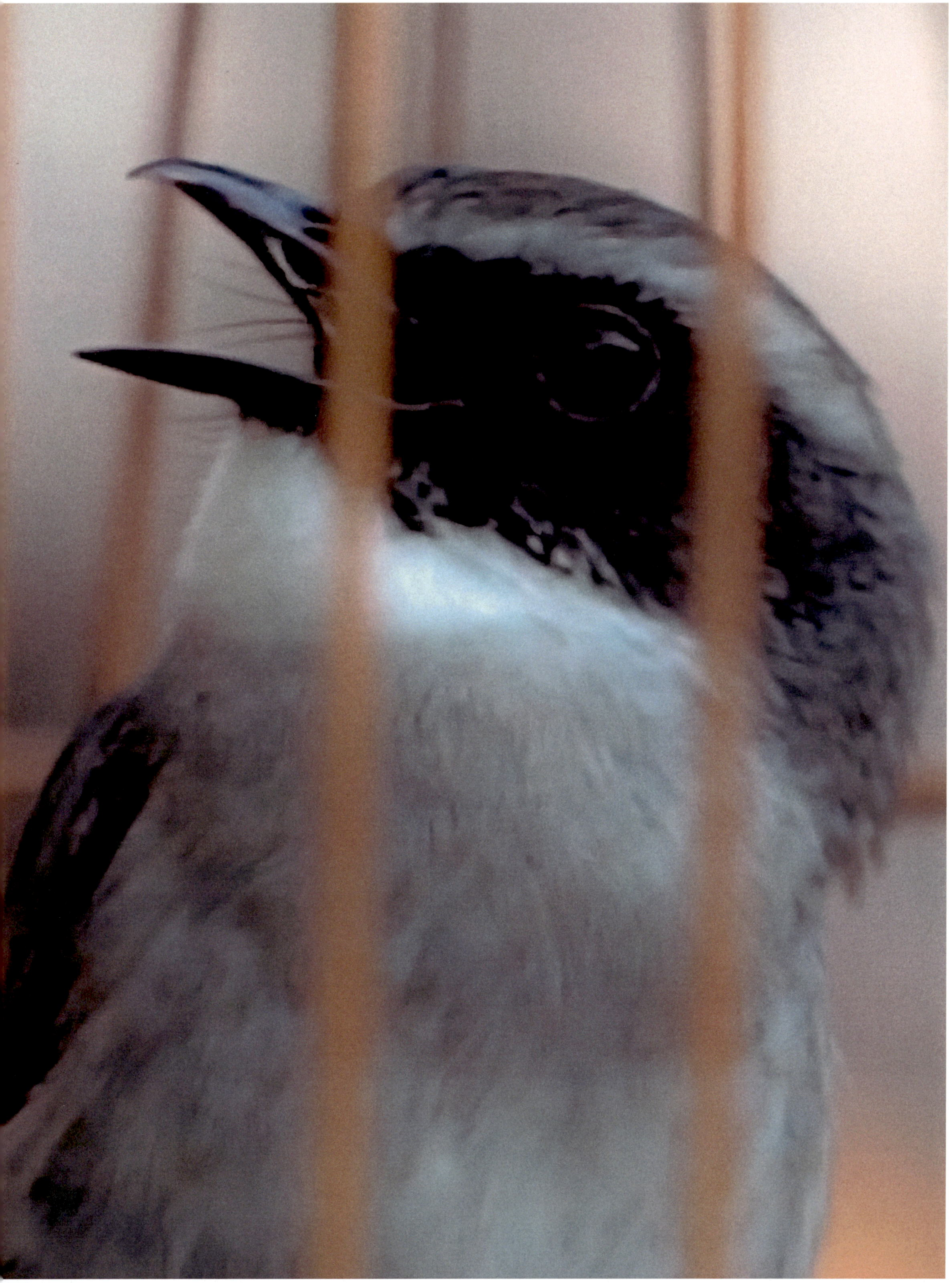

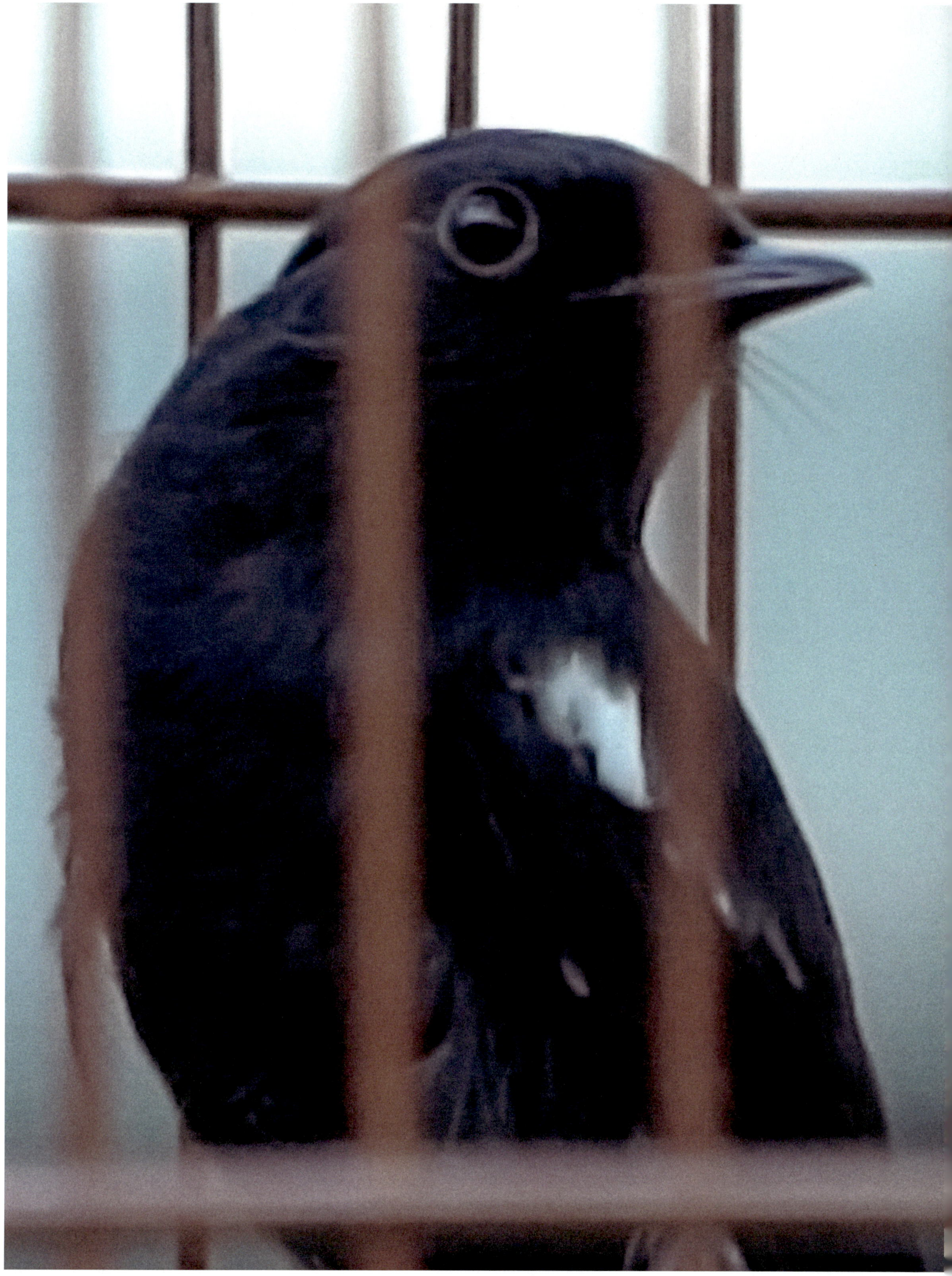

David Nash, *In Case of Death*, 2016

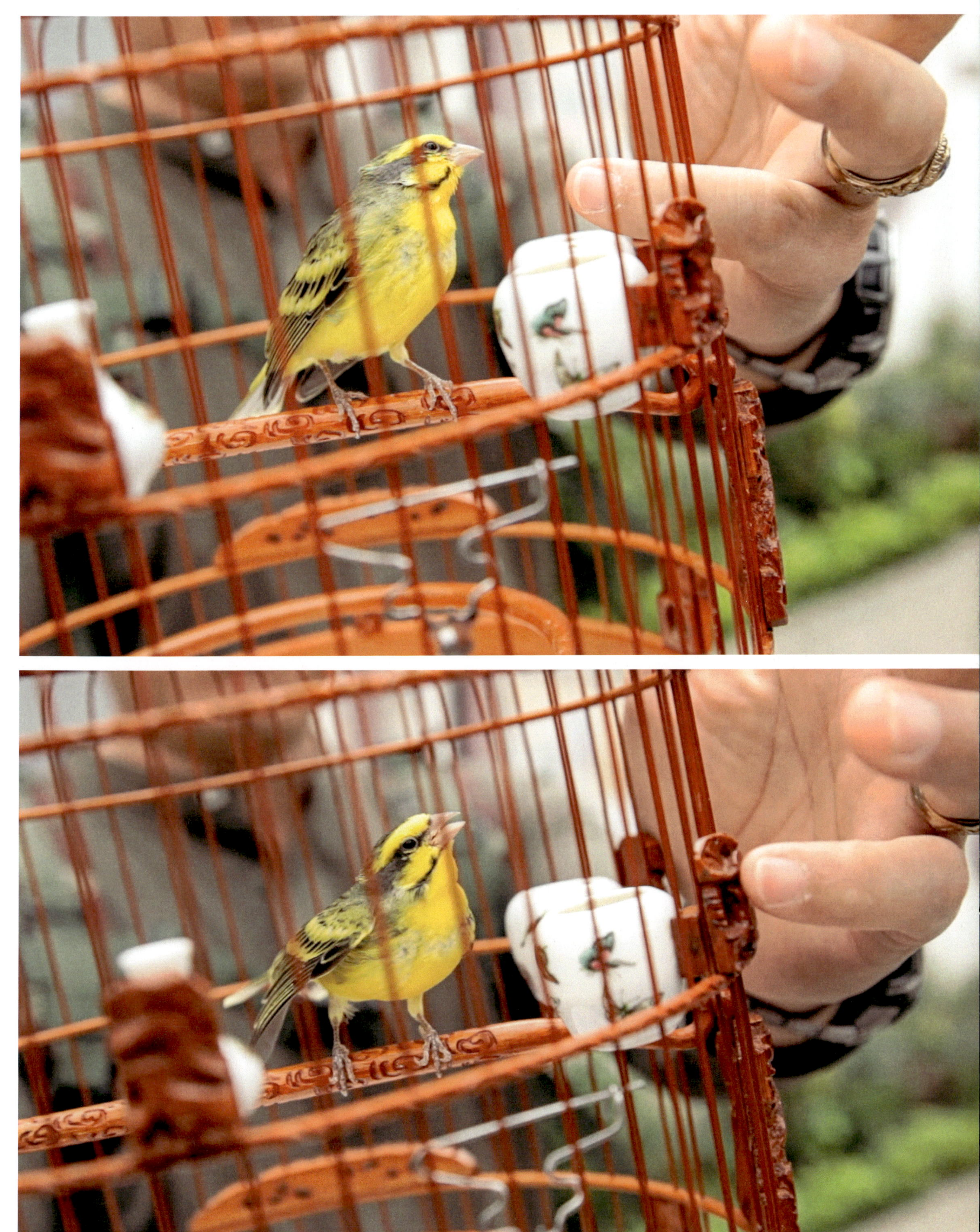

1. Cessation of Breath: Is He Breathing?

He's not breathing, and he cannot go on like this. He needs air. Mouth-to-mouth is a fool's game: you must not believe that you have enough air for the both of you. The body should supply itself, but in this it can be encouraged. Breath begets breath, and life life. One O says yes to another O and that equals oxygen. One god nods to the next god, who nods to the next and so on. Therefore plant plants, as follows:
(i)   The chest is just a gathering of shapes as it is, and it knows full well what it means to be a shrubbery. There is depth and breadth enough for soil, and it lends itself naturally to inhabitance. From there to conurbation. Drop seeds and sow. It grows in spite of itself.
(ii) The extremities are a framework already in place: honeysuckles, for example, thrive on the order inherent in limbs; fingers are the beginnings of mathematics, and you will find the sweetpea loops nicely to a ring; ivies are many and incessant.
(iii) The holes of the head are a blessing. Eye sockets, in particular, are favourable to succulents.

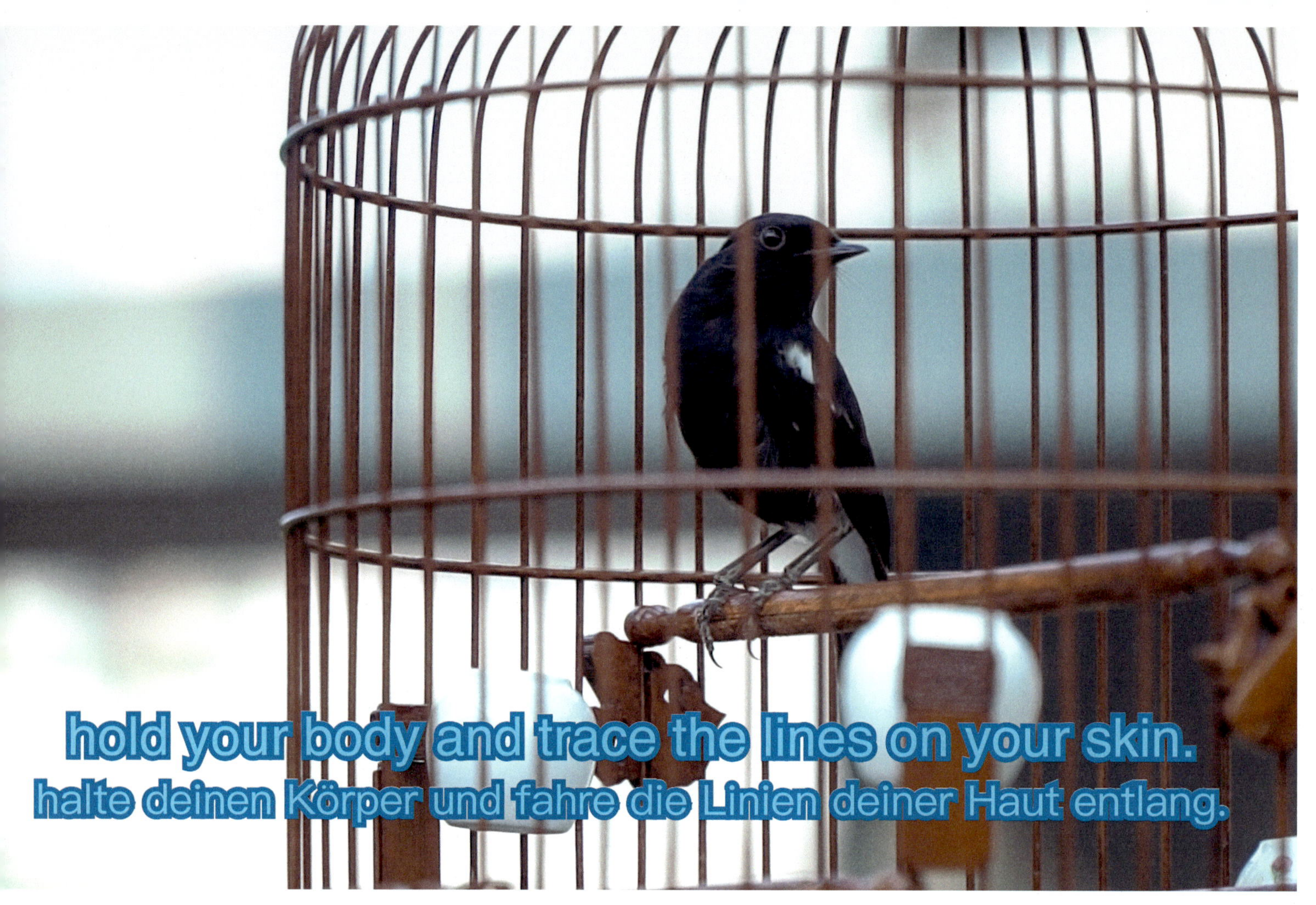

hold your body and trace the lines on your skin.
halte deinen Körper und fahre die Linien deiner Haut entlang.

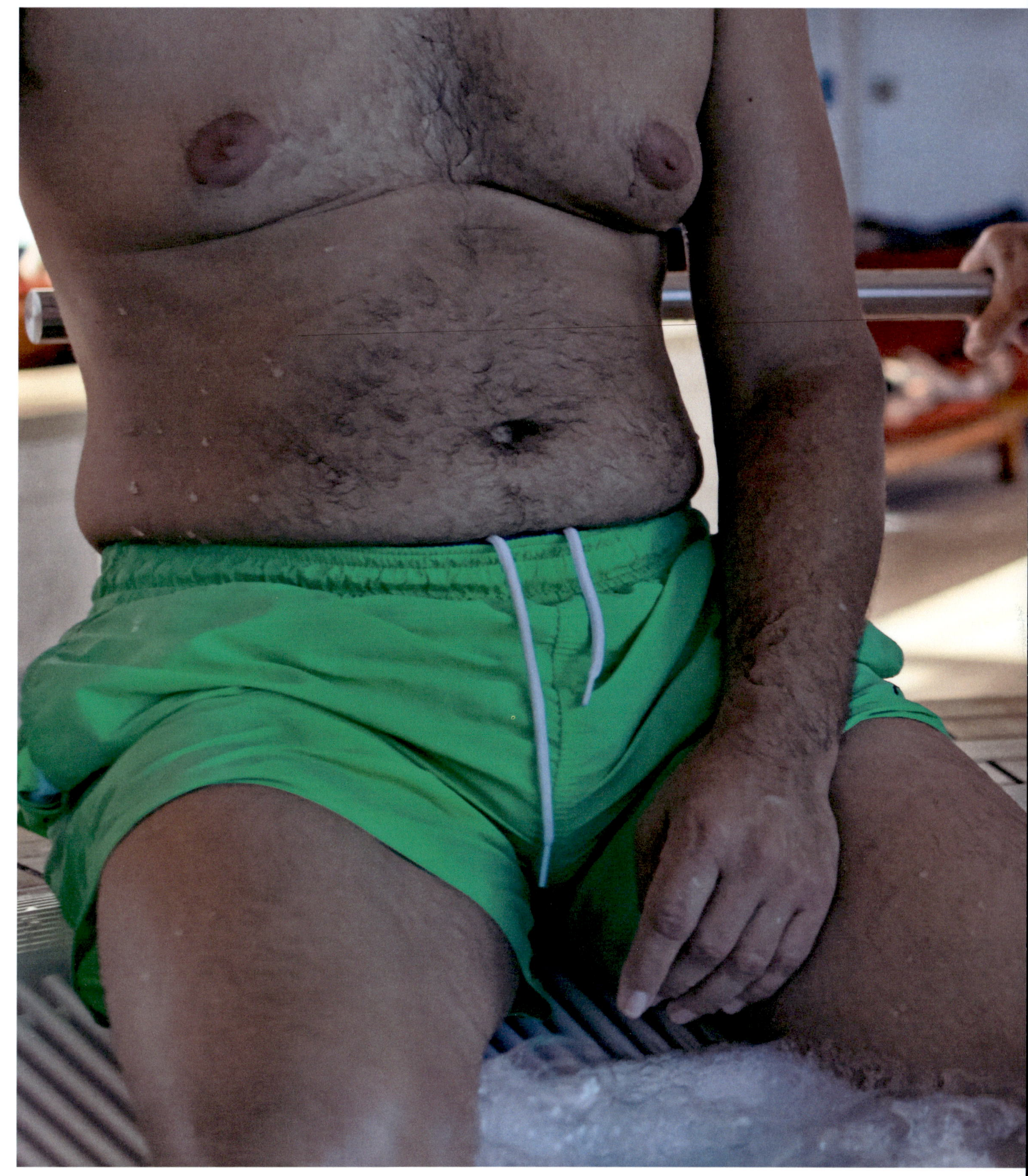

2. Cardiac Arrest: Is There Any Rhythm to Him?

They say: cut the wood yourself and it will warm you twice. It is the same
for the heart—if you beat it, it will beat. And it is the same with blood
—it won't move unless you move it. This is the kind of work that must be
done by hand. This is monks and manuscripts. This is sculpture. This is
the work your father did, is where you came from.

(i)   Locate the heart by feeling
(ii)   Trace out the gridlocked veins
(iii)   Prepare the bell for pealing
(iv)   Make fists and take your aim
(v)   Pound it till it feels like kissing
(vi)   Push the blood between your hands
(vii)   Force the heart to miss what's missing
(viii)   Forbid it to neglect its plan
(ix-xii) Of all the laws that you could leave him
         Leave him only one:
         Hurt could your heart every man
         Hurt can his heart none.

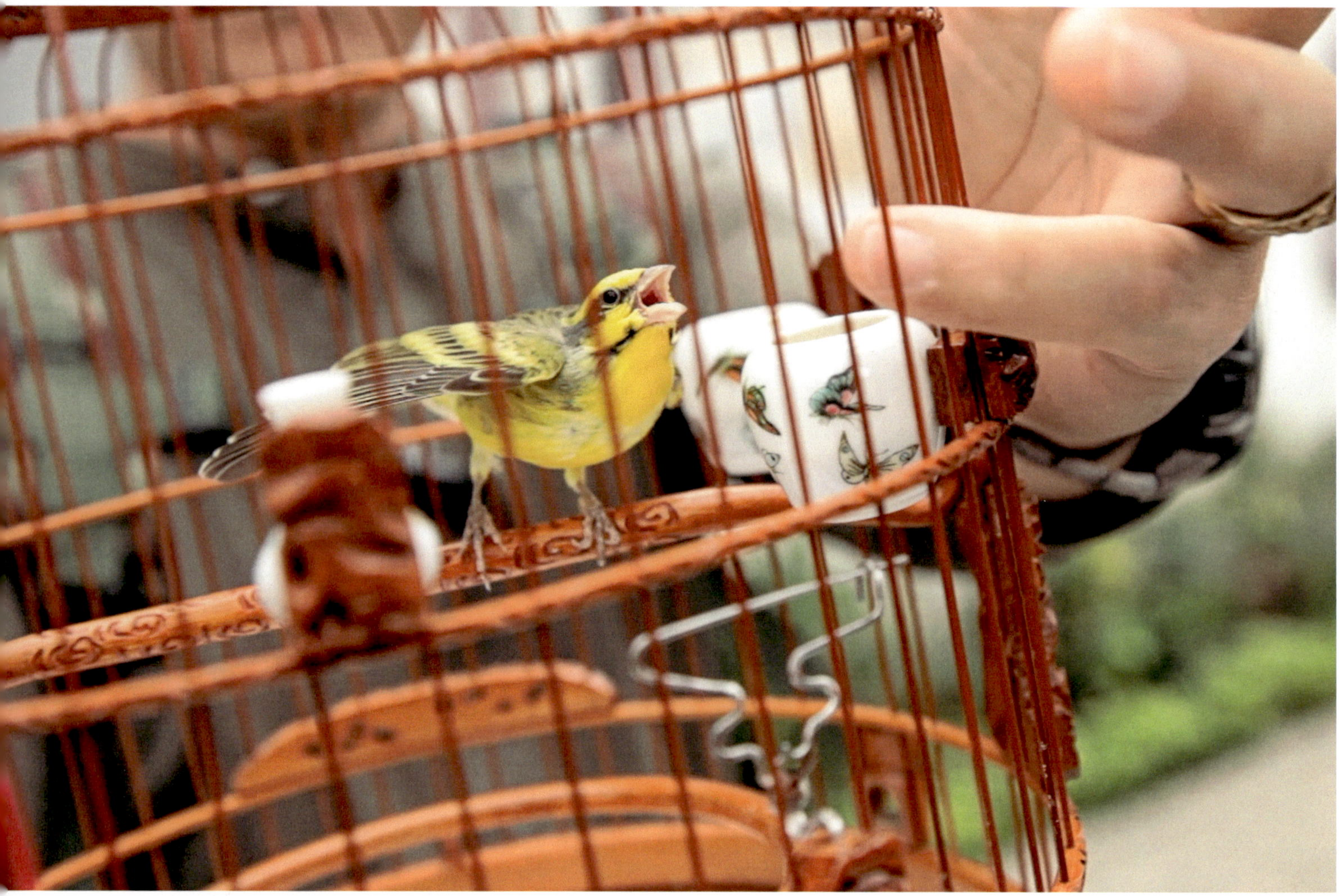

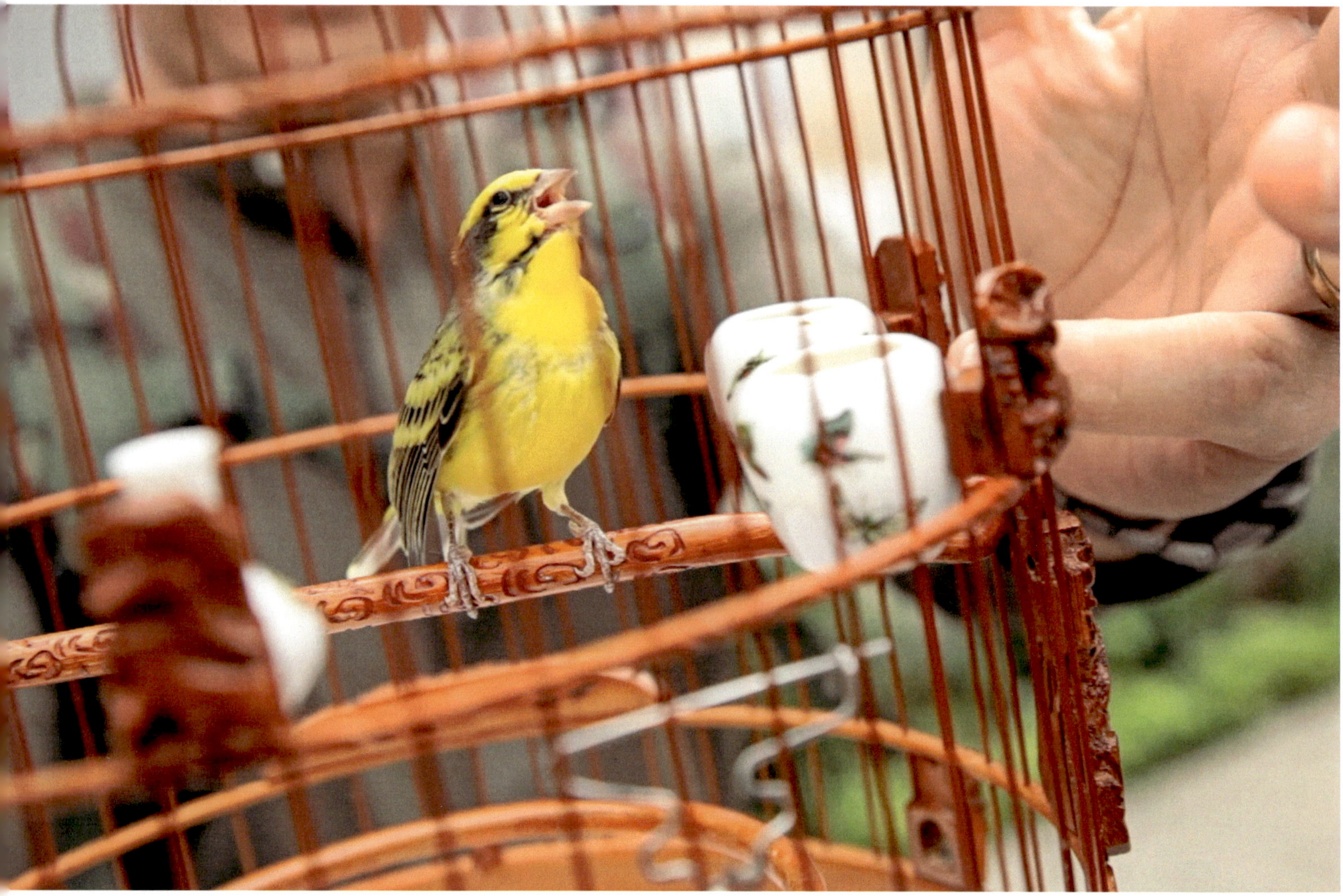

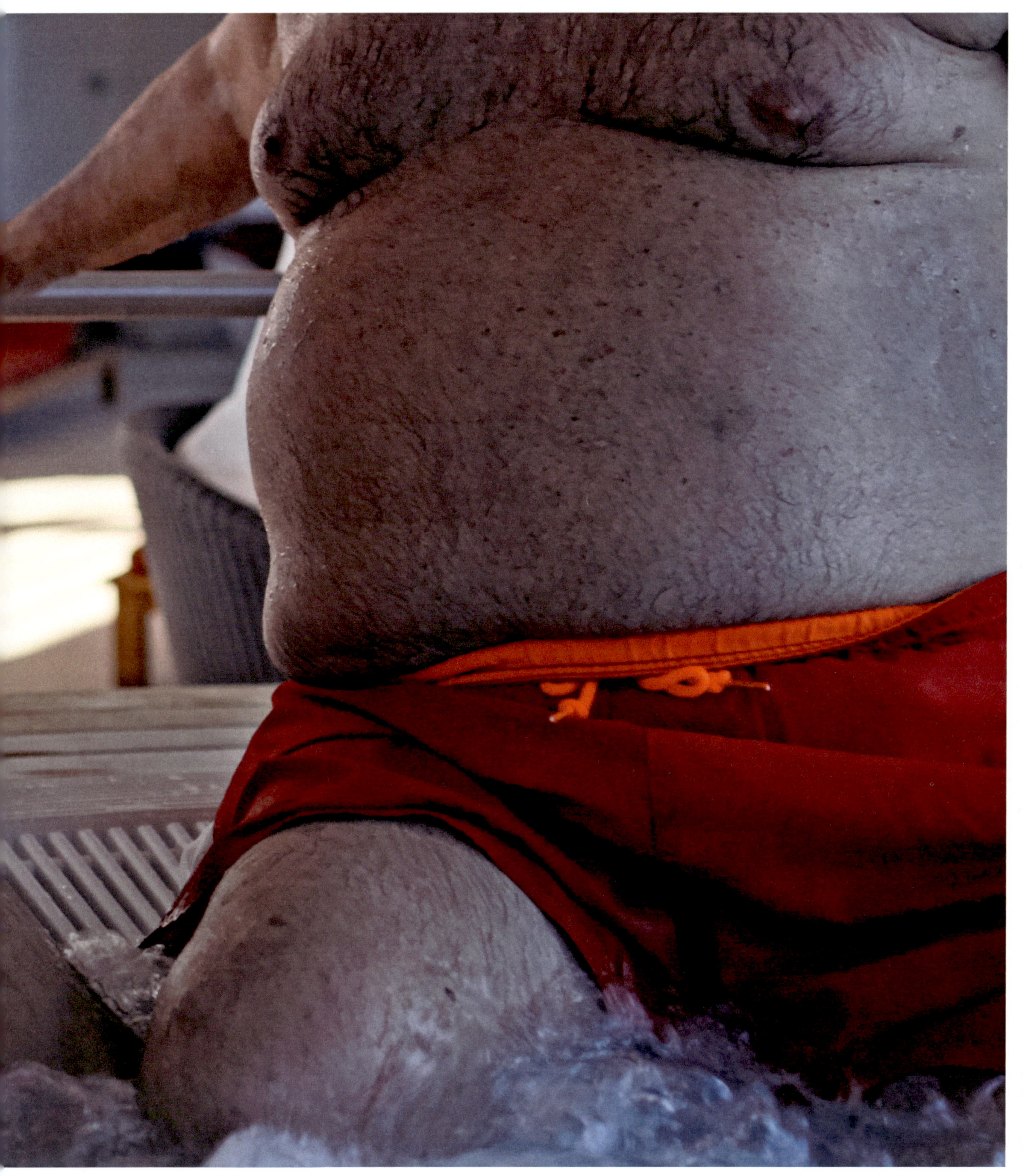

3. Pallor Mortis: What Colour is He?

Isn't it tempting to leave him? Now that you know he's as white as you?
Is there no way he could live like snow lives, which is to say: unanimously,
without discrimination, everywhere, carelessly/carefully, in paralysis,
absent, and dumb? No: that is the opposite of science, and you should
proceed like so:

(i)   Hit him. The pocket-bursts of red as you rain down your blows
      remind the skin of its duty.
      (a) This is not advisable for the lips, which, if blue, should be
          bitten, as before.
      (b) This is also, NB, only a temporary reversal of the state.
(ii) If saffron seems like an investment, remember that its employ-
      ment requires the body to steep (and steep and steep) and be
      bathed. Did your hands memorise the weight of his? Well then,
      now's your chance: knead the yellowing water into him, notice
      the steady dawning of your skins. Saffron is pittance.
(iii) Cow's piss also does the trick.
(iv) There is always war paint. Humans have been making themselves
      up for years. They are canny and, often, uncannily like themselves.
      It's a neat trick, but you, of course, would always know.

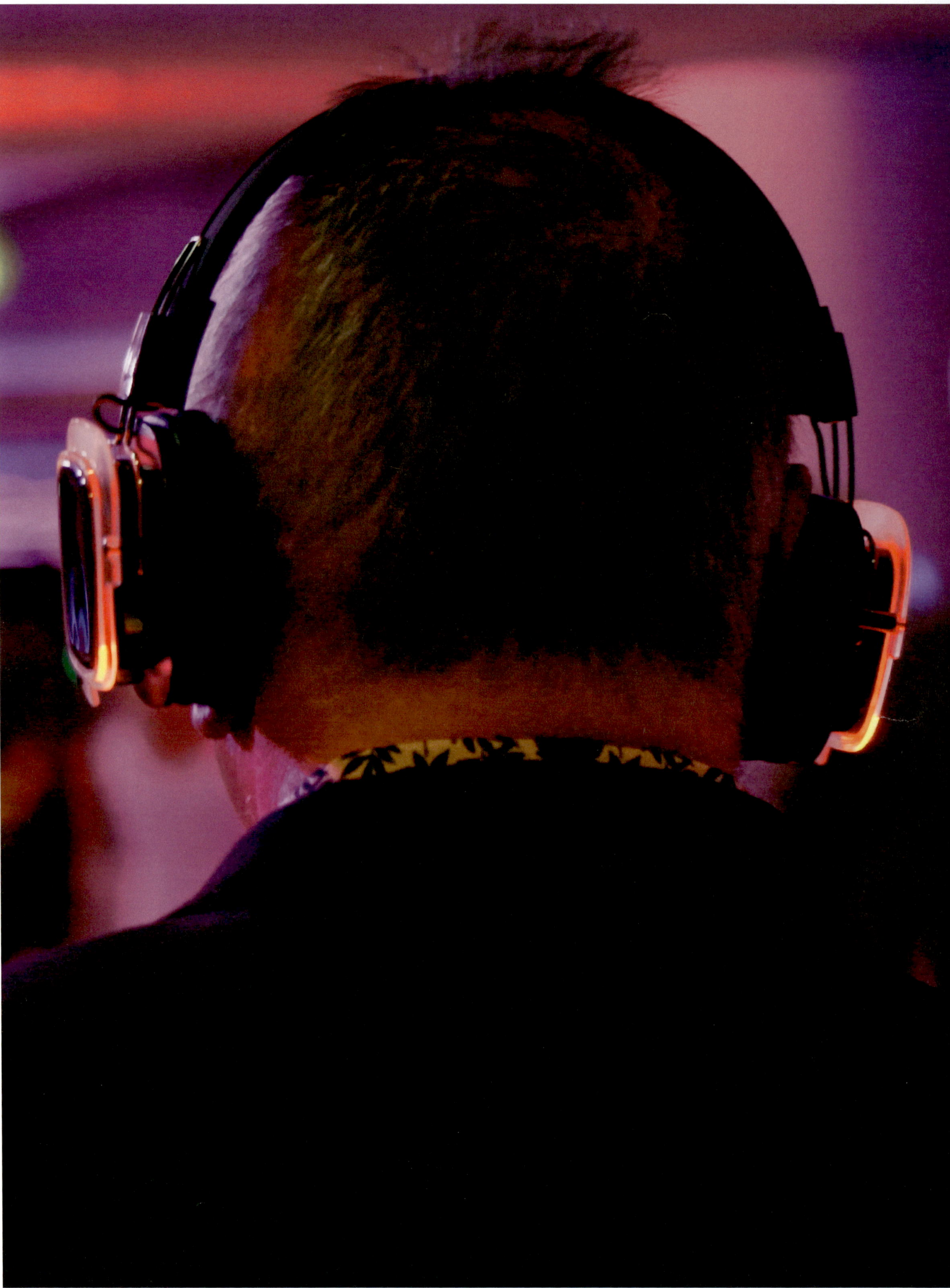

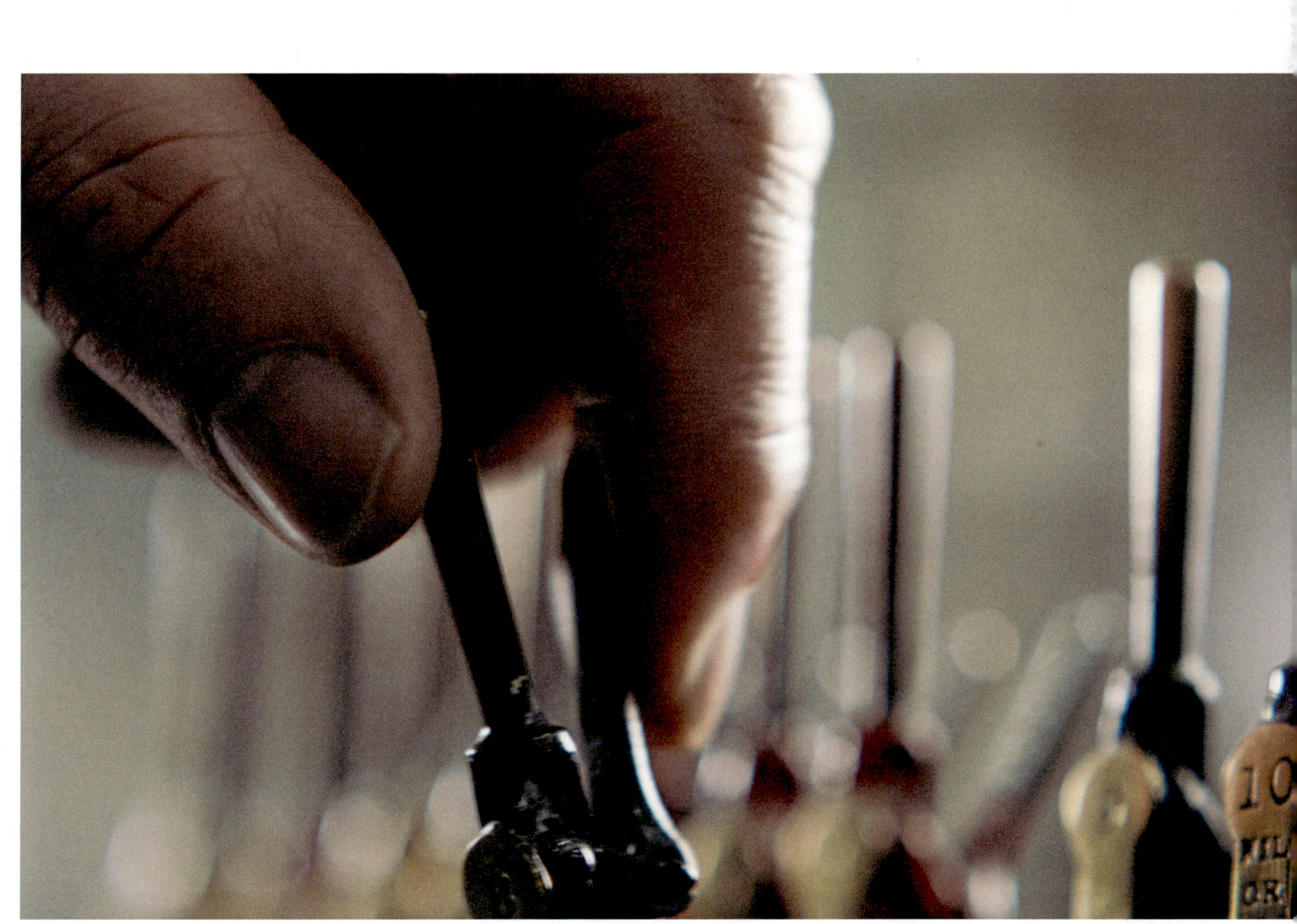

4. Hypostasis: Has His Blood Settled?

Bloodset/Blooddown: when the body designs its own horizon in telling
the erthrocytes: "Rest now," or "Settle." And they do, in good faith, like
children called to come down now from the trees: with a pause, then drip-
ping one by one from the canopy. With relief. With the sound, even, of
relief, the deflation of that last f. The way a bus is grateful to be waved
down, the way a coal chimney savours its condemnation. In such a way
does the blood settle, and its acceptance is crepuscular. To cause a blood-
rise you must:
    (i)   Reverse gravity.
    (ii) Reverse time.

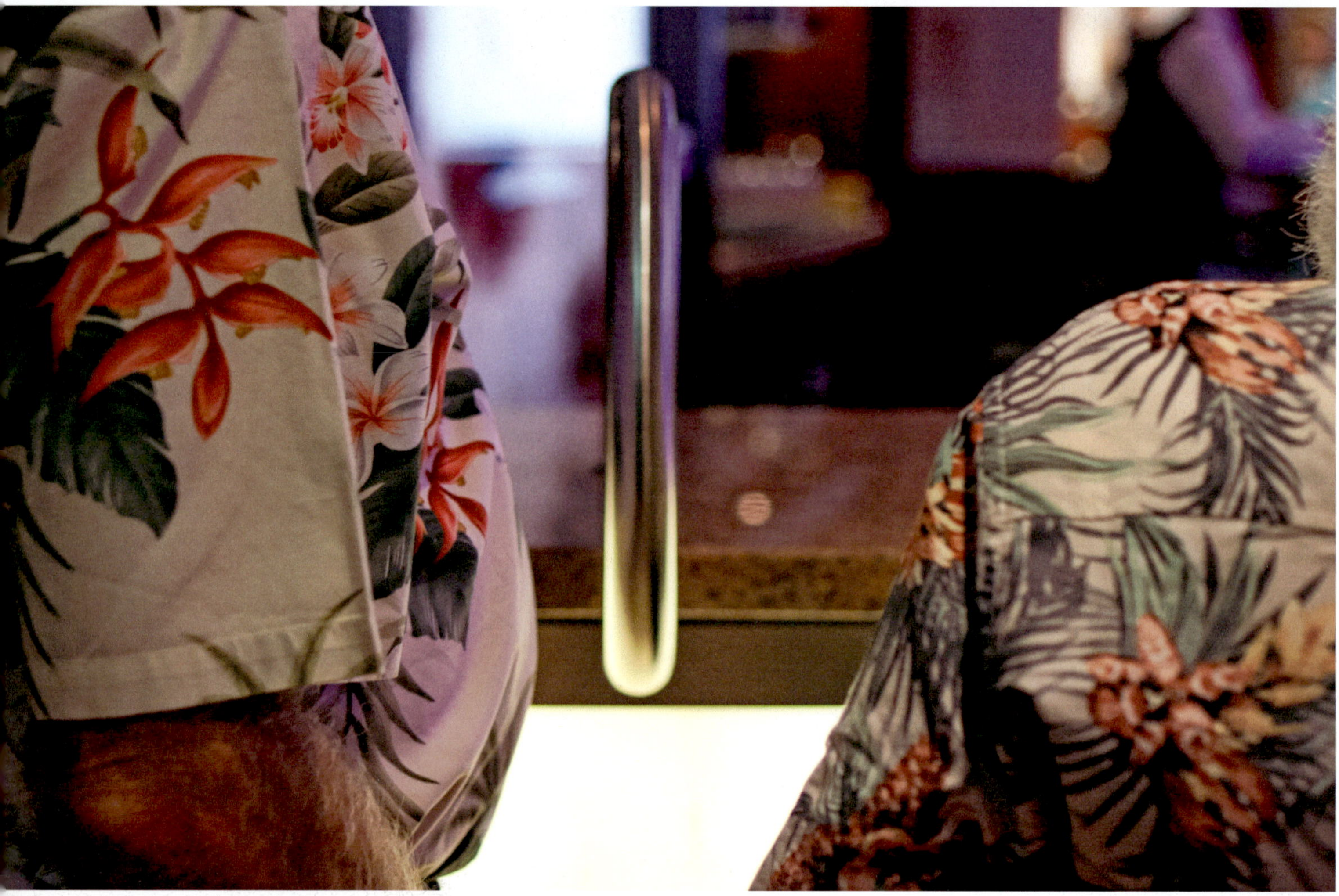

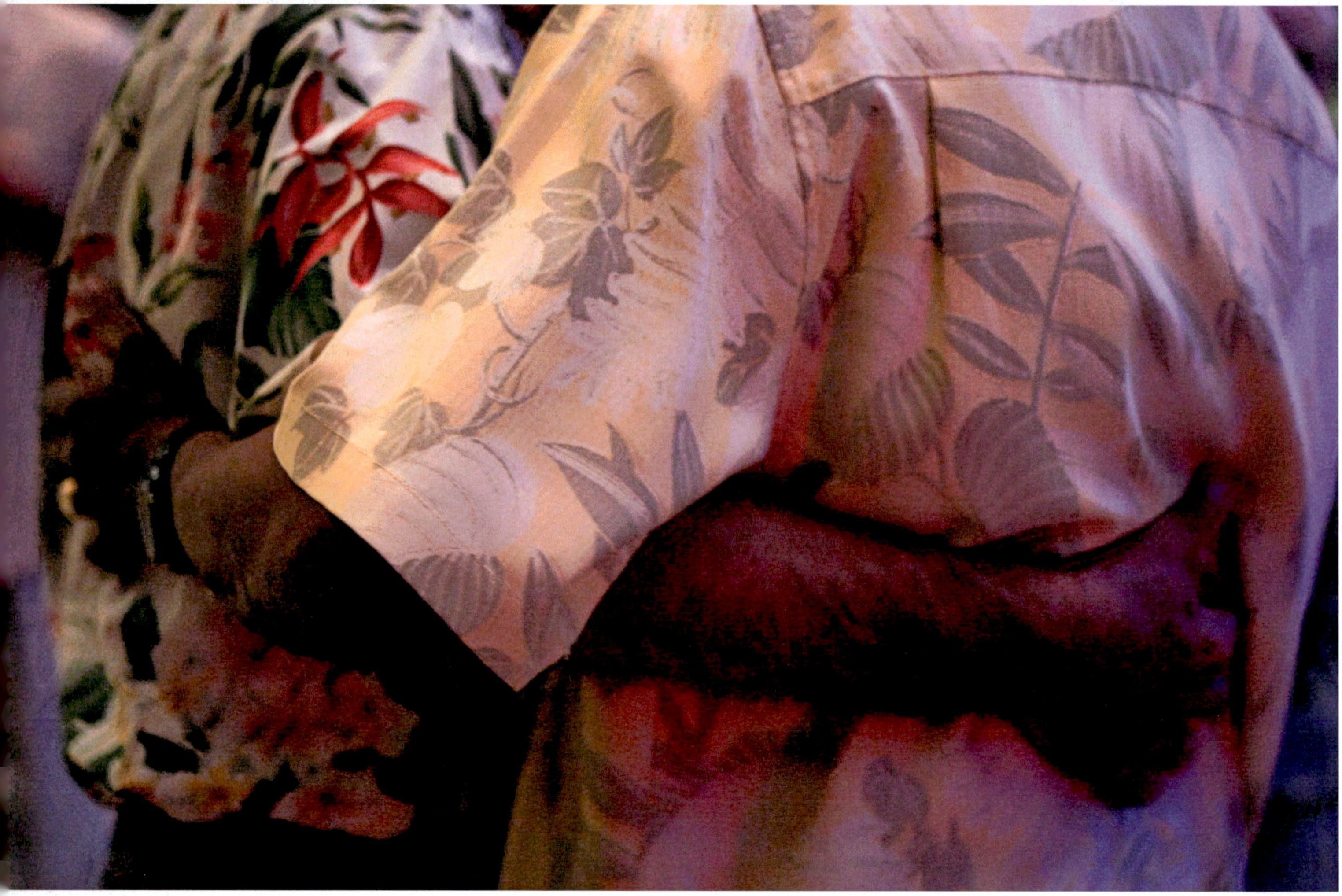

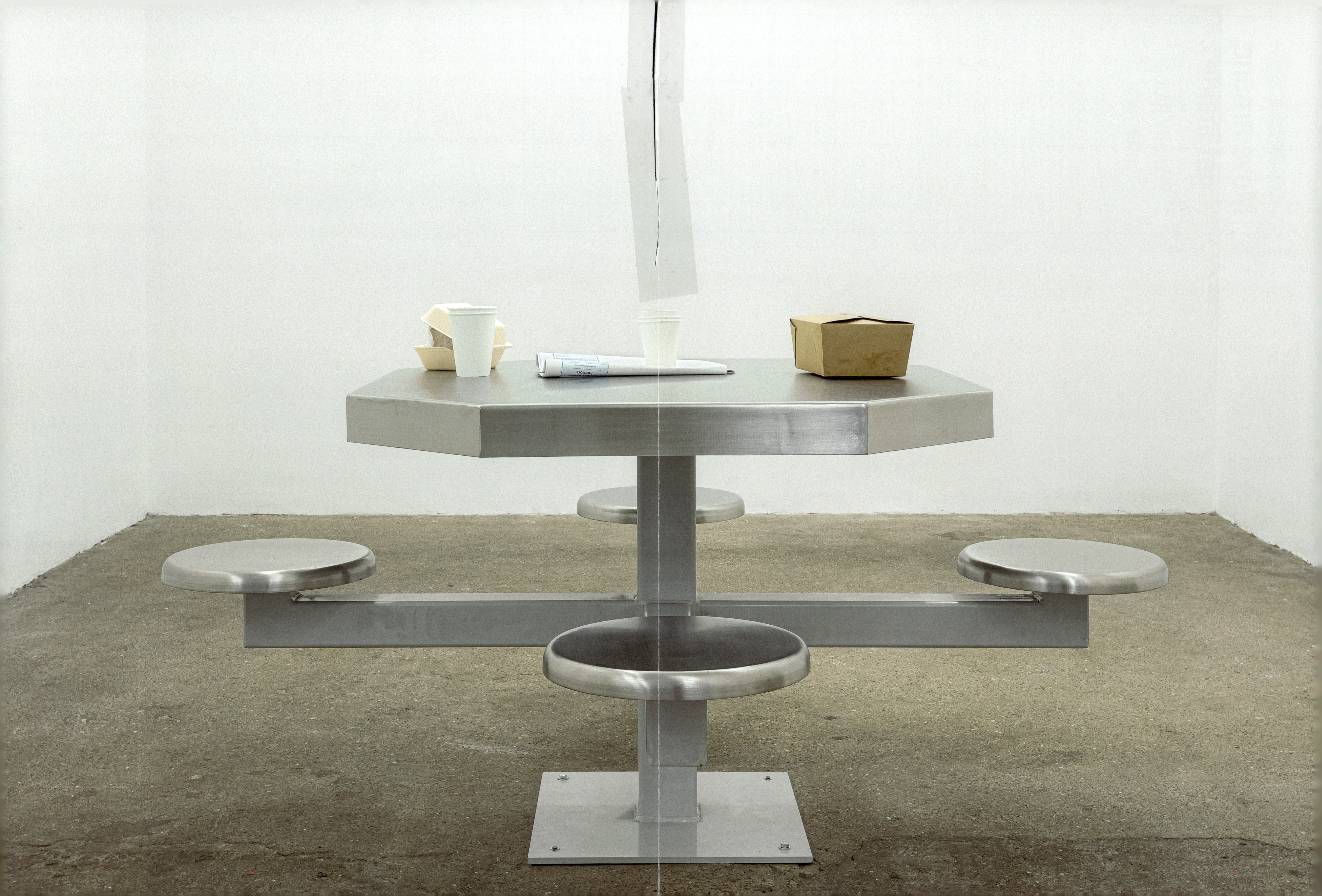

Move around, get inside

Brutally global interiors

By Tieu Thi Phuong Dung

Earlier this year, a fancy Japanese-owned coffee shop opened up in Jakarta, to much fanfare. Skilled baristas offered the wealthy patrons a selection of Indonesian beans, sampled from across the country: from the mountains of Sulawesi to the border with East Timor. The tastes on offer were hyper-local.

The shop's interior, however, was the same that you will now see in almost every hip café, and bar, or designer hotel, or boutique gallery, across the world. Let's call it *brutal minimalism*. The trend borrows from the brutalist tradition but applies it to interiors, mixing that with a violently literal interpretation of the minimalist aesthetic. In fact, when the two come together they add up to less than the sum of their parts, creating a simple design scheme that is economically feasible, at-first-glance sophisticated, and absolutely interchangeable, from Lima to Lisbon to Luanda.

You know what it looks like. The floors are concrete, and that concrete is centred and elevated as much as possible. Maybe the walls are concrete too, but they can also be painted to form a white cube, or any desolate colour that is entirely absent until you try to describe it. The space should feel as cavernous, empty and nondescript as possible, which can be easily achieved, even in a small space, if you just don't put any objects into it. Push structural elements and exposed materials to a bloody-minded extreme.

All of this is laid out, quite literally, in the glossy magazines and coffee table books that serve as how-to guides for local twee entrepreneurs around the world. A recent publication of the genre is the title, "Menjadi Kaya Dengan Berbisnis Street Food," Bahasa Indonesia for "Get Rich with the Street Food Trend."

In the dead of winter in Detroit, Michigan, in the richest country in history, a range of businesses popped up with nearly identical interiors in recent months, from a show piece restaurant at the city's airport to an upscale hostel filled with art. Meanwhile, in São Paulo, Brazil, the design has been adopted for try-hard downtown apartments and self-consciously cool plant stores.

At the opening of the café in hot, sweaty Jakarta, a few expat professionals mingled with the well-heeled sons and daughters of Southeast Asia's best crony capitalists. Much of that primitive accumulation seems to have gone into Supreme shirts and Vans sneakers, often matched stylishly with no-show socks under cropped chinos.

But if the products on those bodies can be bought and sold anywhere in the world, the brutal minimalist interiors offer even more complete fungibility. The scheme provides a kind of cheap and rapidly available design solution globally acceptable anywhere on Earth. Economy and efficiency are not only interior design values, but most corporations are happy to be associated with them as well; crucially, all kinds of people can shuffle in and out and be treated with absolute equivalence. Should any of those humans make a mess, the floors are very easy to clean.

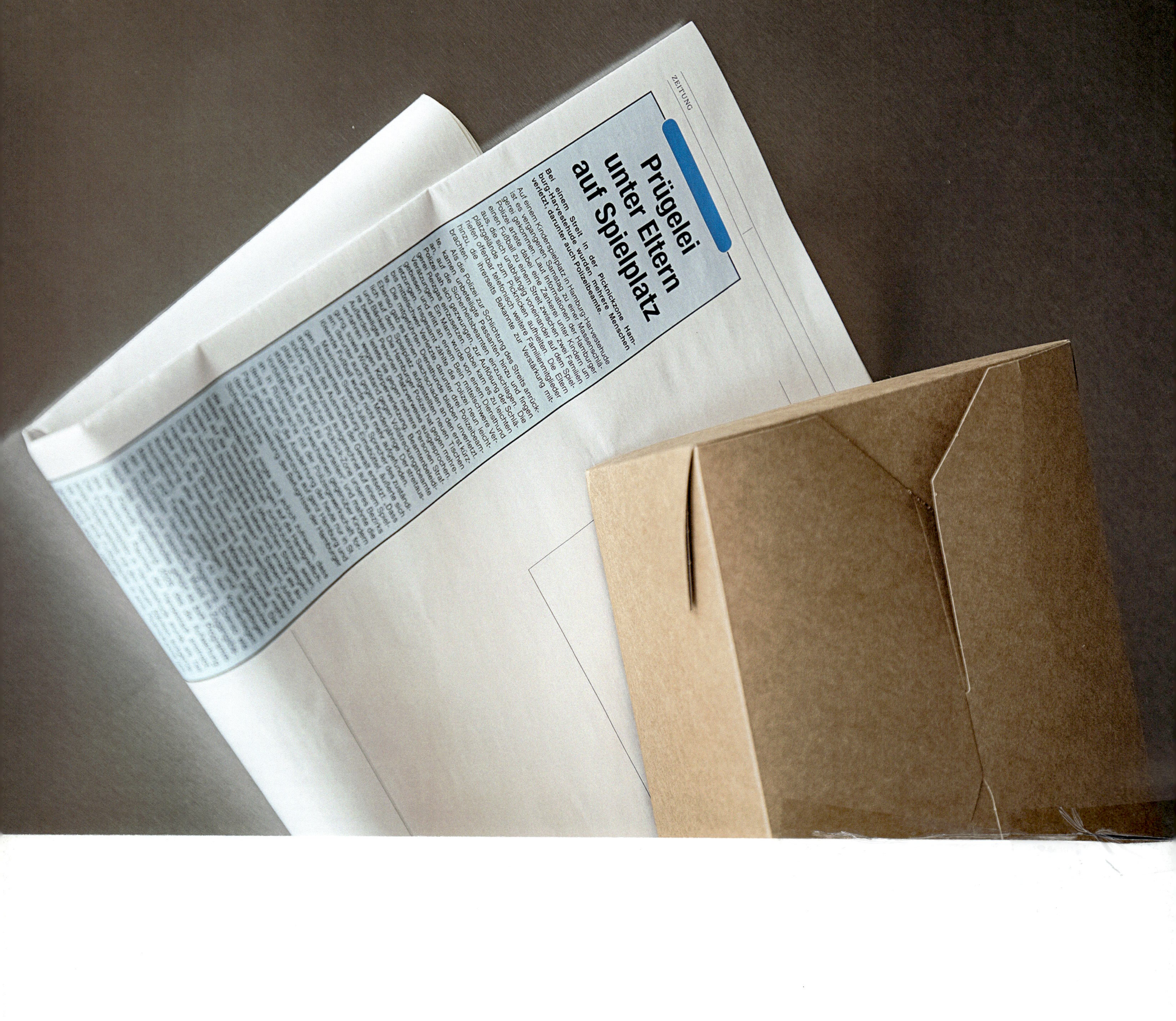

Prügelei unter Eltern auf Spielplatz

Bei einem Streit in der Picknickzone Hamburg-Harvestehude wurden mehrere Menschen verletzt, darunter auch Polizeibeamte.

Auf einem Kinderspielplatz in Hamburg-Harvestehude ist es vergangenen Samstag zu einer Massenschlägerei gekommen. Laut Informationen der Hamburger Polizei artete dabei ein Streit zwischen zwei Familien um einen Fußball zum Picknicken auf dem Spielplatzgelände zum Picknicken aufhielten. Die Eltern aus, die sich unabhängig voneinander miteinander telefonisch Bekannte zur Verstärkung riefen offenbar Passanten hinzu und fingen hinzu, die ihrerseits Bekannte zur Verstärkung brachten.

Als die Polizei zur Schlichtung des Streits anrückte, kamen unbeteiligte Passanten hinzu, zur Auflösung der Schlägerei einzuschlagen. Dabei kam es zu leichten Verletzungen. Die Polizei neun leicht verletzt. Ein Mann wurde von einem Diensthund gebissen.

Prügelei unter Eltern auf Spielplatz

Bei einem Streit in der Picknickzone Hamburg-Harvestehude wurden mehrere Menschen verletzt, darunter auch Polizeibeamte.

Auf einem Kinderspielplatz in Hamburg-Harvestehude ist es vergangenen Samstag zu einer Massenschlägerei gekommen. Laut Informationen der Hamburger Polizei artete dabei eine Zankerei unter Kindern um einen Fußball zu einem Streit zwischen zwei Familien aus, die sich unabhängig voneinander auf dem Spielplatzgelände zum Picknicken aufhielten. Die Eltern riefen offenbar telefonisch weitere Familienmitglieder hinzu, die ihrerseits Bekannte zur Verstärkung mitbrachten.

Als die Polizei zur Schlichtung des Streits anrückte, kamen unbeteiligte Passanten hinzu und fingen an, auf die Sicherheitsbeamten einzuschlagen. Die Polizei sah sich gezwungen, zur Auflösung der Schlägerei Reizgas einzusetzen. Dabei kam es zu leichten Verätzungen. Ein Mann wurde von einem Diensthund gebissen und erlitt an einem Bein mittelschwere Verletzungen. Insgesamt zählte die Polizei neun leicht- bis mittelschwer Verletzte, darunter drei Polizeibeamte. Die mitgeführten Diensthunde blieben unverletzt. Ebenso gab es keinen Sachschaden an den erst kürzlich auf dem Spielplatz aufgestellten neuen Tischen und Bänken. Die Hamburger Polizei hat gegen mehrere beteiligte Personen Platzverweise ausgesprochen. Außerdem leitete sie gegen mehrere Personen Strafverfahren wegen Körperverletzung, Beamtenbeleidigung, sowie Widerstand gegen Vollstreckungsbeamte ein, darunter auch gegen Minderjährige. Der streitauslösende Fußball wurde nicht mehr aufgefunden.

Maximilian Siebert-Julius, Sprecher des zuständigen Bezirksamtes Hamburg-Eimsbüttel, äußerte sich angesichts des Ausmaßes der Gewalt entsetzt: „Dass solche Gewaltexzesse ausgerechnet auf einem Spielplatz in der friedlichen Picknick-Zone unseres Bezirks stattfinden, ist scharf zu verurteilen", und mahnte die Vorbildfunktion von Erwachsenen gegenüber Kindern an. In Rücksprache mit der Polizeigewerkschaft forderte er deshalb die Ausdehnung der heute nur in St. Pauli geltenden Gefahrenzone auf ganz Hamburg und damit eine Ausweitung der Befugnisse der Hamburger Sicherheitskräfte.

Siebert-Julius zeigte sich jedoch zufrieden, dass die entstandenen Verletzungen auf die Handgreiflichkeiten der Verantwortlichen zurückzuführen seien, nicht auf die neuinstallierten öffentlichen Sitzgelegenheiten. „Die Standardbänke haben sich erneut als äu-Die abgerundeten Ecken und verschweißten Kanten machten die Bänke besonders sicher. Einmal mehr habe sich die Investition in die Möbel ausgezahlt. Die Ausstattung aller öffentlichen Anlagen mit benutzerfreundlichen, widerstandsfähigen und langlebigen Bänken und Tischen gehörte zu den Kernanliegen der Rot-Grünen Hamburger Regierung. Ebenso wie das Abspielen von klassischer Musik im Zugangsbereich des Hauptbahnhofes gehört es zum Programm *User- Friendly Hamburg 2025*, das die Aufwertung des öffentlichen Raumes der Hansestadt anstrebt. Der Kinderspielplatz in Harvestehude wurde als Teil eines Pilotprojektes mit den neuen Bänken ausgerüstet, womit eine Fußballecke in eine Picknickzone umgewandelt wurde. *cas/st*

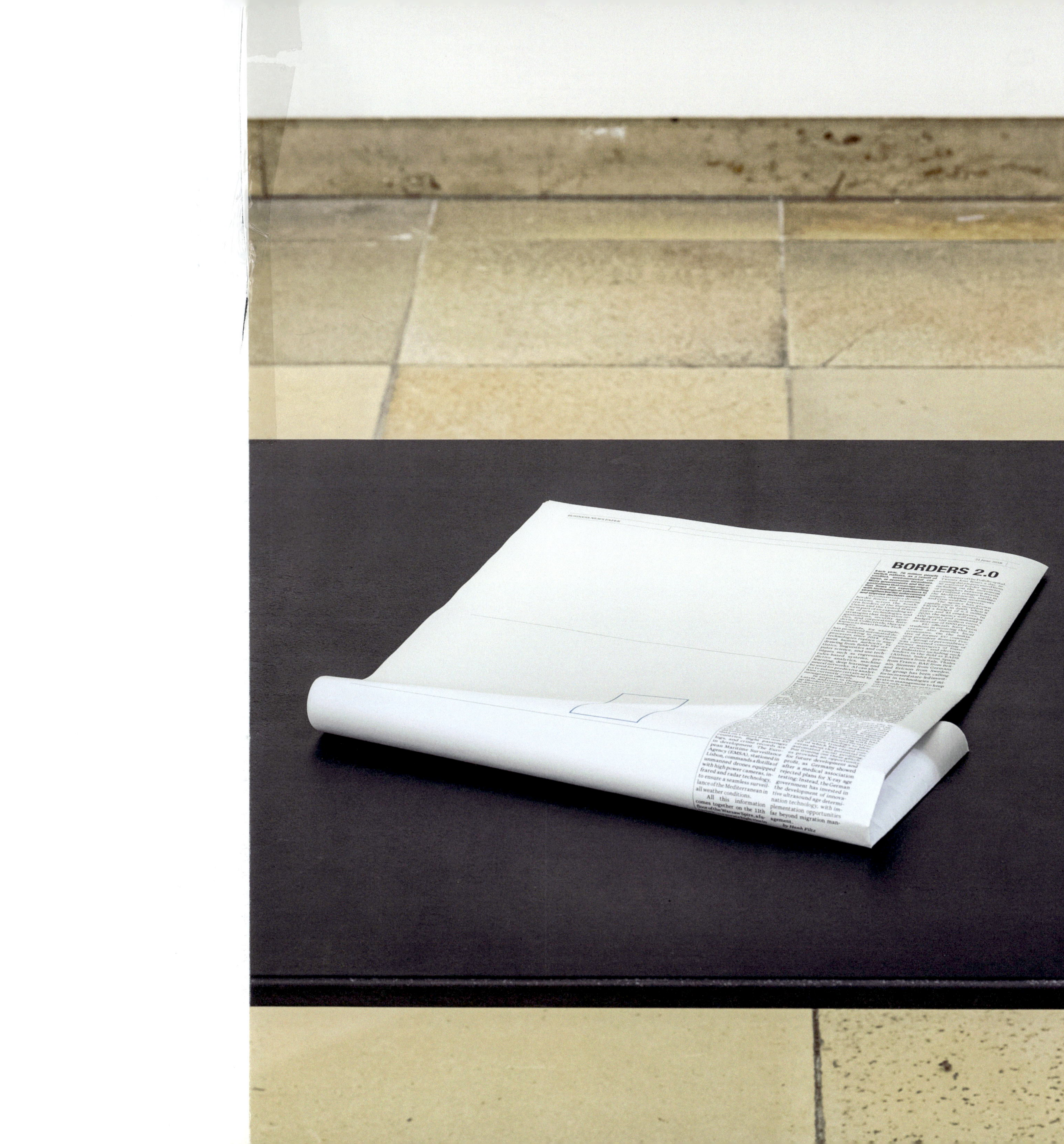
BORDERS 2.0

BORDERS 2.0

Each year, 70 million people switch nations, as a result of conflict, environmental collapse, or economic incentives. Many governments and the organizations that manage migration flows are experimenting with technological solutions to strengthen border enforcement and improve decision-making.

Reconnaissance drones, border fences and scanning stations across the Southern borders of the European Union and the United States form part of an expanding array of new technologies and strategies that migration organisations, security agencies, and corporations have devised. Collectively, they are known as Smart Border Technologies.

Canada, for example, has pioneered automated decision making in migration processes since 2014. Their technologies replace or augment human authority by drawing from fields like statistics, linguistics and computer science, and use techniques such as regression, rules-based systems, predictive analytics, machine learning, deep learning and neural networks. AI can also be used for predictive analytics to automate certain activities currently conducted by immigration officials.

In airports in Hungary, Latvia, and Greece, the start-up iBorderCtrl introduced AI lie detectors at border checkpoints. Passengers' faces will be monitored for signs that they are lying, and if the system becomes more 'skeptical' after a series of increasingly complicated questions, the person will be selected for further screening.

Indeed, it is the European Union that has been at the forefront of innovations in the field. Eurosur, a continent-spanning system of border surveillance, has been up and running since 2013. Among other things, it administers the Entry-Exit-Systems (EES), which registers and cross-references passport and visa data, finger prints, as well as biometrical facial data for all passengers entering or leaving the EU.

All this data is stored and administered by eu-LISA, a Strasburg based agency in charge of operating IT systems. Here, behind barbed wire, and hidden in an underground bunker lies a treasure trove of data: the Schengen Information System (SIS), the EURODAC asylum fingerprint database, as well as the European Visa Information System (VIS). Three additional databases collecting data on visitors from non-EU countries, flight passenger logs, and crime records are in development. The European Maritime Surveillance Agency (EMSA), stationed in Lisbon, commands a flotilla of unmanned drones equipped with high power cameras, infrared and radar technology, to ensure a seamless surveillance of the Mediterranean in all weather conditions.

All this information comes together on the 11th floor of the Warsaw Spire, a futuristic, corporate high-rise in the center of the Polish capital. Twenty four hours a day, incoming data is processed from 30 national border agencies, including on the movement of smugglers between Russia and Finland, refugee boats in the Mediterranean, satellite images, shipping movements and even weather reports.

The agency has grown rapidly since its inception as FRONTEX in 2005, when it had a budget of 6.5 million Euros and 45 employees. In 2020, the agency will employ 400 agents and command a budget of 320 million euros, an increase of 5000 percent.

EU officials have been studious in ensuring this increase also benefits local economies. On the initiative of former EU commission president Romani Prodi, a "group of personalities" was convened consisting of former managers of European security and electronics industries including such leaders in the field as EADS (Airbus), Indra from Spain, Finmenica from Italy, Thales from France, BAE from Britain, Siemens from Germany and Ericson from Sweden. The group has been calling for increased state-led investment in technologies of migration management to keep up not only with security concerns, but also with American market dominance.

Indeed, the increasing interest in high-tech solutions for migration management has been a boon for the global security industry.

At arms fairs across Europe, the latest migration management offerings include a Bulgarian heat-seeking device to detect nocturnal border crossing attempts, a Motorola-designed humanitarian drone and a weatherproof retina scanner. In Jordan, the UN has implemented an iris scanning system in its refugee camps in lieu of more low-tech forms of identification. Airbus has supplied the Tunisian border force with ground surveillance radar and night vision units adapted for easy usage with automatic weapons.

However, since the industry is still in its early stages, not all technologies are without fault. Between 2014 and 2016, 7000 students were wrongfully deported from the United Kingdom because an algorithm falsely accused them of cheating on a language test. Australia has been experimenting with using biometrics and facial recognition technology to identify future trouble-makers, all of which has raised concerns about the potential for automated racial profiling. But ironing out these glitches provides an opportunity for future development and profit, as Germany showed after a medical association rejected plans for X-ray age testing: Instead, the German government has invested in the development of innovative ultrasound age determination technology, with implementation opportunities far beyond migration management.

by Hanh Filtz

MANNING THE DECK

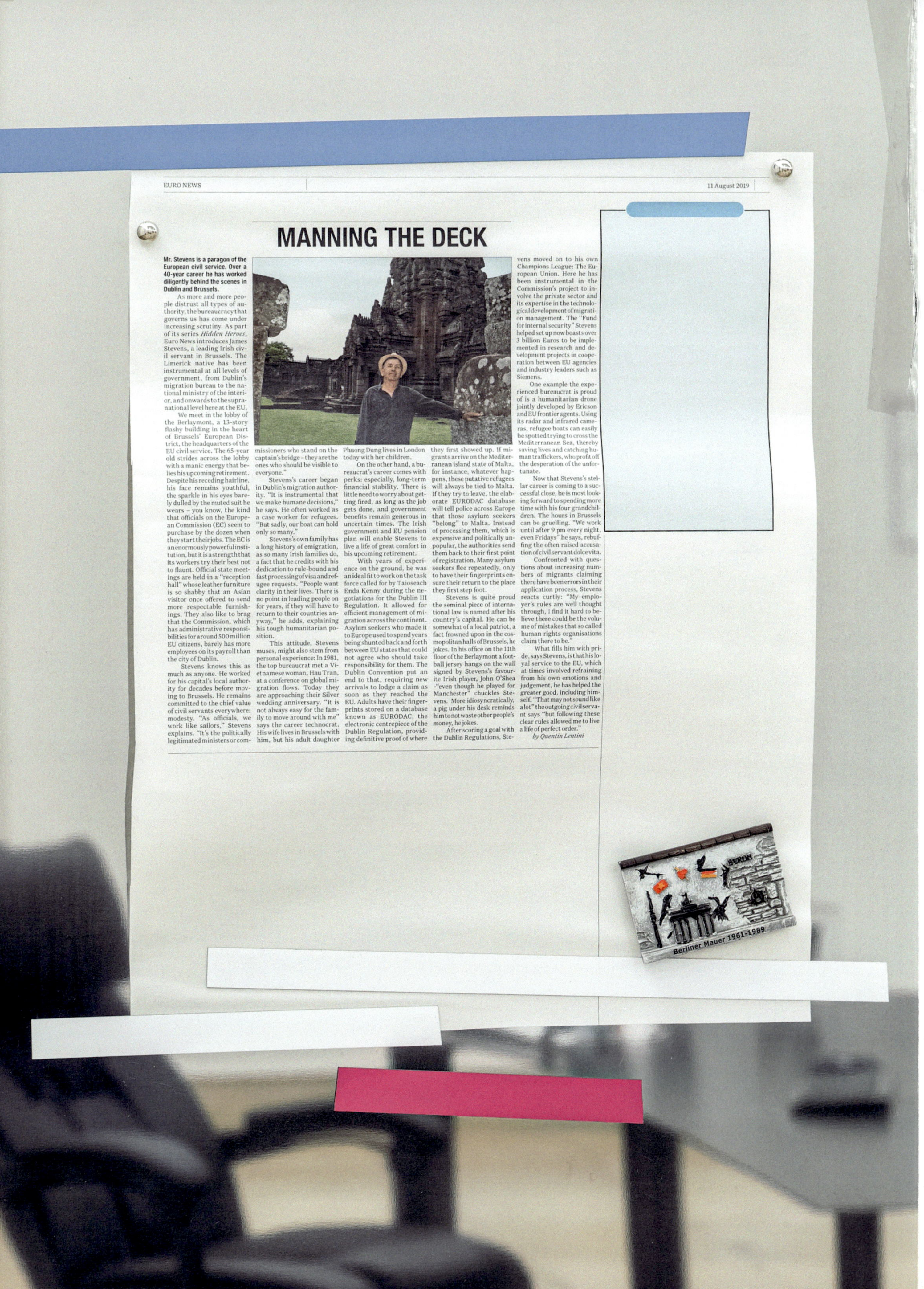

Mr. Stevens is a paragon of the European civil service. Over a 40-year career he has worked diligently behind the scenes in Dublin and Brussels.

As more and more people distrust all types of authority, the bureaucracy that governs us has come under increasing scrutiny. As part of its series *Hidden Heroes*, Euro News introduces James Stevens, a leading Irish civil servant in Brussels. The Limerick native has been instrumental at all levels of government, from Dublin's migration bureau to the national ministry of the interior, and onwards to the supranational level here at the EU.

We meet in the lobby of the Berlaymont, a 13-story flashy building in the heart of Brussels' European District, the headquarters of the EU civil service. The 65-year old strides across the lobby with a manic energy that belies his upcoming retirement. Despite his receding hairline, his face remains youthful, the sparkle in his eyes barely dulled by the muted suit he wears – you know, the kind that officials on the European Commission (EC) seem to purchase by the dozen when they start their jobs. The EC is an enormously powerful institution, but it is a strength that its workers try their best not to flaunt. Official state meetings are held in a "reception hall" whose leather furniture is so shabby that an Asian visitor once offered to send more respectable furnishings. They also like to brag that the Commission, which has administrative responsibilities for around 500 million EU citizens, barely has more employees on its payroll than the city of Dublin.

Stevens knows this as much as anyone. He worked for his capital's local authority for decades before moving to Brussels. He remains committed to the chief value of civil servants everywhere: modesty. "As officials, we work like sailors," Stevens explains. "It's the politically legitimated ministers or commissioners who stand on the captain's bridge – they are the ones who should be visible to everyone."

Stevens's career began in Dublin's migration authority. "It is instrumental that we make humane decisions," he says. He often worked as a case worker for refugees. "But sadly, our boat can hold only so many."

Stevens's own family has a long history of emigration, as so many Irish families do, a fact that he credits with his dedication to rule-bound and fast processing of visa and refugee requests. "People want clarity in their lives. There is no point in leading people on for years, if they will have to return to their countries anyway," he adds, explaining his tough humanitarian position.

This attitude, Stevens muses, might also stem from personal experience: In 1981, the top bureaucrat met a Vietnamese woman, Hau Tran, at a conference on global migration flows. Today they are approaching their Silver wedding anniversary. "It is not always easy for the family to move around with me" says the career technocrat. His wife lives in Brussels with him, but his adult daughter Phuong Dung lives in London today with her children.

On the other hand, a bureaucrat's career comes with perks: especially, long-term financial stability. There is little need to worry about getting fired, as long as the job gets done, and government benefits remain generous in uncertain times. The Irish government and EU pension plan will enable Stevens to live a life of great comfort in his upcoming retirement.

With years of experience on the ground, he was an ideal fit to work on the task force called for by Taioseach Enda Kenny during the negotiations for the Dublin III Regulation. It allowed for efficient management of migration across the continent. Asylum seekers who made it to Europe used to spend years being shunted back and forth between EU states that could not agree who should take responsibility for them. The Dublin Convention put an end to that, requiring new arrivals to lodge a claim as soon as they reached the EU. Adults have their fingerprints stored on a database known as EURODAC, the electronic centrepiece of the Dublin Regulation, providing definitive proof of where they first showed up. If migrants arrive on the Mediterranean island state of Malta, for instance, whatever happens, these putative refugees will always be tied to Malta. If they try to leave, the elaborate EURODAC database will tell police across Europe that those asylum seekers "belong" to Malta. Instead of processing them, which is expensive and politically unpopular, the authorities send them back to their first point of registration. Many asylum seekers flee repeatedly, only to have their fingerprints ensure their return to the place they first step foot.

Stevens is quite proud the seminal piece of international law is named after his country's capital. He can be somewhat of a local patriot, a fact frowned upon in the cosmopolitan halls of Brussels, he jokes. In his office on the 11th floor of the Berlaymont a football jersey hangs on the wall signed by Stevens's favourite Irish player, John O'Shea -"even though he played for Manchester" chuckles Stevens. More idiosyncratically, a pig under his desk reminds him to not waste other people's money, he jokes.

After scoring a goal with the Dublin Regulations, Stevens moved on to his own Champions League: The European Union. Here he has been instrumental in the Commission's project to involve the private sector and its expertise in the technological development of migration management. The "Fund for internal security" Stevens helped set up now boasts over 3 billion Euros to be implemented in research and development projects in cooperation between EU agencies and industry leaders such as Siemens.

One example the experienced bureaucrat is proud of is a humanitarian drone jointly developed by Ericson and EU frontier agents. Using its radar and infrared cameras, refugee boats can easily be spotted trying to cross the Mediterranean Sea, thereby saving lives and catching human traffickers, who profit off the desperation of the unfortunate.

Now that Stevens's stellar career is coming to a successful close, he is most looking forward to spending more time with his four grandchildren. The hours in Brussels can be gruelling. "We work until after 9 pm every night, even Fridays" he says, rebuffing the often raised accusation of civil servant dolce vita.

Confronted with questions about increasing numbers of migrants claiming there have been errors in their application process, Stevens reacts curtly: "My employer's rules are well thought through, I find it hard to believe there could be the volume of mistakes that so called human rights organisations claim there to be."

What fills him with pride, says Stevens, is that his loyal service to the EU, which at times involved refraining from his own emotions and judgement, he has helped the greater good, including himself. "That may not sound like a lot" the outgoing civil servant says "but following these clear rules allowed me to live a life of perfect order."

by Quentin Lentini

MANNING THE DECK

Mr. Stevens is a paragon of the European civil service. Over a 40-year career he has worked diligently behind the scenes in Dublin and Brussels.

As more and more people distrust all types of authority, the bureaucracy that governs us has come under increasing scrutiny. As part of its series *Hidden Heroes*, Euro News introduces James Stevens, a leading Irish civil servant in Brussels. The Limerick native has been instrumental at all levels of government, from Dublin's migration bureau to the national ministry of the interior, and onwards to the supranational level here at the EU.

We meet in the lobby of the Berlaymont, a 13-story flashy building in the heart of Brussels' European District, the headquarters of the EU civil service. The 65-year old strides across the lobby with a manic energy that belies his upcoming retirement. Despite his receding hairline, his face remains youthful, the sparkle in his eyes barely dulled by the muted suit he wears – you know, the kind that officials on the European Commission (EC) seem to purchase by the dozen when they start their jobs. The EC is an enormously powerful institution, but it is a strength that its workers try their best not to flaunt. Official state meetings are held in a "reception hall" whose leather furniture is so shabby that an Asian visitor once offered to send more respectable furnishings. They also like to brag that the Commission, which has administrative responsibilities for around 500 million EU citizens, barely has more employees on its payroll than the city of Dublin.

Stevens knows this as much as anyone. He worked for his capital's local authority for decades before moving to Brussels. He remains committed to the chief value of civil servants everywhere: modesty. "As officials, we work like sailors," Stevens explains. "It's the politically legitimated ministers or commissioners who stand on the captain's bridge – they are the ones who should be visible to everyone."

Stevens's career began in Dublin's migration authority. "It is instrumental that we make humane decisions," he says. He often worked as a case worker for refugees. "But sadly, our boat can hold only so many,"

Stevens's own family has a long history of emigration, as so many Irish families do, a fact that he credits with his dedication to rule-bound and fast processing of visa and refugee requests. "People want clarity in their lives. There is no point in leading people on for years, if they will have to return to their countries anyway," he adds, explaining his tough humanitarian position.

This attitude, Stevens muses, might also stem from personal experience: In 1981, the top bureaucrat met a Vietnamese woman, Hau Tran, at a conference on global migration flows. Today they are approaching their Silver wedding anniversary. "It is not always easy for the family to move around with me" says the career technocrat. His wife lives in Brussels with him, but his adult daughter Phuong Dung lives in London today with her children.

On the other hand, a bureaucrat's career comes with perks: especially, long-term financial stability. There is little need to worry about getting fired, as long as the job gets done, and government benefits remain generous in uncertain times. The Irish government and EU pension plan will enable Stevens to live a life of great comfort in his upcoming retirement.

With years of experience on the ground, he was an ideal fit to work on the task force called for by Taioseach Enda Kenny during the negotiations for the Dublin III Regulation. It allowed for efficient management of migration across the continent. Asylum seekers who made it to Europe used to spend years being shunted back and forth between EU states that could not agree who should take responsibility for them. The Dublin Convention put an end to that, requiring new arrivals to lodge a claim as soon as they reached the EU. Adults have their fingerprints stored on a database known as EURODAC, the electronic centrepiece of the Dublin Regulation, providing definitive proof of where they first showed up. If migrants arrive on the Mediterranean island state of Malta, for instance, whatever happens, these putative refugees will always be tied to Malta. If they try to leave, the elaborate EURODAC database will tell police across Europe that those asylum seekers "belong" to Malta. Instead of processing them, which is expensive and politically unpopular, the authorities send them back to their first point of registration. Many asylum seekers flee repeatedly, only to have their fingerprints ensure their return to the place they first step foot.

Stevens is quite proud the seminal piece of international law is named after his country's capital. He can be somewhat of a local patriot, a fact frowned upon in the cosmopolitan halls of Brussels, he jokes. In his office on the 11th floor of the Berlaymont a football jersey hangs on the wall signed by Stevens's favourite Irish player, John O'Shea -"even though he played for Manchester" chuckles Stevens. More idiosyncratically, a pig under his desk reminds him to not waste other people's money, he jokes.

After scoring a goal with the Dublin Regulations, Stevens moved on to his own Champions League: The European Union. Here he has been instrumental in the Commission's project to involve the private sector and its expertise in the technological development of migration management. The "Fund for internal security" Stevens helped set up now boasts over 3 billion Euros to be implemented in research and development projects in cooperation between EU agencies and industry leaders such as Siemens.

One example the experienced bureaucrat is proud of is a humanitarian drone jointly developed by Ericson and EU frontier agents. Using its radar and infrared cameras, refugee boats can easily be spotted trying to cross the Mediterranean Sea, thereby saving lives and catching human traffickers, who profit off the desperation of the unfortunate.

Now that Stevens's stellar career is coming to a successful close, he is most looking forward to spending more time with his four grandchildren. The hours in Brussels can be gruelling. "We work until after 9 pm every night, even Fridays" he says, rebuffing the often raised accusation of civil servant dolce vita.

Confronted with questions about increasing numbers of migrants claiming there have been errors in their application process, Stevens reacts curtly: "My employer's rules are well thought through, I find it hard to believe there could be the volume of mistakes that so called human rights organisations claim there to be."

What fills him with pride, says Stevens, is that his loyal service to the EU, which at times involved refraining from his own emotions and judgement, he has helped the greater good, including himself. "That may not sound like a lot" the outgoing civil servant says "but following these clear rules allowed me to live a life of perfect order."

by Quentin Lentini

TROOPS EMPLOY PHANTASTIC NEW TOOLS IN 'NAM

SAIGON - The military has developed a new way to fight communism in Vietnam, using knowledge of local superstitions and technology to badly decrease enemy morale, according to sources in the Pentagon.

Using techniques developed in the filmmaking industry and relying on local ethnological research, the "PSYOP" (Psychological Operations) 6th Battalion in Vietnam has created Ghost Tape 10 as part of "Operation Wandering Soul," and the audio weapon is already being deployed across the country. American soldiers are playing the short sound clip from backpacks and from helicopters, in order to convince the fearsome Viet Cong to drop their weapons and head for the hills.

The thinking behind this fantastical new form of warfare is that the enemies deepest vulnerability might be within their minds.

Despite being exposed to officially atheist communist propaganda, many of the Vietnamese soldiers hold on to primitive superstitions, and believe that their souls will wander the earth in a state of endless hell if they are not buried close to their ancestors. The locals are subjected to terrifying soundtracks and voices from beyond the grave, warning them not to be killed in the jungle.

The war has dragged on for decades, so it has been as-

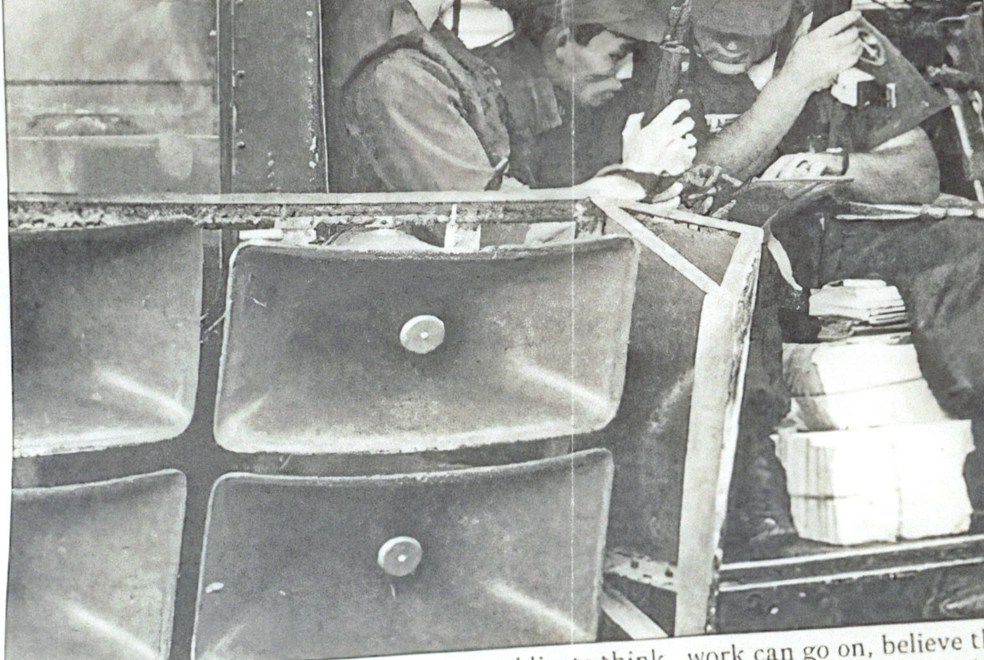

sumed that locals are insufficiently afraid of being killed in the jungle by the United States. Nevertheless, Pentagon officials assured this newspaper that conventional military operations are effective, and that U.S. troops continue to inflict heavy losses on the enemy.

A recent edition of the PSYOP POLWAR newsletter recently stated that "Communist troops, of course, knew perfectly well that the sounds were coming from a tape recorder on an enemy helicopter, but the idea was that the sounds would at least get

a communist soldier to think about where his soul would rest in the likely event of his being killed far from home."

Loudspeakers are outfitted on to Huey Helicopters, making the sound impossible to avoid, especially at night. It is believed the sound even penetrates underground and can be heard in Viet Cong tunnels.

The track is just over four minutes long, the same length as most songs on a standard-issue LP pop record.

The creators of the tape, who have asked not to be identified so that their important

work can go on, believe that these native superstitions are barbaric, but extremely common, and can be used to further the war causes.

The News Paper attempted to contact villagers for their input on the effect of the tape, but the villagers did not respond to immediate requests for comment.

"Knowing that every time we used the PSYOP tape we took fire, we installed smaller speakers and bigger door guns," said Aviation Electricians Mate Senior Chief Bill Rutledge. "We then played the tape with

the intention of taking fire. The gunners were at the ready. One gunship flew low and another gunship flew high, ready to roll in for the kill at the first sign of Viet Cong activity. Apparently, someone in Saigon found out what we were doing and told us to stop. We did not stop, but used the tape less often. (...)We never saw the result of the PSYOP program but heard rumors of enemy forces occasionally defecting."

When running for President in 1968, Richard Nixon intentionally disrupted peace talks taking place between Lyndon Johnson and the communists. It is widely believed that currently, no one actually believes the war can be won and that it continues only to support Nixon's domestic image. But, if we are still there, the thinking goes, we might as well fight the war on all fronts, and develop new methods for any future conflicts.

The Pentagon has revealed exclusively to the News Paper they are drawing on new, objective scientific breakthroughs emerging from the New Age in California. Soon, they hope to launch the "Stargate Project," based on investigations into E.S.P., or extra-sensory perception. Soldiers will test their ability to use psychic power to see things thousands of miles away. It should start around 1978.

Malcolm Jayne (MJ)

TROOPS EMPLOY PHANTASTIC NEW TOOLS IN 'NAM

SAIGON - The military has developed a new way to fight communism in Vietnam, using knowledge of local superstitions and technology to badly decrease enemy morale, according to sources in the Pentagon.

Using techniques developed in the filmmaking industry and relying on local ethnological research, the "PSYOP" (Psychological Operations) 6th Battalion in Vietnam has created Ghost Tape 10 as part of "Operation Wandering Soul," and the audio weapon is already being deployed across the country. American soldiers are playing the short sound clip from backpacks and from helicopters, in order to convince the fearsome Viet Cong to drop their weapons and head for the hills.

The thinking behind this fantastical new form of warfare is that the enemies deepest vulnerability might be within their minds.

Despite being exposed to officially atheist communist propaganda, many of the Vietnamese soldiers hold on to primitive superstitions, and believe that their souls will wander the earth in a state of endless hell if they are not buried close to their ancestors. The locals are subjected to terrifying soundtracks and voices from beyond the grave, warning them not to be killed in the jungle.

The war has dragged on for decades, so it has been as-sumed that locals are insufficiently afraid of being killed in the jungle by the United States. Nevertheless, Pentagon officials assured this newspaper that conventional military operations are effective, and that U.S. troops continue to inflict heavy losses on the enemy.

A recent edition of the PSYOP POLWAR newsletter recently stated that "Communist troops, of course, knew perfectly well that the sounds were coming from a tape recorder on an enemy helicopter, but the idea was that the sounds would at least get a communist soldier to think about where his soul would rest in the likely event of his being killed far from home."

Loudspeakers are outfitted on to Huey Helicopters, making the sound impossible to avoid, especially at night. It is believed the sound even penetrates underground and can be heard in Viet Cong tunnels.

The track is just over four minutes long, the same length as most songs on a standard-issue LP pop record.

The creators of the tape, who have asked not to be identified so that their important work can go on, believe that these native superstitions are barbaric, but extremely common, and can be used to further the war causes.

The News Paper attempted to contact villagers for their input on the effect of the tape, but the villagers did not respond to immediate requests for comment.

"Knowing that every time we used the PSYOP tape we took fire, we installed smaller speakers and bigger door guns," said Aviation Electricians Mate Senior Chief Bill Rutledge. "We then played the tape with the intention of taking fire. The gunners were at the ready. One gunship flew low and another gunship flew high, ready to roll in for the kill at the first sign of Viet Cong activity. Apparently, someone in Saigon found out what we were doing and told us to stop. We did not stop, but used the tape less often. (...) We never saw the result of the PSYOP program but heard rumors of enemy forces occasionally defecting."

When running for President in 1968, Richard Nixon intentionally disrupted peace talks taking place between Lyndon Johnson and the communists. It is widely believed that currently, no one actually believes the war can be won and that it continues only to support Nixon's domestic image. But, if we are still there, the thinking goes, we might as well fight the war on all fronts, and develop new methods for any future conflicts.

The Pentagon has revealed exclusively to the News Paper they are drawing on new, objective scientific breakthroughs emerging from the New Age in California. Soon, they hope to launch the "Stargate Project," based on investigations into E.S.P., or extra-sensory perception. Soldiers will test their ability to use psychic power to see things thousands of miles away. It should start around 1978.

Malcolm Jayne (MJ)

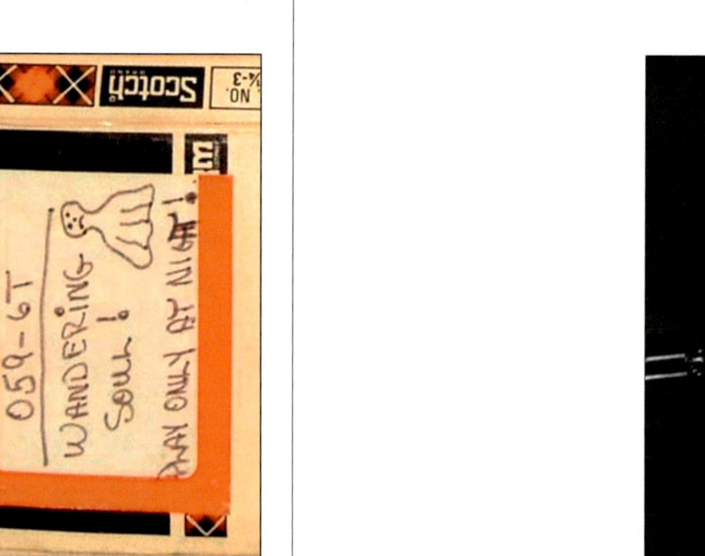

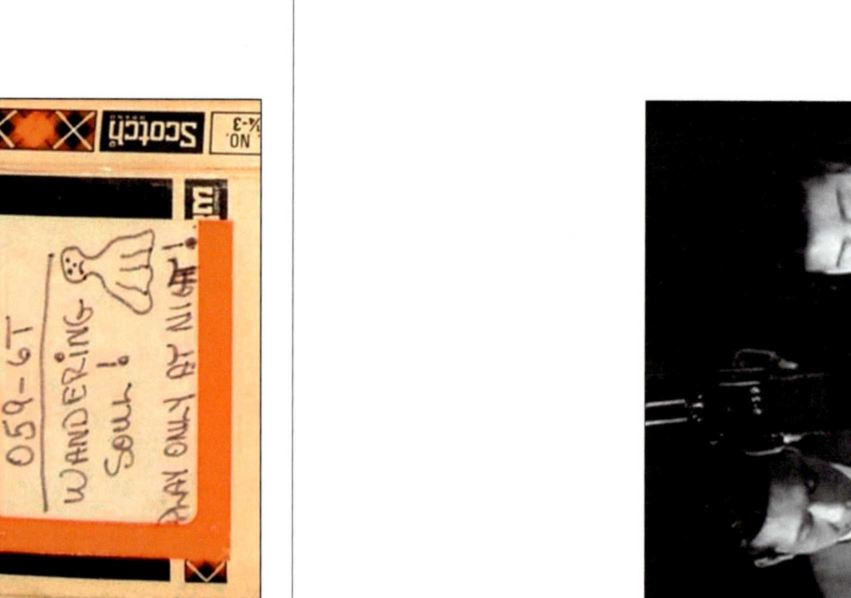

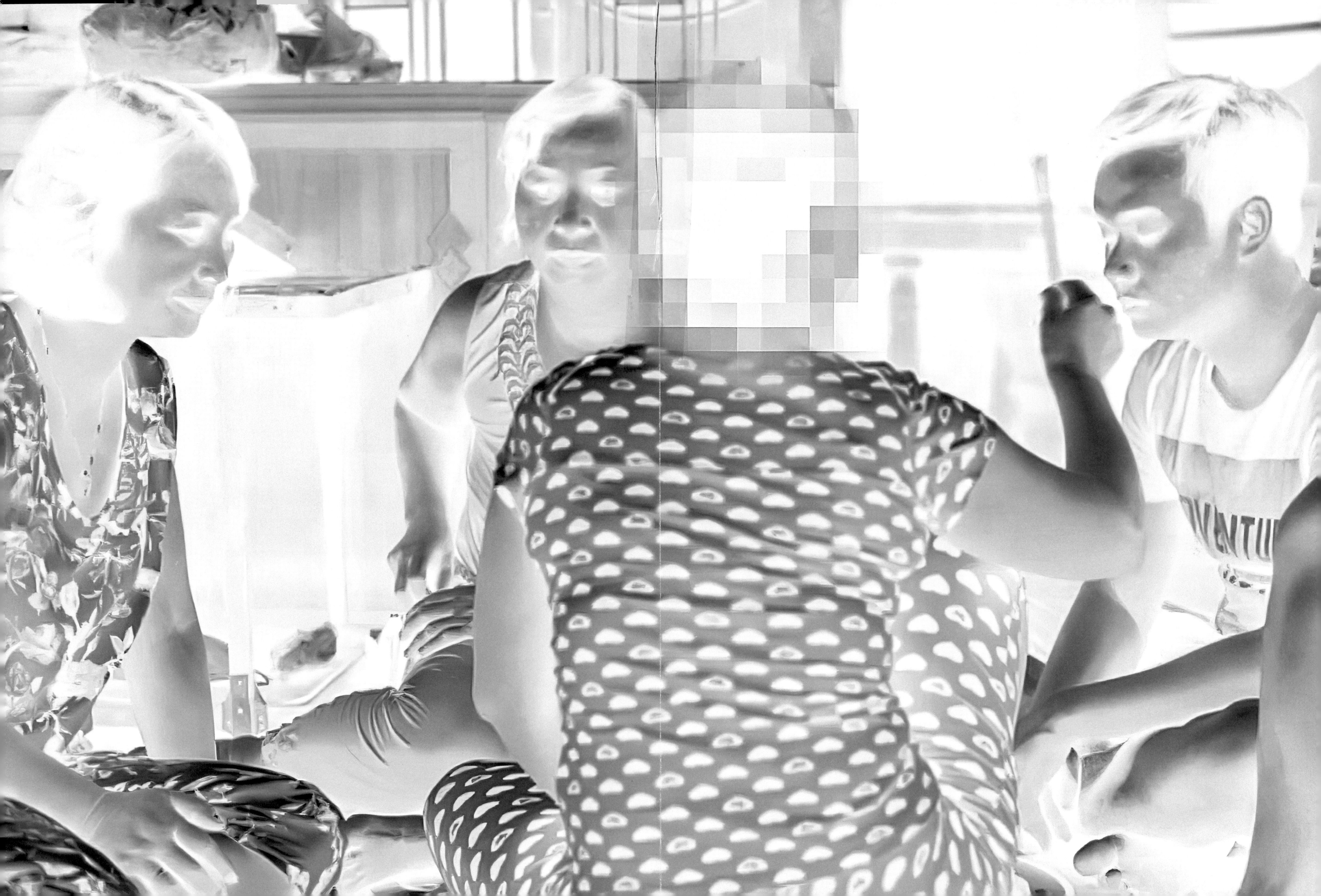

TWO WORLDS, FOUR SPIRITS

Hải Dương, Vietnam – Vu Thi Phuong has pulled a double shift today, like she does every day. Like all the men at the state-run oil company where she works as an office manager, she put in nine hours today increasing shareholder value. As she arrives home at 7pm, sneaking into an alley near the town's large, man-made lake, her next job begins.

She prepares food for the extended family. She provides medical care for her father, who is slowly dying. She must worry and pray for her niece, Dung, who is living in Berlin and has still not married. This will mean physical and mental stress well into the night, before she is able to sleep for a few hours and rise again at 5 am and make her way back to Petrovietnam.

"Oh, yes, I am very, very, tired. Tired and worried. Worried for my family," she says, bristling at the suggestion she is over-burdened. "Quite the contrary, my concern is that if I come up short, I will put them at risk."

She does not only mean this in a physical sense. If she is not a good mother, playing the proper role, her children will be cursed by bad luck and poor health. The gods will disapprove, and therefore will not bless her children. Her 'selfish' behaviour would put them at risk.

Considering that this is the same things the gods required of her great-grandmother, who certainly did not work at a multinational corporation all day, this is a lot to ask.

Her sister, Vu Thi Hanh, who has flown in from Berlin to see her father, busies herself closing all of the curtains in the house, and covering the mirrors. She must do so, since, as her father may soon pass into the afterlife, they must stop their reflection from appearing in any mirrors or windows the moment that his spirit leaves the Earth. They fill the shrine above with presents, local fruits and cigarettes brought from abroad. There is a small Buddha statue sitting high up on a shelf against the wall, and the original, Jainist swastika above that.

"It is very good to be home," says Vu Thi Hanh, busy finding the biscuits to welcome visitors to the home. "But I have to be back at work in the coffee shop next week."

In 1975, the Americans finally gave up, leaving three million dead and a scorched nation in their wake, with absolutely nothing else to show for all the bloodshed, and since then Vietnam has been united under communist rule. In 1986, the Party leadership, under serious international pressure, opened the economy to the free market. For women, all of this has led to a kind of bourgeois feminist revolution in socialist clothing, and a head of deep traditional beliefs topped with a capitalist bowler hat.

The situation is not so different than it is for women elsewhere in this part of Asia. Women have two jobs, in two worlds—the marketplace, and the domestic space. And there are two, often conflicting ideological visions, which govern both worlds. In this case, officially atheist, progressive secular modernity, on one hand, and a sprawling but dense network of traditional beliefs and superstitions, sometimes contradictory and sometimes malleable, whose duties are sometimes optional and sometimes a matter of life and death, heaven and hell.

They all do not cancel each other out. They pile on top of each other. There is not one spirit. It means navigating, cycling between four spirits of being in the world—the pure worker, exchangeable in the market; the woman who behaves properly, according to traditional values in the workplace; the good citizen and provider in the domestic space; and the woman permanently responsible for how the universe smiles upon her family.

"It's not like it is in Europe," says Thuy, an accountant in nearby Hanoi who spent time studying in Prague. "There, they have European values in a world of European markets. A woman's role is relatively clear, even if it's not perfect. You can be one person all the time."

Vu Thi Hanh has prepared a task for her daughter to complete in Berlin, so that the curse that is preventing her from getting married can be lifted. The women prayed, and the gods told them what needed to be done. Dung must take a red bucket, and fill it with six British Pounds and old, used clothes, then sleep with the bucket next to her bed for two days. On the third day, she must throw all the clothes and money into the street. Then she will be able to get married. She has not done it yet.

The sound of cicadas above the Vu house is deafening. There must be millions of them in the trees. Not even the constant roar of motorcycles around the lake is audible against the backdrop of their screams. But they cannot stop. If they do, they would no longer be crickets.

It is 1 am. "Are you tired," her niece asks Vu Thi Phuong.

"No," she lies.—*James Nguyen*

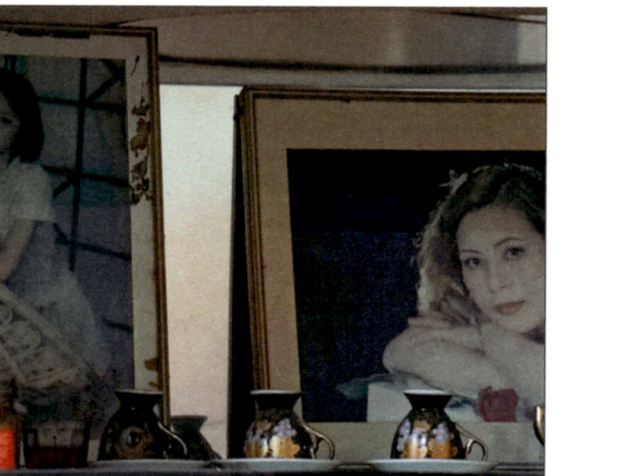

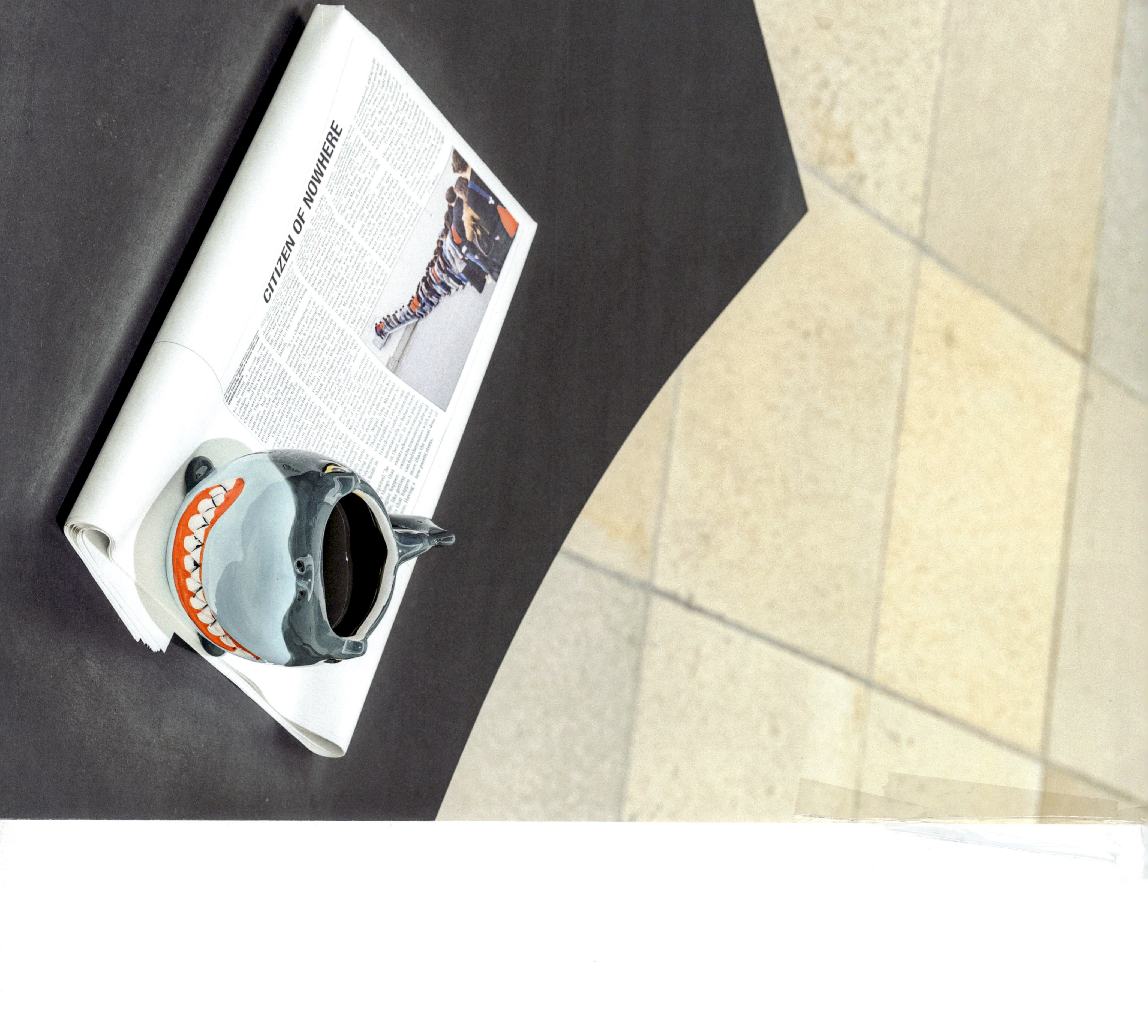
CITIZEN OF NOWHERE

CITIZEN OF NOWHERE

Insecurity in global migration is leaving highly-educated expats facing down a new threat: statelessness.

During a recent visit to the immigration office in London, Maximilian-Julius Priebke and his wife Imogen Chang were given an icy welcome. The two business consultants had encountered a problem that is hounding more and more highly-mobile professionals: their daughter Arabella has no citizenship.

Chang and Priebke fell in love in Greece, while advising on the successful reform of the Greek economy. Priebke, who was born in Bermuda to German-Canadian parents, cannot pass on his citizenship because Ottawa changed its laws in 2009 to limit the extension of nationality to only the first generation born abroad. And Chang was told that because she is a woman married to a foreign man, she cannot transmit her Malaysian citizenship to a child born overseas. That left baby Arabella without a passport and her family confined to London, foiling family plans for an extended working vacation in French Polynesia, where Priebke also holds investments.

"I was flabbergasted," he said. "There are things that you could imagine happening in your life, like getting cancer, things that happen to people like you. Having a stateless child is something that never occurred to me."

His shock at being addressed rudely by a government bureaucrat is still palpable. "We are not here to make life easy for you," said an official in the British immigration centre to the Priebke-Chang family.

"It's a challenging environment we have got to create for people. It's working because it's pissing you off. Am I right? There you go, I've done my job." Chang expressed her frustration at the way this impacts their mobile lifestyle: "This system was not supposed to hit us! When people think of refugees and stateless people they don't think of educated professionals with an office job," she said. "We are wealth creators, and we pay a lot in taxes!"

More than 200 million people seize the opportunity to live, work and study outside of their home countries. Most of the world's estimated 12 million stateless people are poor, marginalized and live mainly in places like Kuwait, Nepal, Iraq, Myanmar, Thailand and the former Soviet republics. Certain countries do not confer citizenship automatically to babies born on their soil. In such places, expats whose own nationality cannot be transmitted abroad can find themselves with a lot more than the usual dose of new-parent stress.

Luckily, the Priebke-Chang family found an elegant solution in their extended family history: Arabella was stateless for 14 months until she acquired Irish nationality through her maternal great-grandfather, who was born in Ireland and emigrated to Hong Kong in the 1930s. "It really did not take long to get Irish citizenship for her, once we realized that it was an option," Chang said, who also remarks that EU citizenship is much more desirable than her Malaysian passport. "I also applied for Irish citizenship for myself, because I figured that it might look strange to customs officials at airports when my family travels," Imogen Chang said, who lists skiing in the Swiss alps among her hobbies.

Chang and Priebke seem to have been among the first victims of the 2012 Hostile Environment Policy. "The aim," then Home Secretary Theresa May said, "is to create, here in Britain, a really hostile environment for illegal immigrants."

The Hostile Environment reached its public apex with the Windrush Scandal, in which migrants who had reached the UK in the post-war era from former colonies were encountering trouble. At least eighty-three people had been deported, an estimated five thousand had found themselves homeless or unemployed, and up to fifty-seven thousand were subjected to harassment. More recently it came to light that up to 5,000 foreign students had been deported after a faulty algorithm identified them as having cheated on an English-language exam.

Priebke and Chang on their part are happy their ordeal is finally over, and they can now go back to reaping the benefits of globalisation. "We want Arabella to live in a better world" Priebke says, "and being able to travel freely, encountering new cultures, while gaining access to the excellent British school system is a step in the right direction."

PA Media

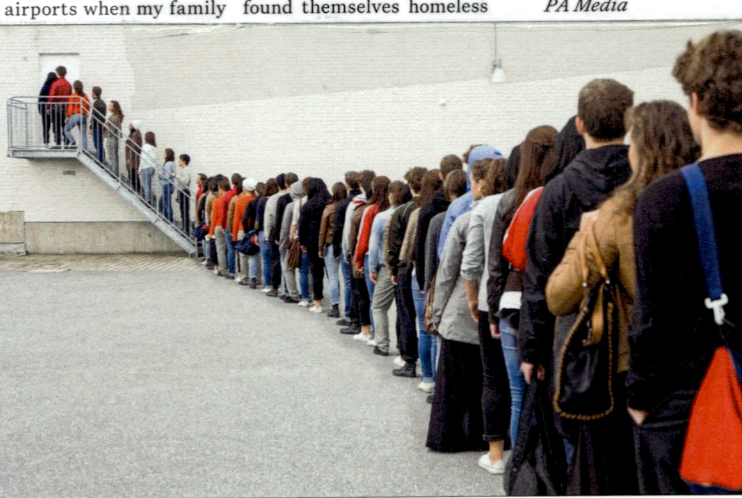

Inside the Blocks

To the Editor:

Re "No Job, No Country" (Oct 13. 1995):

While the article does a decent job of recounting the geopolitical decisions that brought us here, it does nothing to depict our daily lives. I am a witness of the latter; I admit I can't speak much to the former.

In my short life I have mostly seen what is right in front of me, and not the great power struggles between adults in offices in Washington, Hanoi, London and the former East Berlin.

My mum and I live in one of the 150-square-foot rooms that Alan Cowell describes. It is not a hostel—that phrasing is wholly inaccurate—and it is certainly not a "ghetto." It has been our home for two years.

Throughout the article he never engages with our community, or our common destiny.

We have real lives. I, for example, recently celebrated my seventh birthday here, surrounded by friends and family. The living space we have is small, yes, but big enough to make it comfortable. Mum and I have two separate single beds, placed on opposite walls, facing each other. We have one large window on the center wall, with a radiator right underneath it. We each have our own cupboards at the end of the beds, with my toys and mum's personal belongings piled up in them. There is a refrigerator under the square dining table placed to the right once you enter; two metal chairs; a microwave; a kettle for making tea. We have a TV, and a picture calendar too. We store kitchen tools on the floor next to the door; in front of our room entrance there is a stove we can use, like all the other people do. Down the hallway there are communal showers. The floors and walls are covered in brown tiles and there are standard-issue toilets. Floors one, three and five have a kitchen on each end of the hallway, but we live on the fourth floor, so we don't use those kitchens. Instead, mum uses the communal bathrooms and our stove to make noodles and other dishes. Things are quite simple, some might say basic. I suppose you'd call that a "ghetto"!?

I had a bigger room in this tiny town where we used to live, called the "Valley of the Innocent", but we had to move because my mum and dad fought too much. She had to leave him. It is a lot more expensive to live in the capital, but if we are chasing "the German version of the American dream" that is not gonna happen in a county town. Plus, we thought she could find a job more easily here. Her first work was selling fruit in an off-licence grocery store next to my school. Mum didn't have a contract or anything but would still get paid. Not much but in cash at least. That helped.

Sure, dodgy things happen within the community. Back at our old place once, we were robbed. Maybe they were after "head money," but I doubt it. I was playing in the backyard, but mum's friend, who was in the house when they came, swallowed a necklace so they couldn't take it from him. He still has it. Ever since that incident, mum would hide her jewelry in odd places in the room, like in the pipes of the refrigerator or the legs of our metal chairs.

Mr. Cowell is right to say that she, like many of her neighbours, is afraid. One day she really worried about her valuables, when smoke come out of a room on the third floor of our block. We all had to run out of the building and wait in the yard for the firefighters to deal with the flames. I am not sure what happened exactly but some of my friends didn't return. We never found out why. There has been a lot of gossip but no facts. Maybe it has to do with an expulsion order or maybe the "drab housing," maybe something completely unknown to us all. So why does the author think he has all the explanations? I seriously doubt Alan Cowell has any actual idea of what reality is like for us in this building. I am spending my formative years here, happy, with a community that I cherish and hold dearly.

The article would have benefited from avoiding cliché by pushing for something more realistic, something more evocative of a deeper truth, and thereby actually delivering a nuanced account of a story that he professes to care about.

CHING

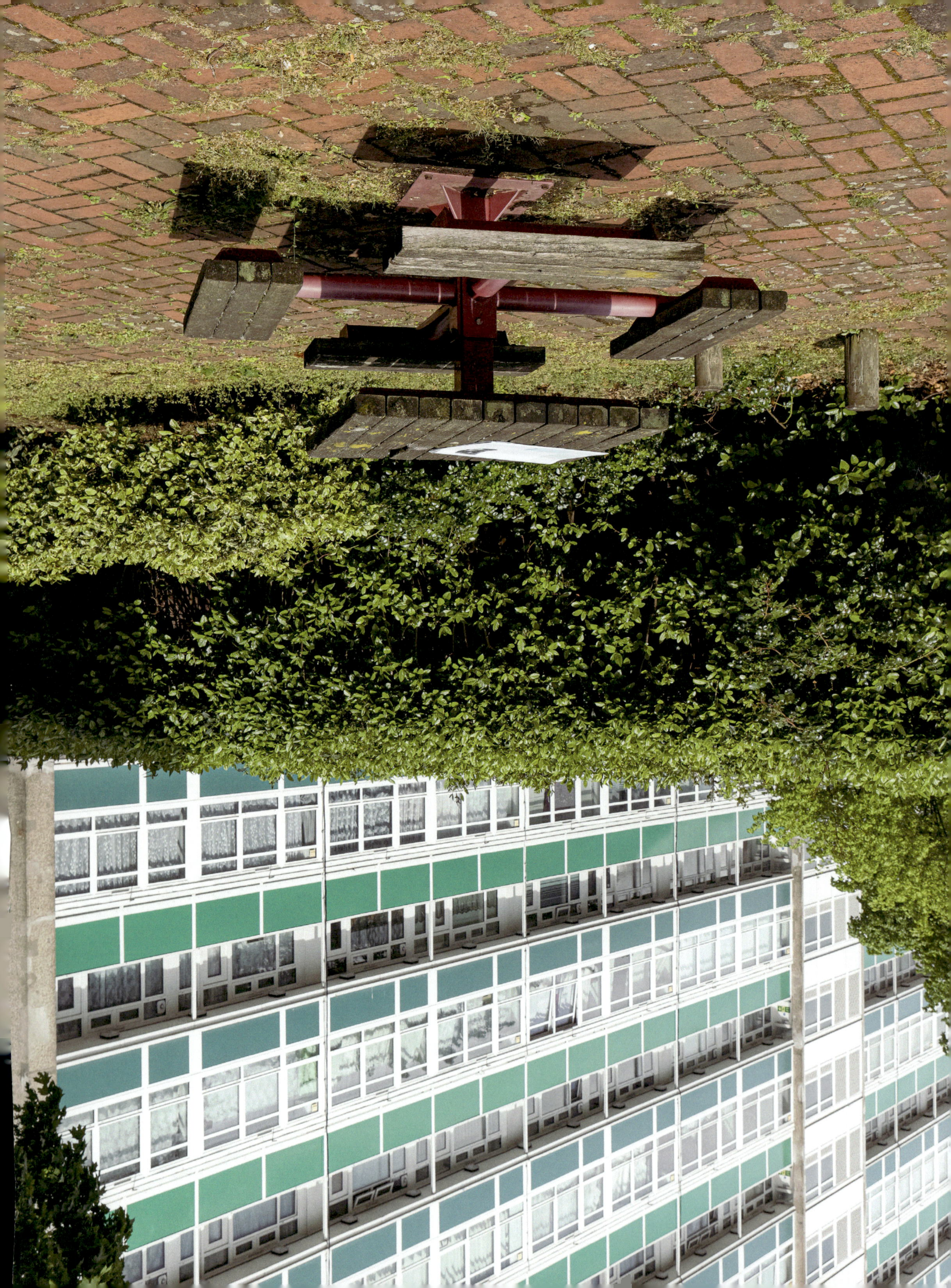

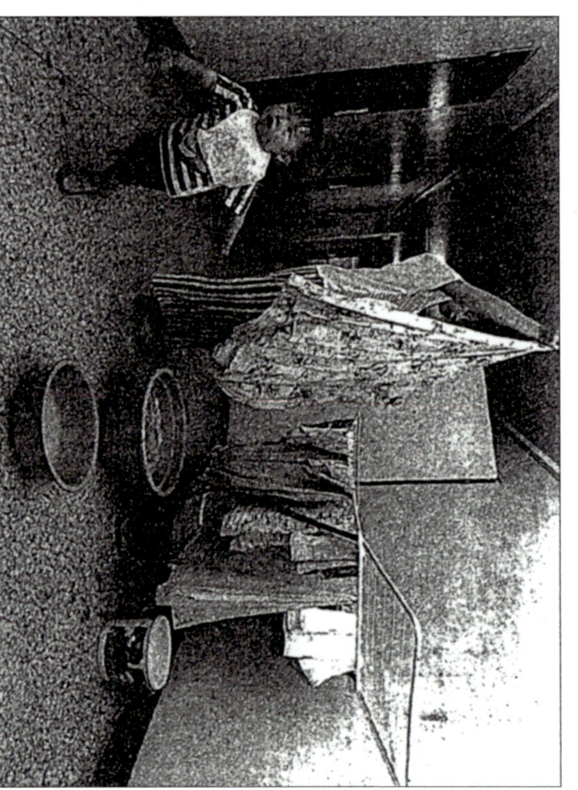

a fence, a chair, a bookshelf containing the remnants of some life somewhere—itself becomes a field of scientific inquiry in Tieu's work. Unlike the traditional scientist, however, Tieu offers no predictable outcome, no clear answer for the constellation of forces that she examines. There is a long history of such divisions between art and science, but rarely have they reached such an apex of contemporary urgency and possible social relevance.

Within such a practice, Tieu is hiding, miming, and appropriating, refusing the straightforward explanations that are linked to her own biography and personal experience. Instead, she offers her place in the world as a kind of relay switch, turning on and turning off the streams of endless cycles of war and death, migration and its fragile hopes of a better life. It is not enough to merely cite or provide reference for these transmissions: Tieu's task is as ambivalent as the results of the lives it produces and recreates. At bottom, there are only the forms in which these malefic forces move: the frequencies of the audible, the "real," the psychological, which cannot be given over to image or representation. How fitting, then, that the sonic pieces that accompany Tieu's installations and structures operate outside of the language of visual representation. For Tieu, the research into psychological weapons and warfare is itself a compulsion to act, a *Zugzwang*.

In her residency and exhibition at Fragile in Berlin in 2019, tiny paper takeout boxes were placed throughout the space, from which eerie soundscapes flooded the otherwise colorless rooms, and where prison tables were on display. On these tables, an innocent newspaper article was laid out recounting a violent encounter between two families at a playground in Hamburg. The tables were thus temporarily coded as outdoor scenes of leisure and recreation, shrouded by the potential for brutality and aggression. What is a prison table, and what belongs in the park? In their formal congruity, it's anyone's guess. Outbursts are not relegated to spats between prisoners, and every scene of social relaxation and family enjoyment is also a potential site of argument and terror.

In a small room adjoining the central gallery at Fragile, a video of a sky played, in which a permanent blue image was projected, viewed from the ground looking upwards. Occasionally, if one happened to be patient enough to give it the attention it required, it was possible to see a bird fly by and interrupt the otherwise monochrome blue of the video. Such interruptions are the stuff of crescendos, eruptions: an overture for an opera yet to be written. Nina Simone once quipped in her legendary performance at Carnegie Hall in 1964: "This song is for a show, but the show hasn't been written for it yet." Tieu's spurious newspaper articles, biographies, and sonic ephemera leave the question of potential use or abuse wide open. This is not to say that they do not provide something concrete; just the opposite. The "real" of something learned, experienced, or remembered, needs an object, a point of focus, otherwise it risks supporting the acts of psychological torture that give the unconscious its texture and personality. It is never formed out of nothing, the unconscious. The nothing is the most utopian ideal of all.

In mathematics—another mythically-charged science of sorts—there is the process called long division, in which a series of steps are taken to "avoid excessive mental calculation," according to Merriam-Webster. Division is another metaphor for the grid, and fences, and the enclosures of fascist architecture, a way of marking the procedures of an exacting system of limitations and their corresponding possession of space. Tieu's art might be described as steps within a psychic long division, in which the "mental calculation" that governments and those in positions of power have forced onto subjects is revealed and repeated. The reality that Tieu imagines is in part fictional, perfectly in step with the task of art, where the dimension of power is as rudimentary and violent as the sounds emitted by an office printer.

Tieu has also created accompanying audio components, in which sound's ungovernability also plays a pivotal role. The element of the sonic is always both a freedom from the confines of representation as well as something potentially overwhelming. As Hillel Schwartz declared in his "The Indefensible Ear," (2003) hearing is something that one cannot turn off, or look away from, as with vision, taste, or touch. The frontier of the audible can always be breached: there are no walls to protect that poor little ear.

There's always an element of haunting within Tieu's sound works, such as her research into the myths surrounding the so-called "Ghost Tapes" deployed by US troops during the war in Vietnam. These recordings were purportedly carried around by soldiers, blasted from their backpacks, to scare the Viet Cong out of hiding and "into the hills," as Tieu's newspaper clipping describes. Whether the reports of articles are in fact verifiable is a question that Tieu both creates and embraces. The psychological aspect of warfare that interests Tieu is not, in the end, subject to the realm of the factual. Someone could be lying, or telling the truth. How would we know? This uncertainty about past events and the reach of combat is investigated in Tieu's show, *In Cold Print* (2020), at Nottingham Contemporary. There, Tieu explores the so-called "Havana Syndrome," which US diplomats deployed in Cuba reported experiencing after having served at the embassy in Havana. Tieu went so far as to subject herself to the acoustic manipulations reported, mapping her brain's reactions and exhibiting the resultant scans of her cerebrum through MRI.

The proof, if such a thing is possible, rests at the end of the day on the ability to image and interpret what is happening within the slices of brain tissue that are examined. The science is just as mythical as the tests generated in their name. What can be gleaned from a picture of the mind's unconscious processes? It seems the testimony is one in which language ultimately plays no role, and such is the stuff of warfare. The battles waged on the frontlines of psychological torture and coercion are just as "real" as any gunshot or bombing, and that's precisely the issue at hand, the question that motivates an otherwise image-heavy exploration of the effects of such weaponry. The great unanswered question is, of course, how one turns the otherwise immaterial attacks into something tangible, quantifiable, visualizable. Therein lies the pernicious nature of such actions: there is only memory and affect to record this mode of military engagement, and how on earth can that be put into any reliable, transparent form?

In Cold Print is lined with fences, barricades that smack of embassy barricades and internment camps, where a movement within the space of Nottingham Contemporary is limited on all sides. The structures are not symbolic, however: their operations are actual, felt, experienced, inhibiting knowledge and memory as they simultaneously point to it. Here again, the prison stools are hard to ignore; their sense of a confinement is forever endangered by the threat of others. The lengths to which prison companies go to ensure that their inmates cannot harm themselves or others is a painful reminder of the incessant bureaucracy of bare life, as lived under the most dangerous conditions.

It is a far cry to assume that simple analogies can be made between the peril of migration and that of incarcerated existence, but the formal, structural link that Tieu makes describes a terrain of artistic engagement that says a lot about the possibilities art has today. It is nothing if not a place where metaphors are unavoidable, and in which the "real" is constantly placed under pressure. The language of form stripped down to its most rudimentary and fundamental constructions—the grid,

former Haus der deutschen Kunst (House of German Art), whose first show opened in 1937 alongside the exhibition *Entartete Kunst* (Degenerate Art) just a few blocks away. Tieu's show does not meditate on this history, nor does it offer a form of remembrance; instead it pushes the questions of power, control, and the weak positions they engender on a formal level. There is no celebration of pure visual experience in the art on display, or ignorance about where things are located and what their relationship is to the past and present. Tieu follows what is before our eyes, enervating the hegemony of the architecture of the Haus der Kunst, as it shapes any potential encounter with its space.

Within the structure of the grid is an eponymous soundtrack that Tieu composed of field recordings of office equipment—keyboards, printers, and shuffling paper—the effluvia of bureaucracy. Tieu's restaging of the grid here starts to implode, the multi-channel sound work producing a cacophony of the instruments of administration. The audio is not just random clamor, though, as at points it becomes clear that the noises are mimicking the harmony of a familiar refrain: the overture to Richard Wagner's *Tannhäuser*. Here then as well, the sounds are echoes of a past, the celebrated music of the same fascist government that first conceived and constructed the Haus der deutschen Kunst. Tieu is not simply repeating that which is given, but filling the silences of the Nazi echo chamber that is this massive building, by taking Wagner down from his pedestal and putting everyday machines in place of French horns, and strings, and swoony melodies of the genocide yet-to-come.

The pictures, newspaper articles, and assorted biographical information of the lives contained within this haunted house are the product of Tieu's fictional accounts of real experiences, of those who are subjected to a migrational *Zugzwang*, always in a weaker position, awaiting the decisions made by those in charge of their futures, without much opportunity to influence the outcomes decided upon by the powers that be. In the back of the exhibition there are prison tables, whose rounded edges are designed to inhibit incarcerated individuals from using them to harm themselves or others. These tables belong to projects where

Hidden deep within the architecture of every grid—its straightforward and endlessly repeatable arrangement of horizontal and vertical lines—lies an attempt to map and control an otherwise chaotic stream of sensory perception and place. This trope of patchwork delineations of space, both real and imaginary, is also home to an archaeology of modernist artistic practices that have operated with the grid's potential for perfect predictability—always the same, over and over again—and the resultant freedom that the structure provides those who employ it from the arbitrariness of aesthetic decision-making. The perfection of straight marks on a canvas, in a room, as part of a building's blueprint, or some other site, is of course not limited to the realm of art. There are grids everywhere—in the shape of a piece of paper, or in the design of a chessboard, whose rules are delimited by the tiny spaces produced out of the multiple intersections of perpendicular axes.

One common result of a game of chess is a situation in which one player is compelled to move a particular piece; in German it's called *Zugzwang*, and the condition denotes not only the obligation to act, but also to choose from a position of weakness. In other words, there is no *Zugzwang* for the person who is in the driver's seat. At least within the tiny parable of power and competition that is a game of chess, there is often someone who has to act, and that action is shadowed by impairment, the threat of losing. Sung Tieu's exhibition at the Haus der Kunst in Munich carries this chess term as its title, and uncovers the pressure to move in the context of migration and attempts to find citizenship for individuals who are mostly fictional. Like the game of chess from which *Zugzwang* is derived, the grid abounds in the form of endless bureaucracy: applications for asylum, towering black shelves, all nested within the gridded architecture of the building that houses them.

The Haus der Kunst was the first and lasting symbol of National Socialist architecture, and its surfaces and organization of space are haunted by this history. Tieu's intervention is both specific to the site in which *Zugzwang* is situated, as well as to the larger city of Munich that was so beloved by the fascist government. Here, the grid is not innocent; rather, it is a cold reminder of the repeatability of a state's power and authority, where the aesthetic and its real-world effects are forever tied, in an endless loop as permanent as the stone that supports the

und Aggression nicht ausgeschlossen sind. Welches war nun der Gefängnistisch und welcher gehört in den Park? Angesichts ihrer formalen Übereinstimmung war die Antwort reine Spekulation. Gewaltausbrüche beschränken sich nicht auf Streitigkeiten zwischen Gefangenen, und an jedem Ort für gesellige Entspannung und Familienspaß lauert auch das Potenzial für Streit und Schrecken.

In einem kleinen Raum neben dem zentralen Ausstellungsraum der Galerie lief ein Video eines Himmels, in dem – von unten in die Höhe gefilmt – ein gleichmäßiges blaues Bild zu sehen war. Wenn man die Geduld mitbrachte, ihm die erforderliche Aufmerksamkeit zu schenken, konnte man gelegentlich einen Vogel vorüberfliegen sehen, der das monochrome Blau des Videos unterbrach. Störungen wie diese sind der Stoff von Crescendi, von Eruptionen: eine Ouvertüre zu einer Oper, die es erst noch zu schreiben gilt. Oder, wie Nina Simone bei ihrem legendären Auftritt in der Carnegie Hall 1964 einst spöttelte: „Dies ist ein Musicalsong, doch das Musical dafür wurde noch nicht geschrieben." Die gefälschten Zeitungsartikel, Biografien und ephemeren Klänge Sung Tieus lassen die Frage nach einem möglichen Gebrauch oder Missbrauch weit offen. Das heißt nicht, dass sie nichts Konkretes anzubieten haben, ganz im Gegenteil. Das „Reale" eines Gelernten, Erlebten oder Erinnerten braucht ein Objekt, einen Konzentrationspunkt, oder es läuft Gefahr, die Akte psychischer Folter zu unterstützen, die dem Unbewussten seine Struktur und Persönlichkeit verleihen. Es wird nie aus dem Nichts geformt, das Unbewusste. Das Nichts ist das utopischste aller Ideale.

In der Mathematik – einer weiteren mythisch aufgeladenen Wissenschaft – gibt es das Verfahren der schriftlichen Division, bei der eine Reihe von Schritten unternommen wird, um „übermäßiges Kopfrechnen zu vermeiden", wie es im Merriam-Webster heißt. Division ist eine andere Metapher für das Raster, für Zäune, für die umschlossenen Räume der faschistischen Architektur, eine Art und Weise, die Prozesse eines exakten Systems von Begrenzungen und dem ihnen entsprechenden Raumbesitz zu kennzeichnen. Man könnte Tieus Kunstwerke als Schritte einer psychischen schriftlichen Division beschreiben, in deren Verlauf das „Kopfrechnen", das Regierungen und Menschen in Machtpositionen anderen aufzwingen, aufgedeckt und wiederholt wird. Die Wirklichkeit, die Tieu imaginiert, ist teilweise fiktiv und steht damit absolut im Einklang mit der Aufgabe der Kunst, in deren Reich die Dimension der Macht genauso elementar und brutal ist wie das Geräusch eines Bürodruckers.

haft wie die in ihrem Namen entwickelten Untersuchungen. Was lässt sich aus einem Bild von unbewussten geistigen Prozessen herauslesen? Es scheint, als sei der Beweis ein Zeugnis, in dem die Sprache letztlich keine Rolle spielt – das ist der Stoff, aus dem Kriege gemacht sind. Die Schlachten, die an den Fronten psychischer Folter und Nötigung geführt werden, sind nicht weniger „real" als ein Schuss oder ein Bombardement, und genau das ist hier der Punkt, der Beweggrund für eine im Übrigen bildmächtige Erkundung der Wirkkräfte solcher Waffen. Die große unbeantwortete Frage bleibt natürlich, wie man die anderweitig immateriellen Angriffe in etwas Greifbares, Messbares, Visualisierbares verwandelt. Darin liegt der verderbliche Charakter solcher Taten: Es gibt nur die Erinnerung und den Affekt, um diese Art des militärischen Engagements zu erfassen. Und wie um alles in der Welt lässt sich das in eine glaubwürdige, transparente Form bringen?

Die Ausstellung *In Cold Print* ist von Zäunen umsäumt, Hindernissen, die nach Botschaftsbarrikaden und Internierungslagern förmlich riechen, sodass die Bewegungsfreiheit im Ausstellungsraum des Nottingham Contemporary zu allen Seiten eingeschränkt ist. Die Einbauten sind jedoch nicht symbolisch zu verstehen: Ihre Eingriffe sind real, sie werden gefühlt und erlebt, sie verhindern Wissen und Erinnerung, während sie gleichzeitig darauf verweisen. Auch hier sind die Gefängnishocker kaum zu übersehen; das durch sie vermittelte Gefühl eingesperrt zu sein ist grundsätzlich dadurch bedroht, dass sie eine Gefahr für Dritte darstellen könnten. Die Anstrengungen, die Gefängnisbetreiber unternehmen, um sicherzugehen, dass ihre Insassen sich oder andere nicht verletzen, erinnert auf schmerzhafte Weise an die permanente Verwaltung des nackten, unter gefährlichsten Bedingungen geführten Lebens.

Anzunehmen, dass sich zwischen den Gefahren der Migration und denen eines Lebens in Haft einfache Analogien herstellen lassen, wäre zu simpel. Doch die formale, strukturelle Verbindung, die Tieu herstellt, beschreibt ein Terrain der künstlerischen Betätigung, das sehr viel über die Möglichkeiten aussagt, die die Kunst heute hat. Sie ist nichts anderes als ein Ort, an dem Metaphern unumgänglich sind und kontinuierlich Druck auf das „Reale"

ausgeübt wird. Die auf ihre elementarsten und grundlegendsten Strukturen reduzierte Formensprache – das Raster, ein Zaun, ein Stuhl, ein Bücherregal voller Relikte irgendeines Lebens irgendwo – wird in Tieus Werk selbst zum Feld wissenschaftlicher Erkundung. Im Gegensatz zur herkömmlichen Wissenschaftlerin liefert Tieu jedoch kein vorhersagbares Ergebnis mit, keine eindeutige Antwort auf die von ihr untersuchte Konstellation der Kräfte. Die Geschichte derartiger Trennungen zwischen Kunst und Wissenschaft ist lang, doch selten haben sie einen vergleichbaren Höhepunkt von kontemporärer Dringlichkeit und möglicher gesellschaftlicher Relevanz erreicht.

In ihrer künstlerischen Praxis arbeitet Tieu mit Mitteln des Versteckens, des Imitierens und der Aneignung; sie verweigert einfache Erklärungen, die mit ihrer eigenen Biografie und persönlichen Erfahrung zusammenhängen. Stattdessen bietet sie uns ihren Platz in der Welt als eine Art Relais an, in dem die Ströme endloser Kreisläufe von Krieg und Tod, von Migration und zerbrechlichen Hoffnungen auf ein besseres Leben ein- und ausgeschaltet werden. Es reicht nicht aus, lediglich Quellen für diese Transmissionen zu zitieren oder bereitzustellen: Tieus Aufgabe ist so ambivalent wie die Existenzen, die sie generiert und wiedererschafft. Im Grunde gibt es nur die Formen, in denen diese unheilvollen Kräfte sich bewegen: die Frequenzen des Hörbaren, des „Realen", des Psychologischen, die sich nicht dem Bild oder der Aufführung überantworten lassen. Wie passend daher, dass die Soundarbeiten, die Tieus Installationen und Konstruktionen begleiten, außerhalb der Sprache der visuellen Darstellung operieren. Für Tieu ist die Erforschung von psychologischen Waffen und psychologischer Kriegsführung selbst eine Form von Handlungsdruck, von Zugzwang.

Anlässlich ihrer Residenzausstellung in der Berliner Galerie Fragile 2019 überfluteten gespenstische Tonlandschaften aus kleinen, überall verteilten Take-away-Kartons die ansonsten farblosen Räume, in denen Gefängnistische zu sehen waren. Auf den Tischen lag ein harmloser Zeitungsartikel aus, der von einer gewalttätigen Auseinandersetzung zwischen zwei Familien auf einem Hamburger Spielplatz berichtete. Auf diese Weise wurden die Tische vorübergehend zu Freizeit- und Erholungsorten umkodiert, an denen Brutalität

„Haus der Deutschen Kunst" entworfen und erbaut wurde. Tieu wiederholt nicht einfach das Gegebene, sondern füllt die Stillen dieses massiven Bauwerks, dieser Nazi-Echokammer aus, indem sie Wagner von seinem Sockel holt und Alltagsmaschinen an die Stelle von Waldhörnern, Streichern und die schwärmerischen Melodien eines damals noch in der Zukunft liegenden Genozids setzt.

Die Bilder, Zeitungsartikel und allerlei biografischen Informationen zu den in diesem Geisterhaus versammelten Existenzen sind das Produkt fiktiver Darstellungen Tieus von wahren Erlebnissen derjenigen, die im Rahmen von Migration einem *Zugzwang* unterworfen sind; die sich stets in der schwächeren Position befinden; die auf die Entscheidungen derer warten, die über ihre Zukunft bestimmen; die so gut wie keinerlei Möglichkeit haben, auf die von den herrschenden Mächten festgesetzten Resultate Einfluss zu nehmen. Im hinteren Teil der Ausstellung stehen Gefängnistische, deren abgerundete Kanten Inhaftierte davon abhalten sollen, sich selbst oder andere damit zu verletzen. Die Tische gehören zu Projekten, für die Tieu ebenfalls begleitende Audiokomponenten entwickelt hat; auch in diesen spielt die Unbeherrschbarkeit des Klangs eine zentrale Rolle. Das akustische Element ist stets sowohl Befreiung von den Grenzen der Darstellung als auch potenziell überwältigend. Wie Hillel Schwartz in seinem Aufsatz „The Indefensible Ear" (2003) erklärt, kann man das Hören nicht abschalten oder ausblenden wie das Sehen, Schmecken oder Fühlen. Die Grenzlinie des Gehörs lässt sich jederzeit durchbrechen – kein Wall schützt dieses arme kleine Sinnesorgan.

Sung Tieus Soundinstallationen haben stets etwas Gespenstisches an sich, so wie ihre Untersuchungen zum Mythos der von US-Truppen während des Vietnamkriegs eingesetzten „Geistertonbänder". Diese Aufnahmen wurden angeblich von Soldaten mitgeführt und dröhnten aus ihren Rucksäcken, um die Vietcong, wie in Tieus Zeitungsausschnitt beschrieben, aus ihren Verstecken und „in die Hügel" zu treiben. Ob die Berichte in Presseartikeln tatsächlich verifizierbar sind, ist eine Frage, die Tieu sowohl erzeugt als auch aufgreift. Der psychologische Aspekt des Kriegs, der sie interessiert, unterliegt am Ende nicht dem Reich des Faktischen. Jemand könnte

lügen oder die Wahrheit sagen. Woher sollen wir das wissen? Dieser Ungewissheit im Hinblick auf vergangene Ereignisse und auf die Reichweite von Kampfeinsätzen geht Tieu in ihrer Ausstellung *In Cold Print* (2020) bei Nottingham Contemporary nach. Sie erforscht darin das „Havanna-Syndrom", an dem US-Diplomaten in Kuba litten, nachdem sie an der US-Botschaft in der kubanischen Hauptstadt eingesetzt waren. Tieu ging sogar so weit, sich selbst den berichteten akustischen Manipulationen auszusetzen, ihre Hirnreaktionen aufzuzeichnen und die daraus resultierenden MRT- Aufnahmen ihres Großhirns auszustellen.

Letzten Endes liegt der Beweis – sofern ein Beweis überhaupt möglich ist – in der Fähigkeit, abzubilden und zu interpretieren, was in den untersuchten Hirngewebsschichten geschieht. Die Wissenschaft ist genauso mythen-

Tief verborgen in der Architektur eines jeden Rasters – seiner geradlinigen und endlos wiederholbaren Anordnung horizontaler und vertikaler Linien – liegt der Versuch, einen anderenfalls chaotischen Strom aus sinnlicher Wahrnehmung und Örtlichkeit zu erfassen und zu kontrollieren. Dieser Tropus von der gleichmäßigen Einteilung sowohl realer als auch imaginärer Räume umfasst darüber hinaus zwei Dinge: erstens eine Archäologie moderner künstlerischer Praktiken, die mit dem Potenzial des Rasters operieren, vollständig berechenbar zu sein – immer dasselbe, wieder und wieder –, und zweitens das daraus resultierende Befreitsein von der Beliebigkeit ästhetischer Entscheidungsprozesse, das die Struktur ihren Anwenderinnen und Anwendern verschafft. Die Vollkommenheit gerader Linien auf einer Leinwand, in einem Raum, als Teil einer Bauzeichnung oder an irgendeinem anderen Ort, ist natürlich nicht auf den Bereich der Kunst beschränkt. Raster sind überall – in der Form eines Papierbogens oder im Muster eines Schachbretts, dessen Regeln von den kleinen Quadraten abgesteckt werden, die durch mannigfache Überschneidung rechtwinklig verlaufender Achsen erzeugt werden.

Viele Schachpartien laufen darauf hinaus, dass ein/e Spieler/Spielerin gezwungen ist, eine bestimmte Figur zu bewegen. Dieser Zustand, im Deutschen Zugzwang genannt (und als solcher Begriff auch im Englischen bekannt), bezeichnet nicht nur die Zugpflicht selbst, sondern auch die Obliegenheit, aus einer Position der Schwäche heraus zu handeln. Oder anders gesagt: Für die Person, die das Sagen hat, besteht kein Zugzwang. Zumindest im Rahmen des Schachspiels, dieser Parabel von Macht und Wettstreit im Kleinen, gibt es oft jemanden, der handeln muss – und das Handeln wird von Schwäche überschattet, von der Gefahr zu verlieren. Sung Tieus Ausstellung im Haus der Kunst in München (2020) ist mit diesem Schachbegriff überschrieben: *Zugzwang* deckt den im Migrationskontext herrschenden Druck auf, sich zu bewegen, und versucht in der Ausstellung die Schicksale überwiegend fiktiver Individuen nachzuzeichnen. Wie das Schachspiel, von dem sich ihr Titel ableitet, strotzt das Raster in diesem Fall vor endloser Bürokratie: Asylanträge, gewaltige schwarze Regale, alles fügt sich in die rasterförmige Architektur des Gebäudes ein, das sie beherbergt.

Das Haus der Kunst ist eines der ersten Beispiele nationalsozialistischer Monumentalarchitektur und wird bis heute als Ausstellungsgebäude genutzt. Noch immer hängt der Geist seiner Geschichte in den Wänden, den Fassaden und der Raumaufteilung des Gebäudes. Tieus Intervention ist in zweifacher Hinsicht ortsspezifisch: für den Schauplatz, an dem *Zugzwang* installiert wurde, aber auch für München selbst, die von der faschistischen Führung so geliebte Stadt. Das Raster ist hier nicht unschuldig, sondern vielmehr kalte Erinnerung an die Wiederholbarkeit der Macht und Autorität eines Staats, in dem die Ästhetik und ihre Wirkung in der realen Welt für immer miteinander verknüpft sind – in einer Endlosschleife, die so dauerhaft ist wie der Stein, der das ehemalige „Haus der Deutschen Kunst" trägt, dessen erste Schau 1937 parallel zu der einige Straßen weiter eröffneten Ausstellung *Entartete Kunst* stattfand. Tieus Ausstellung denkt weder über diese Geschichte nach noch bietet sie eine Art Gedenken an. Stattdessen forciert die Künstlerin Fragen nach Macht und Kontrolle sowie nach den schwachen Positionen, die diese auf formaler Ebene hervorrufen. Die ausgestellte Kunst ist weit davon entfernt, die reine visuelle Erfahrung zu zelebrieren oder nicht zu wissen, wo Dinge verortet sind und in welcher Beziehung sie zur Vergangenheit wie auch zur Gegenwart stehen. Tieu hält sich an das Sichtbare und entkräftet so die hegemoniale Architektur des Hauses der Kunst, die jede potenzielle Begegnung mit dessen Raum prägt.

In die Rasterstruktur eingeflochten ist eine Klanginstallation, die Tieu aus Geräuschen von Büroutensilien wie Tastaturen, Druckern und aneinanderreibendem Papier – den Ausdünstungen der Bürokratie – zusammengestellt hat. Mit dieser Kakophonie der Verwaltungsinstrumente, die das Mehrkanal-Tonwerk produziert, beginnt ihre Neuinszenierung des Rasters zu implodieren. Dass der Ton jedoch mehr ist als nur willkürlicher Lärm, wird offenkundig, wenn die Geräusche hier und da den Wohlklang einer vertrauten Melodie nachahmen: die Ouvertüre zu Richard Wagners *Tannhäuser*. Damit werden auch sie zu Echos der Vergangenheit, zum Widerhall der umjubelten Musik desselben faschistischen Regimes, in dessen Auftrag das

Schriftliche Division

Long Division

Colin Lang

Tung
Tieu

7. Decomposition: Has He Broken Down?

Once, you decided to catalogue life. It was a losing game, but even then
you knew what was and wasn't reversible and therefore you persisted.
You constructed his every last hair—the one that flags age; the ancient;
the wisps; the cowslicked. You thought of digestion, the blanket alchemy
of browning, that shiest of Chinese whispers. You thought of nerves.
There were:
1. assemblies of cells;
2. parliaments of bone, bipartisan clicks and bickering, motions,
   stalemates, and all of them were legislating, legislating movement and stasis;
3. two sides, the right of which dictated;

When you dreamt hard, you could make a nail erupt. Dreamt lighter—
the skin of a lip, a scar, the stirrup. Bigger, bolder things too, like
a. breath. The stuffy grammar of it. How it guffaws at the smallest
   misstep;
b. the subject/object of the heart;
c. the check and balance of breath;
d. two feet, two pliant, compliant feet, two suffering feet, two poor
   feet God love them;
e. all kinds of erections;
f. the idea, in his mind, of an I. Distinct from you, who to him is:
   Him;
g. the glacier game, the earthquake, the seaswell, the henpeck
   we call "breath."

You wrote blood, and then you wrote it in Greek, and then the whole
thing fell into translation, into action.
Reaction: he turned.
He turned on you.
He withered in your hand, flopped out.
It was a time after Babel, when everything you had named was suddenly
anonymous.
Falsehood is not in words: it is in things.
He feeds himself to the world, a dandelion, its damage done.
You cover your mouth and nose.
(i) compose again.

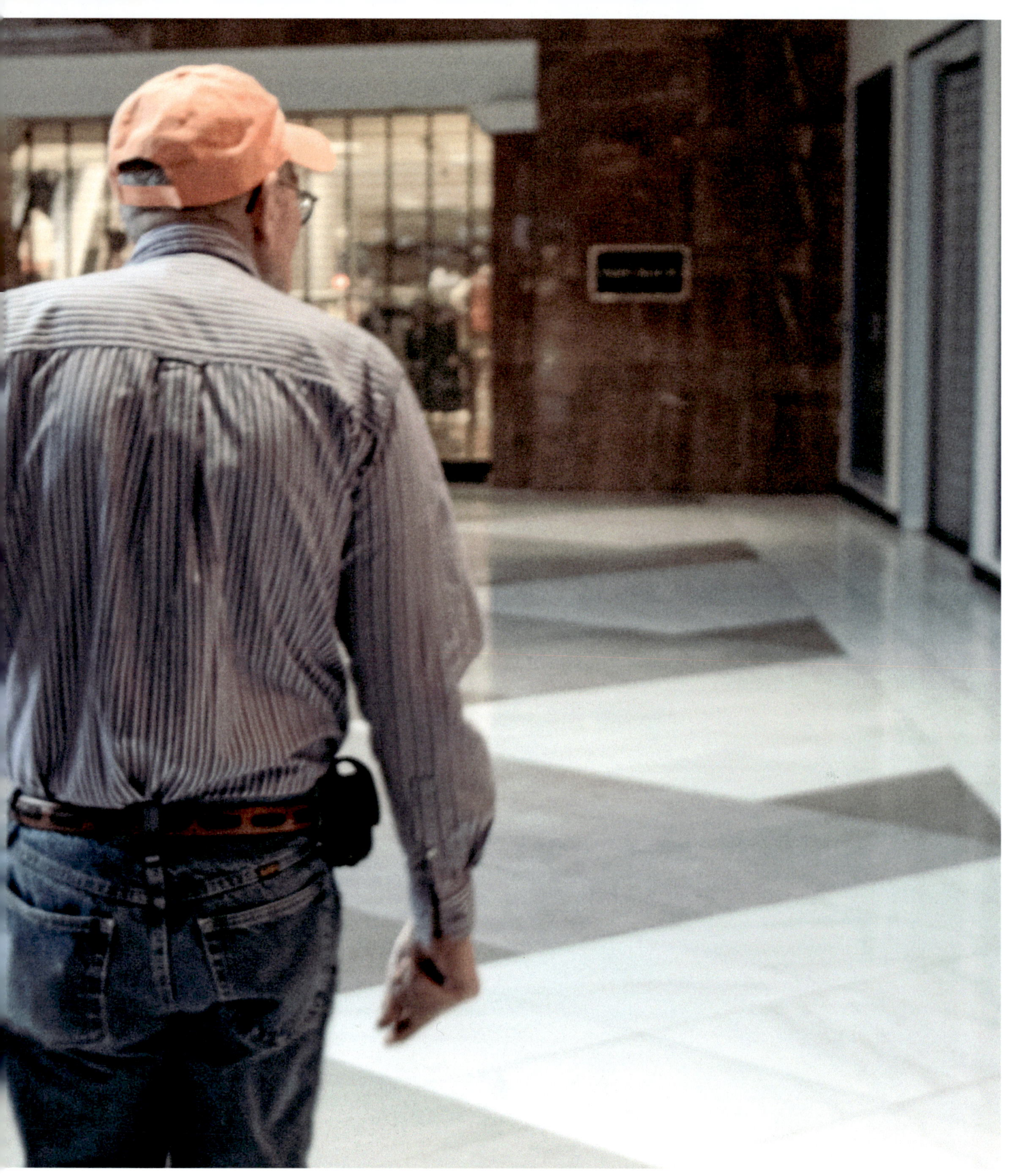

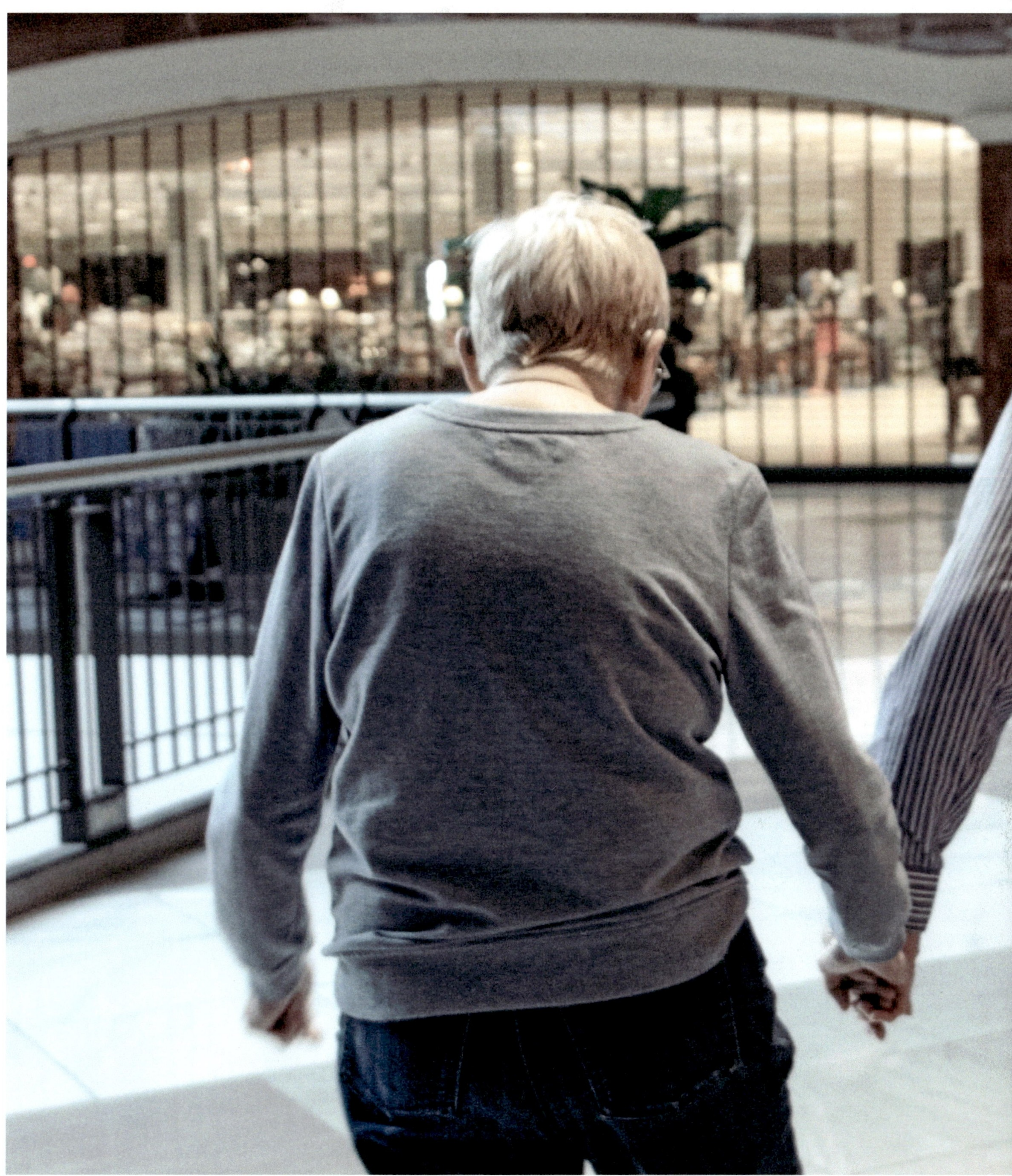

6. *Rigor Mortis: Can He Yet Be Turned?*

By now it should be clear. You are on a boat-deck, both of you, and a white
sun fizzes on the water as though dropped like an aspirin. Then it dis-
solves completely. Darkness. Two unseeable faces, etched uselessly into
smiles. You cast out a word or two and they frost over with brine: each
stroke of the pen is breakable. Things snap or creak and you credit these
sounds to him, but these are equally plausible: the sucking of a mussel;
the canvas canvassing; the scissorwork of seagull wings; one sea creature tearing the flesh from another sea creature; a jellyfish pulse; sounds
of your own invention. You line up his armpit hair to the marram grass
on the shore, and the parallax is kind: they are near enough to a perfect
fit. You recount the boat parts: Forestay. Gunwhale. Thwart. Tiller.
Transom. Jib. Clew. Keel... Even if he was moving, he might as well be
doing it behind the ocean, somewhere utterly else.
  (i)   Wait.
  (ii)   From the bilges of hopelessness, skim the oldest foam and the
         darkest pitch, and from the oldest foam and the darkest pitch,
         procure the lowliest gnat, the sickliest, and
  (iii) Name it thus: His Finger Twitched

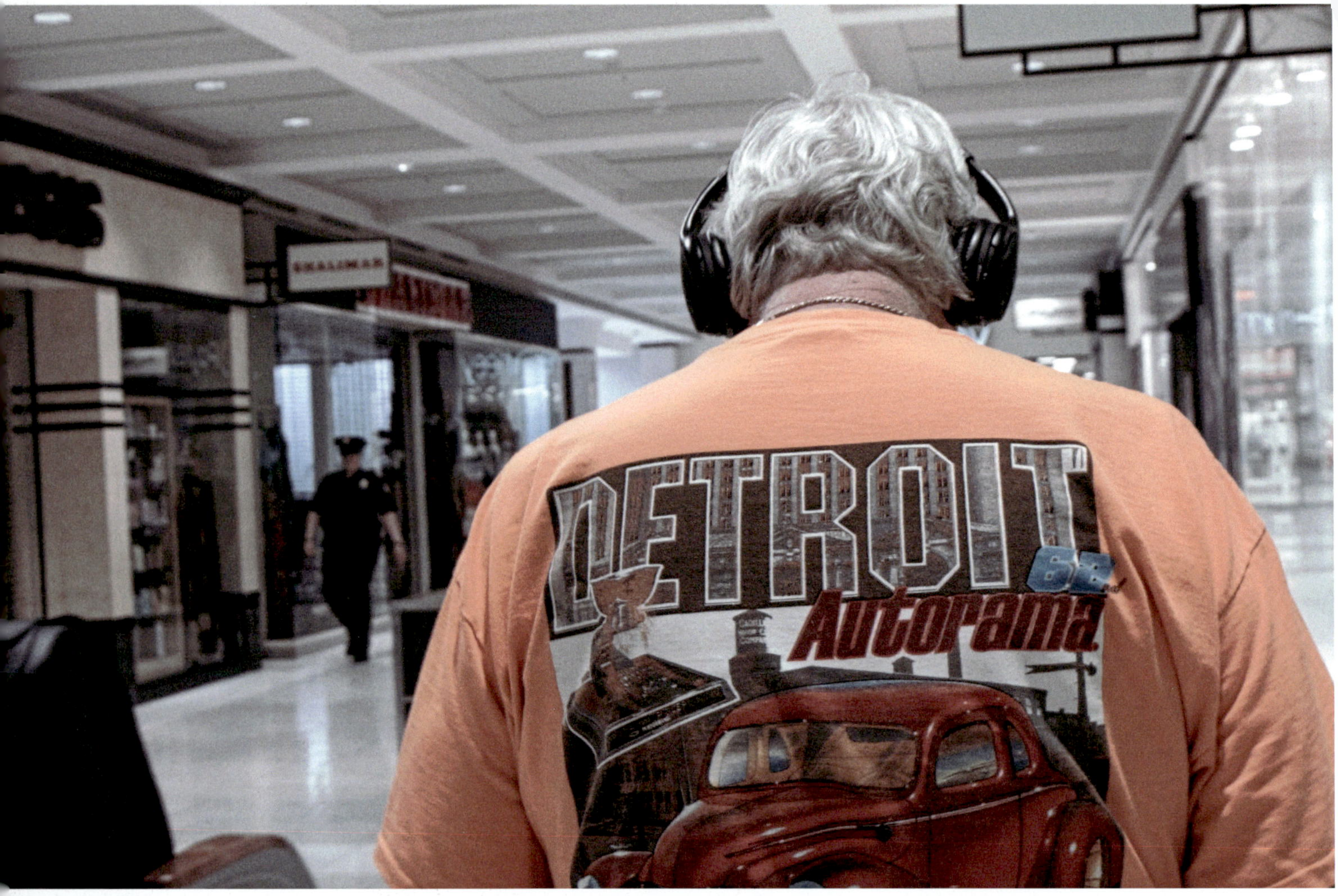

DETROIT
Autorama

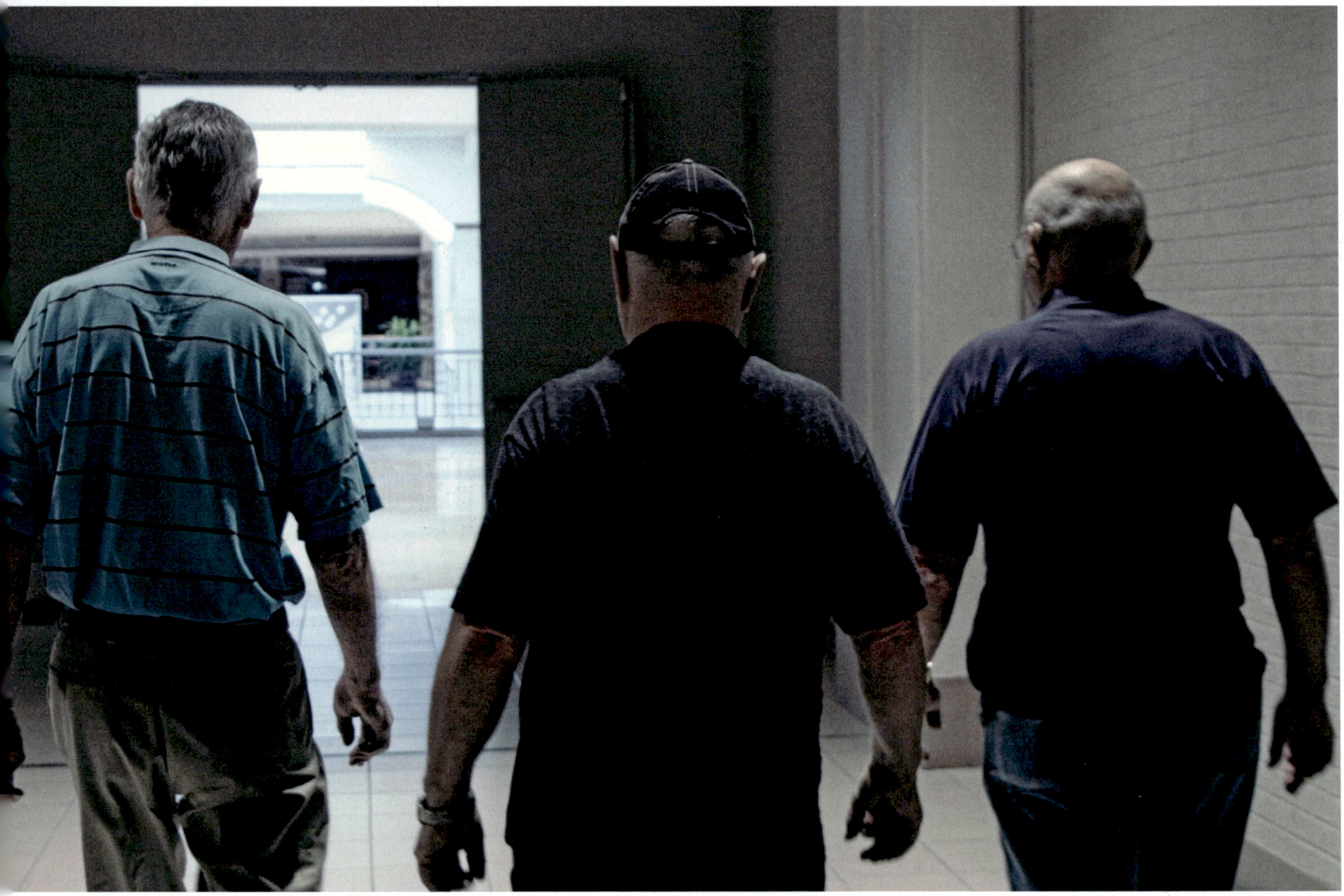

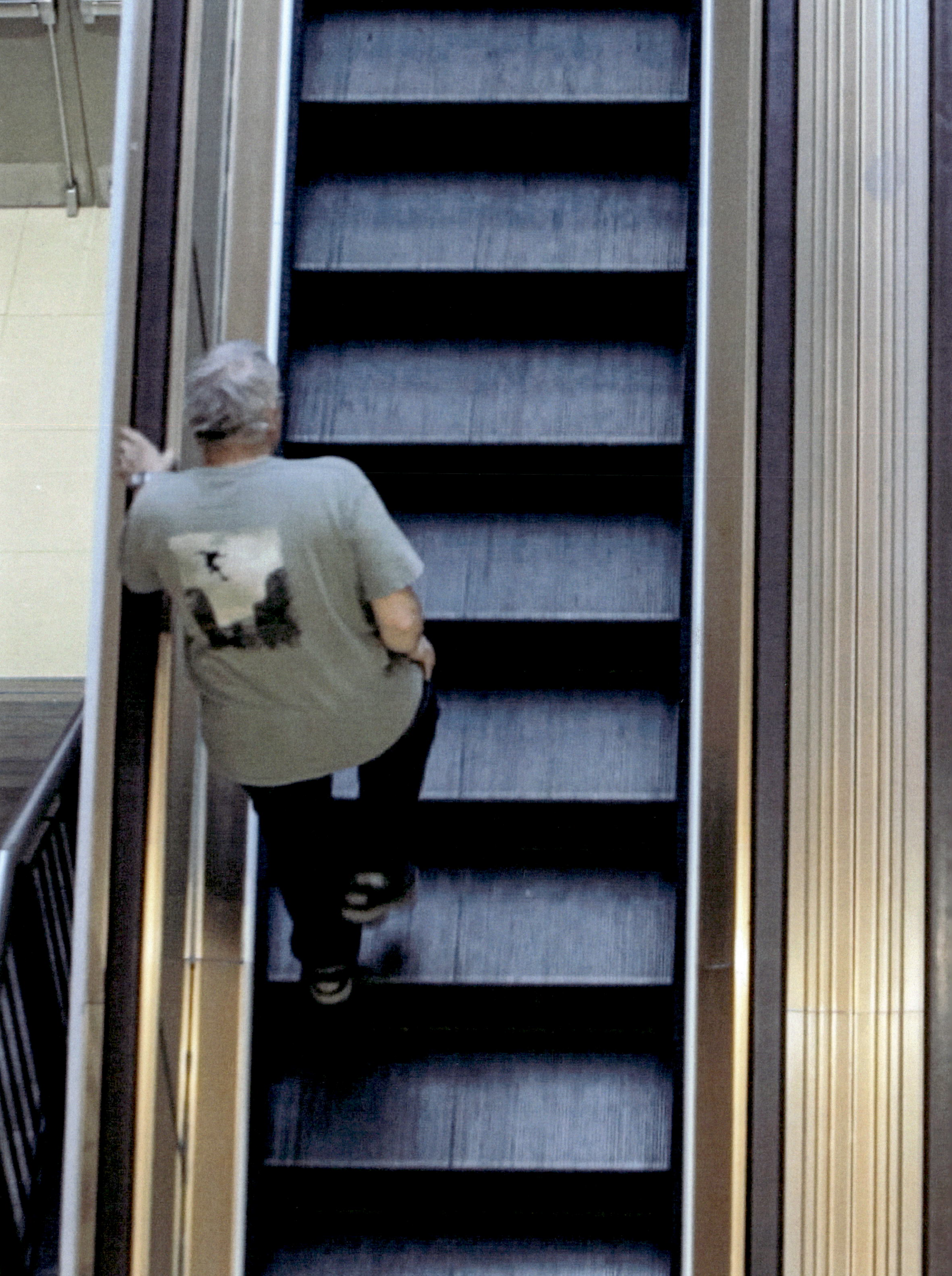

5. Algor Mortis / Decline in Temperature: Look Up: Could You Pick Him Out From a Crowd? Is He Redder, More Gigantic Than Before? Is He Whiter? Tinier? Is He Closer to / Further From Land? Is He Different, Depending on Your Location, or Constant? Is He Causing Havoc to Radio Signals? Would It Mean Sudden Death to Approach Him? Blindness to Look? Or Do Those Advances Neither Put in Nor Put out on Him? Does He Remain Unmoved? Are You in the Sweet Spot? Is It Down to Him What Gets Eaten and What Fed? Does He Cultivate Your Farthest Points? Is He Beautiful at Your Edges? Does He Still, Albeit Rarely, Tilt Your Tired Face Towards His? Must He Always Remain This Way, Never to Swell or Contract, For You to Be Happy? Listen. Are You Satisfied or Not?

It is considered a strength to find yourself in any given room and still know where North is. In the same way, you should be able to read a dwelling, know if he is adding to it or taking away or if there would be no difference without him. Assuming the latter:

    (i)   You could melt him, but he would not flow.
    (ii) You could torch him, but he'd burn too slow.
    (iii) You could fuck him, but he wouldn't know.

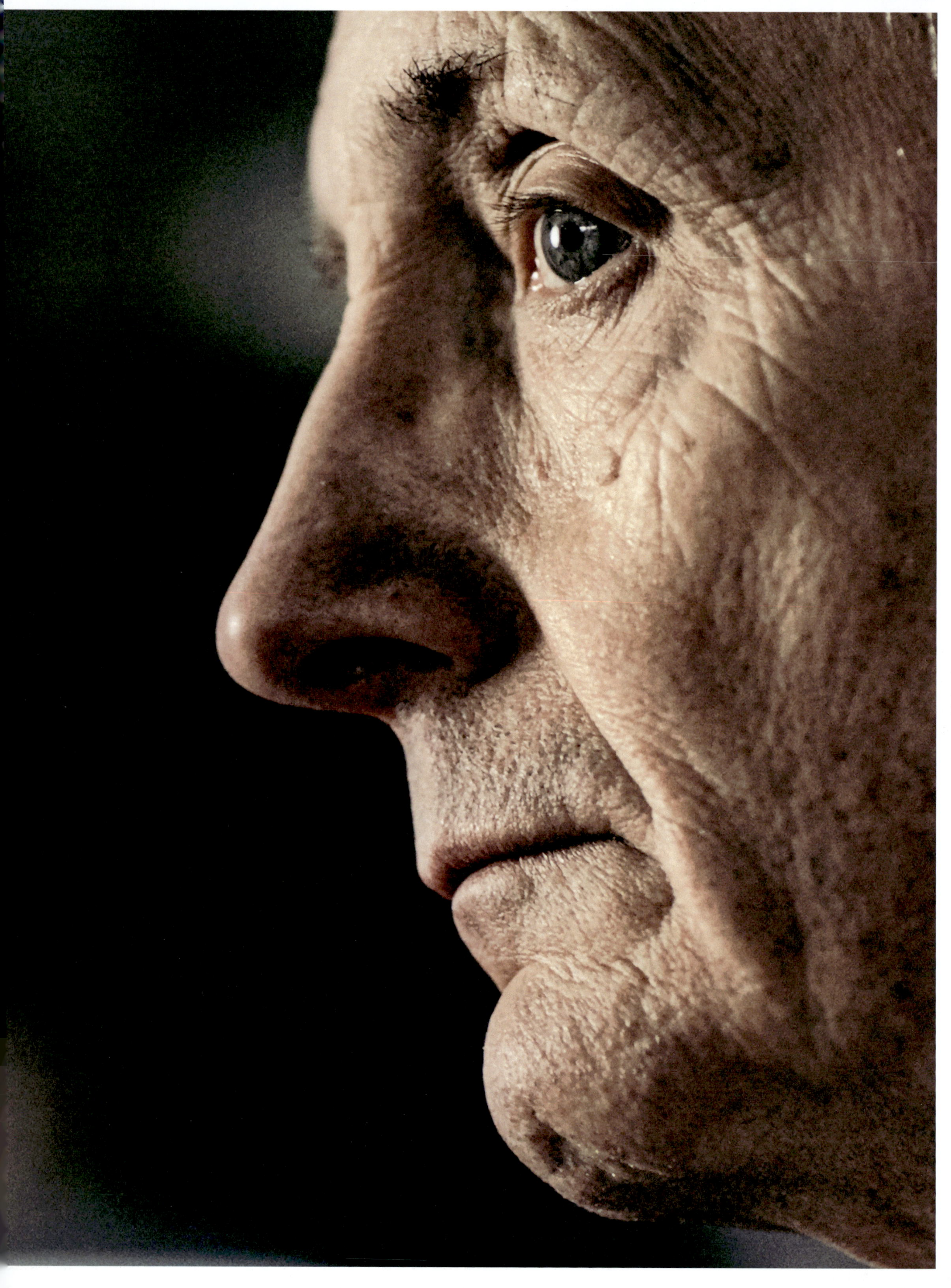

Richard Sides

Cage of Eden

Elisa R. Linn

In Paddy Chayefskys philosophischem und von Ken Russell verfilmtem Schocker *Der Höllentrip* (*Altered States*, 1980) experimentiert Edward Jessup, ein junger Psychophysiologe, mit verschiedenen Bewusstseinszuständen. Besessen von der Suche nach Wahrheit und Erkenntnis und angetrieben davon, der Urform der Existenz beizuwohnen, der noch nichts Menschliches anhaftet, injiziert er sich psychedelische Drogen, liegt eingeschlossen in einem Isolationstank und erlebt alle vorzivilisatorischen Bewusstseinsstufen, bis er sich schließlich in ein Neandertalerartiges Wesen verwandelt. Sein Wissensdurst treibt ihn in den existenziellen Urgrund des Seins. Erst das Entsetzen, als sich sein Körper in Materialklumpen und dann in reine Energie aufzulösen beginnt, bringt ihn zurück zu menschlichen Bindungen und errettet seine Integrität.

„Something somewhere went terribly wrong", liest man auf einem schwarzen, in Plastik abgepackten Shirt, auf dem die Evolution vom Affen zum aufrecht gehenden Menschen und zurück zur gebeugten Kauerhaltung vor einem Computer abgebildet ist. Der Funny-T-Shirt-Klassiker ist mit einem Klick überall im Netz zu haben und hängt inmitten einer Multimedia-Installation von Richard Sides (*the omega point just ate his brains …*, 2013).

Menschen sind Tiere mit Fenstern, denn zwischen Welt und Subjekt gibt es immer etwas, das vermittelt – nicht so sehr ein Medium an sich, sondern etwas, das alle äußeren Dinge mit uns verbindet.[1] Richard Sides triggert in seinem künstlerischen Output, das vielseitige Medien und Formate kennt – Kollaborationen, Musik, Zines, Online-Plattformen, raumzeitliche Collagen aus Bild-, Skulptur- oder Multichannel-Video-/Sound-Assemblagen – jene „Fenster": unsere Wechselwirkung, ja die Mediatisierung mit dem, was uns umgibt, in das hinein wir neurotisieren und Sehnsüchte projizieren, ob es das Alltägliche oder Metaphysische im die Menschheit vernetzenden Hypertext ist, der Weltverdichtung als „globales Dorf".[2] Jenes weltweit gewordene Dorf (*Polis*) schließt stets auch den Ort des Hauses (*Oikos*) mit ein.

⊂Das letzte Refugium⊃

Einer provisorischen „Behausung", in der man sich heimisch und zugleich heimatlos fühlt, die intensiv bewohnt und gelegentlich geteilt wird, begegnet man bei Sides' zuletzt in einem scheinbar aus Resten zusammengeschusterten und dennoch streng formalistischen „physischen Container" im seriellen Urtypstil, wie ihn einst Vitruv und später Marc-Antoine Laugier propagierten (*Dwelling*, 2019, Kunstverein Braunschweig). Dieser in die Remise des Kunstvereins eingebauten Hütte wohnt ein unaufhörlicher Widerstand zum organisierten Anderen zwischen Opazität und Transparenz, ja eine seltsame Zeitlosigkeit inne, während sie potenziell überall und jederzeit das nackte Leben versorgt. Auf dem Rasen vor der Remise befindet sich ein klotziger, aus Sperrholz, Farbe und Beton verkleideter Keilblock („Folly"), der wie eine Sicherheitsbarriere im urbanen Raum den eigentlichen Eingang ins Innere der Remise blockiert.

In diesem Inneren, einem Hauch von Nichts aus holzverkleideten Wänden mit einem befestigten Panoramaspiegel, werden Romantizismen und primordiale Finsternis erregt – man denke etwa an die Schwarzwaldhütte von Martin Heidegger, in der sich die Landschaft angeblich durch den Philosophen hindurch ausdrücken konnte, während er seine phänomenologischen Texte niederschrieb. Dennoch findet in dieser potenziellen Brutstätte des schlummernden Monströsen als Abjekt,[3] das aus dem Menschlichen heraus als dessen Abspaltung entsteht, auch der Selbsterhaltungstrieb des „digitalen Primaten" mit einer einverleibten Video-Installation Befriedigung (*Midnight in a Perfect World*, 2019). Sämtliche Oxymora des Denkens (und Sprechens), das verwurzelte Nomadentum des Hüttenbewohners einschließlich seines modernen Antimodernismus, scheinen hier in der hyperzivilisatorischen Einsamkeit zu korrelieren:

Im Karstadt-Café in Berlin-Neukölln monologisiert ein junger Mann namens Peter paranoid vor seinem Freund (Sides selbst) über seinen halb traumatisierenden, halb erfüllenden Rückzug in die „Parasitenkapsel", einen Cyborg-Karaoke-Workshop mit „62 Sets von Genitalien und 123 Gedanken", und wie er sich schließlich mutterseelenallein in einem Beton-Plattenbau wie in einem „offenen Gefängnis" wiederfand. Danach geben sich zwei junge Frauen den existenziellen Sehnsüchten und Ängsten ihrer vom digitalen Ballast gemarterten Seele übers Smartphone hin. Wenig

[1] Vgl. Georges Teyssot, *A Topology of Everyday Constellations*, Cambridge (MA) 2013, S. 252.

[2] Vgl. Marshall McLuhan und Quentin Fiore, *Das Medium ist die Message*, Frankfurt am Main 1984, S. 63.

[3] Vgl. Julia Kristeva, *Powers of Horror. An Essay on Abjection*, New York 1982.

später besinnen sie sich auf einer Veranda mit Meerblick auf die vom Horrorgott Thomas Ligotti konstatierte „Unmöglichkeit eines fixierten Selbst", die uns überdauernde „Kraft der Natur" oder etwa die Notwendigkeit für mehr „Headspace". Mit der gleichnamigen Meditations-App *Headspace* von einem geweihten Mönch im Himalaya und inzwischen zum Silicon-Valley-Millionär Meditierenden versucht man später im generisch-gemütlichen Hygge-Ferienhaus zur inneren Mitte zu finden. In einer anderen Szene unterhält man sich in Ruinenlandschaften über unsere Leichen sprießende Pilze, die in ihrer spirituellen „Patchiness" wie der Matsutake-Pilz[4] verblümte Metaphern einer marktfreundlichen Poetik heraufbeschwört. Nachdem die Frauen über grausame Jack-the-Ripper-Anekdoten aus ihrer Heimat plaudern, sieht man sie schließlich zu den Strophen von *Australian Crawl* – „So, throw down your guns, Don't be so reckless" – mit Gewehren durch die Nacht jagen. „Es braucht ein paar Sekunden, um die Welt auszulöschen",[5] kommen einem hier die Worte eines Misanthropen und modernen Propheten des individualistischen Zeitalters, die Worte von Michel Houellebecq, in den Sinn.

Dass die Auslöschung der Wahrheit einer gemeinsamen Welt im Informationskrieg zu münden droht, versprach auch schon Paul Virilio: „Wenn die Information, die dritte Dimension bewaffneter Konflikte, zur selben Zeit Wahrheit und Wirklichkeit ist, dann ist sie auch die ideale Möglichkeit für eine unermessliche Lüge [...]."[6] Sides' Video setzt genau dort an: Was, wenn wir uns zu Heimatstilfetischisten einer spät feudalistisch herrschenden Klasse zurückgebildet haben, während der ökonomische Agent in uns die digitale Vorfilterung zelebriert? Was, wenn uns das psychopolitische Heeresgerät[7] inzwischen zu feindseligen Anhängern totalitärer Sphären der Meinung gemacht hat?

Die Frage, ob der Hang des Ego-streichelnden Übermenschen zur neoromantisierten Zwangsverzauberung in der kalten Warenwelt des Internet der Dinge durch „reinen" Konsum ein Symptom von Eskapismus sei (während der Raubbau längst den Grabstein der Zukunft meißelt), mag dabei überflüssig sein. Auf den „Abfuck" der Zeit außerhalb des eigenen Downshifting, Detox und Der-Mann-ohne-Eigenschaften-Existenzialismus[8] hat

letztlich weder *Headspace* noch Thomas Ligotti eine Antwort.

Unsichtbarkeit im Sichtbaren: die andere Ganzfeld-Erfahrung

Der ernüchternde Übergang vom einstigen Sublimen zur Entzauberung ist nicht weit entfernt von der Vorstellung, sich auf einer optischen Reise in einer Wahrnehmungskapsel respektive in einem Lichtraum von James Turrell zu befinden.[9] Wo das Licht in physischen Kammern einst zum essenziellen Nährstoff für die Externalisierung eigener Kopfgeburten wurde, prosumiert man es 2015 inzwischen auch, indem man in zu Kulissen umfunktionierte Fake-Leuchträume mit berüchtigtem Ganzfeld-Effekt glotzt. In diesen tänzelt sich Drake in viralen Marketingcoup-Memes arhythmisch zum eigenen GIF. Mal mit der Titelmusik von Seinfeld, mal mit Beyoncés *All the Single Ladies* hinterlegt, weil der Beat auf schlichtweg alles passt, und mal mit Trump statt Rapper in der Box als *Saturday-Night-Live*-Parodie, wird hier das neue „Kosmische mit der schlichten Alltagsexistenz, in der wir zu leben versuchen",[10] verbunden.

„Getting in a zone, from one zone to the next zone, on top of the last zone inside another, packaged up as a somewhat unclear meaninglessness; the absence of anything, time spent in a shed [...] it is some kind of freedom inside another zone", spricht Sides' Stimme aus dem Off in dem Video *Like a pig in shit* (2019) wie ein letztes Überbleibsel menschlicher Handlungsfähigkeit, während sein „melodrama of the mind" in roter Schrift auf blauem Screen ins Leere kommuniziert.

Hier scheint, als hätte sich die einstige Hütte zum Ufo mythologisiert: liminal und fähig überall aufzutauchen, ja fähig, imaginäre Räume auf eine völlig antiimperiale, zeitübergreifende und fast magische Weise zu bewohnen. Ist dies etwa ein Menetekel der totalen Desorientierung, der Sinn- und Seelenentleerung? Wahrscheinlich.

In Sides' Ausstellung *Invisible World* in der Galerie Carlos/Ishikawa in London (2016) wurde diese nahtlose, smoothe Transition von einer „Zone" in die nächste, die Dehnung von Raum und Zeit im Turrell'schen Stil in eine

4) Vgl. Anna Lowenhaupt Tsing, *The Mushroom at the End of the World*, Princeton 2015.

5) Houellebecq schrieb diese Worte unter eine Serie von Fotos in seiner Ausstellung *Rester Vivant* im Palais de Tokyo in Paris (23.6.–11.9.2016), die seinen Hund auf dem Totenbett zeigten.

6) Paul Virilio, *Panische Stadt*, Wien 2007, S. 49.

7) Vgl. Friedrich Kittler, *Grammophon, Film, Typewriter*, Berlin 1986.

8) Robert Musil, *Der Mann ohne Eigenschaften*, Bd. 1, München 1972.

9) Man spekuliert, dass Turrells Installationen von seinem einjährigen Aufenthalt in einer Gefängniszelle beeinflusst wurden.

10) Vgl. James Turrell, in: https://www.brainyquote.com/quotes/james_turrell_796210 (7.7.2020).

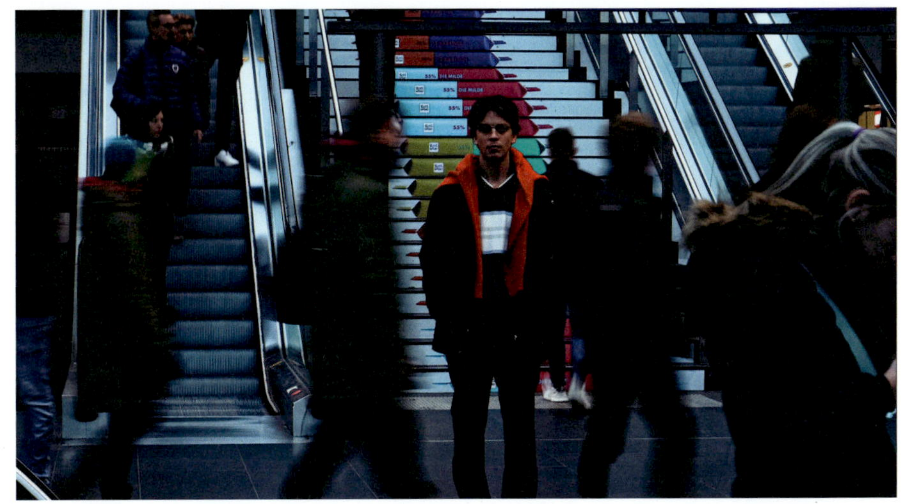

dichte, überbordende begeh- und „bewohnbare" Installation übersetzt, die sich über mehrere Räume verteilte und in ein Farbenmeer aus wechselnd blauem, grünem, violettem und rotem Licht getaucht wurde. Ähnlich wie es Sides' Videoarbeiten als komplexe Verweissysteme aus recycelten und selbst produzierten „fragwürdigen" Zutaten einer hemmungslosen Montage tun, verschwimmen Realität und Repräsentation hier zu einer auf unzähligen Kanälen zurecht gebastelten medialen Fiktion. Diese besitzt eine Realität, indem sie öffentliches Handeln und öffentliche Meinung reorganisiert, lenkt und fast liturgiehaft Grenzen zwischen Laien- und Expertenkultur, Spiel und Ernst, Anreiz und Abscheu, Komik und Betroffenheit verwischt. An den Wänden zirkulierten die ausgetrockneten Seelen von ausgeschnittenen Werbe-, Politik- und obszönen Pornobildern in trashiger Ästhetik auf farbigen Leinwandcollagen (*Party Politics*, 2016). Der gaze, der hier produziert wird, ist weder voyeuristisch noch irgendwie sinnlich, sondern unterkühlt und zugleich aufmüpfig.

In der von einer Sessellandschaft umgebenden Video-Installation *Invisible World* (2016) in einem abgeschotteten Raum ließ Sides Turrells Lichtboxen in Gestalt von schludrigen Miniaturmodellen reinkarnieren. Im Hintergrund lief hier währenddessen ein omnipräsenter Soundtrack aus Waschmaschinengeräuschen, Jazz- und Technoschnipseln und einem 15-minütigen Ausschnitt aus Steven Spielbergs *Minority Report* (2002), einem Film, der wie ein Leitfaden zur Sprache der neuen Medien funktioniert. Dabei platzierte Sides die verschiedenen Audiokanäle unsichtbar in vier unterschiedliche Abflussrohre, die

sich oberhalb der abgehängten Papierdeckenstruktur an einem Punkt trafen und so in einem Geräuschteppich kollidierten. Nicht zufällig erinnerte diese ausgetüftelte Sound-Konstruktion an einen verdeckten „operativen Vorgang".

Inspiriert wurde dieser von Francis Coppolas Film *The Conversation* (1974), der heute gewissermaßen als Sinnbild für das pathologische Self-Monitoring zwischen blauäugiger Selbst- und Fremdausbeutung steht. Darin beschattet der Abhörspezialist Harry Caul ein Liebespaar und verwanzt die Wände ihres Hotelzimmers. Während Harry denkt, die zu Observierenden würden einem geplanten Mord zum Opfer fallen, wähnt er sich am Ende des Films selbst als missinformiertes Opfer einer Abhöraktion des Paares, dessen Quelle er in seinem Hochsicherheitsunterschlupf nicht aufspüren kann. Das Schlussbild, das Harry als zerstörtes Individuum inmitten seiner Wohnungstrümmer Saxofon spielend zeigt (Sides verarbeitete dieses Bild auch in einer Collage), präsentiert die ganze Verlorenheit eines Menschen gegenüber einem „unsichtbaren" System. Harrys Tragödie wird hier ironischerweise zu unserer eigenen Tragödie, in der Weltbildtonwortmaschinen als algorithmische Wirklichkeitskonstruktionen fungieren.

⌈Käfige bleiben Käfige⌉

Sides verwendet Musik und Sound in seinen Arbeiten oft wie ein provokatives, parodistisch wirkendes Triebmittel – gleichsam als würde er „Backpulver in ein Rezept einarbeiten: Es lässt das Publikum anschwellen",[1] wie der Dramatiker Abe Kōbō einmal feststellte. In Abes Theaterstück „Freunde" (*Friends*, 1969) spielt der Song *The Broken Necklace* von Takeshi Inomata mehrere Male, wobei das Bild einer zerbrochenen Halskette bedeutsam wird. Eine Familie sieht sich dazu berufen, einsame Herzen so zu heilen wie eine Schnur die Perlen einer Halskette zusammenhält, und invadiert unter dem Deckmantel der Nächstenliebe wie ein Parasit in das Leben und die Wohnung eines Mannes. Während sie ein unaufhörliches Mantra moralischer Rechtschaffenheit und guten Willens predigt, nutznießt die Familie vom Einkommen und Besitz des verzweifelt protestierenden Mannes, der letztlich in einen Käfig eingesperrt und auf die Stufe eines

[1] Nancy K. Shields, *Fake Fish*, Boston 1996, S. 110.

gefangenen Tiers reduziert wird. Abes Familie könnte man quasi als Verkörperung einer medialen Öffentlichkeit betrachten, die scheinheilig bewahrende Kräfte gegen eben diese bündelt und Heimat, Stabilität, Bindung beteuert, statt Zugänglichkeit und Abnabelung für jeden zu garantieren.

In der begehbaren käfigartigen Installation aus Hühnerdraht von Sides, *Untitled* (2019, Stadtgalerie Bern), kann dieses degradierende Gefühl von buchstäblichem Freiheitsentzug ein Stück weit nachempfunden werden. Den schlauchartigen Gang zum „Dead End" entlang schreitend, blickt man hier durch die Maschen des Zauns auf zwei zum Betrachter gerichtete Stühle, einen viereckigen Kasten mit Pistolen – als wäre dies ein offener Waffentresor, der außerhalb der Reichweite liegt – sowie die zuvor erwähnte Videoarbeit *Like a pig in shit*. Man rekapituliere: „Getting in a zone, from one zone to the next zone, on top of the last zone inside another [...]." Auf diese Worte folgt im Video wenig später ein hypnotisches *Atomic Motion Logo* und schließlich die Aufnahme einer Überwachungskamera in Schwarz-Weiß, die zeigt, wie ein Gabelstapler in das Schaufenster eines Shops hineinrammt, während dazu der euphorisch-heitere Dance-Hit *You got me* von DJ PayPal spielt.

Die Installation erinnert an Ex-Start-up-Gründerin Wendy Liu, die sich in ihrem früheren Tech-Leben wie eingesperrt in Platons Höhle fühlte, jener Nische der Illusion, in der man sich von der sonnenbeschienenen Realität abwendet, die inzwischen dem erhellenden Flackern des LCD-Bildschirms gewichen ist.[12]

Die verflüssigte, amorphe Gestalt der Netzkultur von heute ist keine anarchische. Sie ist archaisch und geht in ihrer „hypermodernen Freiheit" gleichzeitig mit einer selbst auferlegten Knechtschaft einher: der Kontingenz als Notwendigkeit.[13]

Die Ökonomie der Hütte zählt dabei die Vision einer trügerischen Notwendigkeit auf, indem sie das Vorhandene nutzt. Ein feindseliger Konflikt (Stasis) innerhalb des globalen Dorfs (Polis), bei dem ein Krieg gegen einen inneren Feind gerichtet ist, kann letztendlich auf die Hütte (Oikos) zurückgeführt werden. Sie bedroht und erneuert das Dorf zugleich auf der „Türschwelle" zwischen innen und außen, dem Privaten und Öffentlichen, dem Politischen und Unpolitischen.[14]

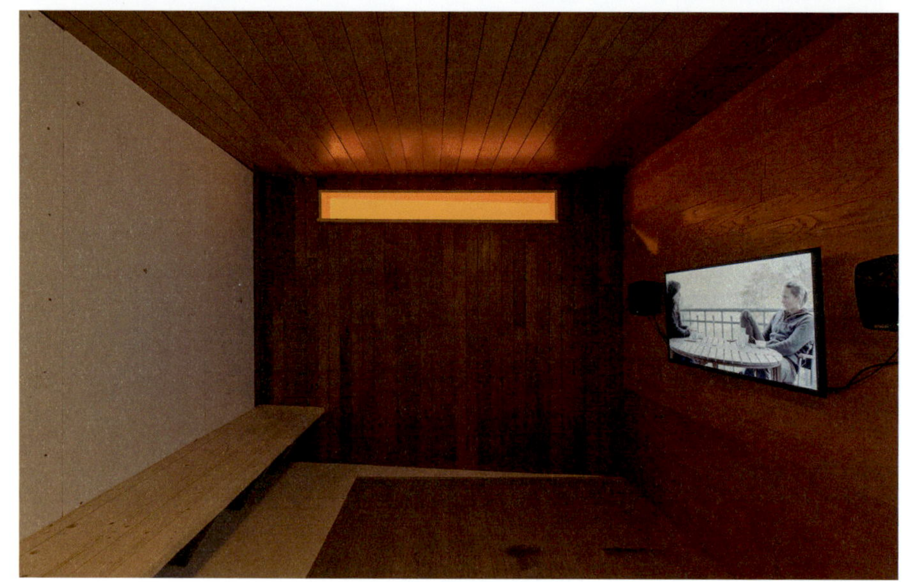

Während Sides uns dieses Paradox des „Dazwischen", die im Kult des Markts, der Codes und in unseren Beziehungen wütende Meditation, ja das „medial-polemische Totschlagen eines Gegners"[15] vorführt, denkt er nicht daran, sich in der Hitzigkeit einer Debatte mit seiner Kunst auf eine Seite zu schlagen. Im Wissen, dass Kritikalität und Künstlerautonomie längst selbst in die plastische Wertsphäre eingefleischt sind (der „neue Geist des Kapitalismus"[16] lässt grüßen), bedient er keine Plattitüden von technophiler Trunkenheit oder Technophobie. Im Gegenteil, Sides benutzt Technologie in seinen vernetzten und dezentrierten Räumen transparent, indem er ihren Rahmen und das, was in ihnen codifiziert ist, anerkennt. Dabei spiegelt er die Tendenz des Sampling, des Memes, ihre kreative Replikationsgenese wider, in der das Neuschaffen mit dem Nach- und Umschaffen einhergeht und zur irritierenden Mehrdeutigkeit einer verkommenen Verständigung führt – was er letztlich selten nur allein, sondern oft kollektiv angesichts einer Notwendigkeit zur Gemeinschaft tut.

12) Peter Conrad, *Abolish Silicon Valley by Wendy Liu review – rebooting our reality*, in: https://www.theguardian.com/books/2020/apr/07/abolish-silicon-valley-by-wendy-liu-review-rebooting-our-reality (3.7.2020).

13) Vgl. Stavros Arabatzis, *Feindselige Mediengesellschaft. Krieg der Öffentlichkeit*, Berlin 2019, S. 117.

14) Vgl. Giorgio Agamben, Stasis. *Der Bürgerkrieg als politisches Paradigma*, Frankfurt am Main 2016.

15) Arabatzis 2019 (wie Anm. 13), S. 29.

16) Vgl. Luc Boltanski und Ève Chiapello, *Der neue Geist des Kapitalismus*, Konstanz 2003.

Ken Russell's film adaptation of Paddy Chayefsky's philosophical shocker *Altered States* (1980) sees a young psychophysiologist named Edward Jessup experiment with various states of consciousness. Obsessed with the search for truth and insight, and driven by a desire to experience existence in its original, pre-human form, he injects himself with psychedelic drugs and lies in a locked isolation tank, where he experiences all precivilizatory stages of consciousness before finally transforming into a Neanderthal-style creature. His thirst for knowledge leads him to the existential source of all being. It is only the horror of his body starting to disintegrate, first as chunks of material and then as pure energy, that finally returns him to human bonds and saves his integrity.

"Something somewhere went terribly wrong." One reads these words on a plastic-wrapped black T-shirt depicting man's evolution from ape to upright-walking human and back to a bent, crooked figure in front of a computer. This classic funny T-shirt can be ordered online at the click of a button and hangs in the middle of a multimedia installation by Richard Sides (*the omega point just ate his brains …*, 2013).

Humans are animals with windows, since some mediating force always stands between world and subject – not so much a medium per se, but something that connects us with all outer things.[1] In his multifaceted artistic output, which includes various media and formats – collaborations, music, zines, online platforms, spatiotemporal collages made up of assemblages of images, sculptures, multichannel videos, and sound—Sides triggers these "windows": our interdependency, even mediatization, with that which surrounds us, and which we neuroticize and project our desires upon. This might be the everyday or metaphysical aspects of the hypertext that connects humanity, or the densification of the planet as a "global village"[2]—a village (*polis*) that also always includes the location of the house (*oikos*).

⟨The Last Refuge⟩

A provisional abode where one feels simultaneously both at home and homeless could be encountered in Sides's recent work, intensively occupied and occasionally shared. It took the form of a "physical container" of the serial and prototypical style once propagated by Vitruv and later by Marc-Antoine Laugier, seemingly built from scrap materials but nonetheless strictly formalistic in style (*Dwelling*, 2019, Kunstverein Braunschweig). Inside this hut, installed in the Kunstverein's remise, an unceasing resistance to organized otherness lived between opacity and transparency, holding a strange timelessness in its potential to serve our most basic needs, anytime and anywhere. On the lawn out front, a bulky, wedge-shaped block made of plywood and furnished with paint and concrete blocked entry to the remise's interior, like a security barrier in urban space.

The blank quality of this spare interior, a touch of nothingness with wood-paneled walls and a fixed convex mirror, evoked feelings of both romanticism and primordial gloom—one thinks, for example, of Martin Heidegger's hut in the Black Forest, in which the surrounding landscape was supposedly able to express itself through the philosopher as he put his phenomenological texts to paper. But this potential breeding ground for slumbering monstrosity as abjection,[3] which stems from the human, and what splits off of this, also offered some satisfaction to the "digital primate" in its drive for self-preservation, in the form of a video installation that was incorporated into the hut (*Midnight in a Perfect World*, 2019). Like the rooted nomadism of the hut dweller with his modern anti-modernism, every oxymoron of thought (and speech) seems to correlate here in hypercivilizatory loneliness:

In the cafe of the Karstadt department store in the Berlin district of Neukölln, a young man named Peter relays a paranoid monologue to a friend (Sides himself), describing a half-traumatic, half-fulfilling retreat to a "parasite pod" —a cyborg-karaoke workshop with "62 sets of genitals and 123 thoughts"—and how he eventually found himself alone again in a concrete Plattenbau, like a prison with open doors. This is then followed by two young women discussing their existential longings and fears, and the torture their souls feel in bearing their digital burdens, all communicated via their smartphones. A little later, looking out to sea from a veranda, they contemplate the horror writer Thomas Ligotti's assertion of the "impossibility of a fixed self," the "force of nature" that will outlive us all, and the need for more

[1] Cf. Georges Teyssot, *A Topology of Everyday Constellations* (Cambridge, MA: MIT Press, 2013), p. 252.

[2] Cf. Marshall McLuhan and Quentin Fiore, *The Medium Is the Message* (Berkeley, CA: Gingko Press, 2005), p. 63.

[3] Cf. Julia Kristeva, *Powers of Horror: An Essay on Abjection*, trans. Leon S. Roudiez (New York: Columbia University Press, 1982).

"head space." The eponymous *Headspace* app, created by an ex-Buddhist monk who was ordained in the Himalayas before later becoming a Silicon Valley millionaire meditation guru, later aids one of the women as she attempts to find her center in the generically cozy surroundings of the hygge holiday apartment. In another scene, a landscape of ruins provides the backdrop for a conversation about the mushrooms that sprout from our corpses, their spiritual "patchiness" evoking oblique metaphors of a market-friendly poetics similar to that of the Matsutake mushroom.[4] After the women swap gruesome Jack the Ripper-style anecdotes from their hometowns, we finally see them stalking through the night with weapons to the stanzas of Australian Crawl: "So, throw down your guns / Don't be so reckless." Here, one thinks of the words of a misanthrope and modern prophet of the individualist era, namely those of Michel Houellebecq: "It takes a few seconds to erase the world."[5] The idea that the erasure of the truth of a shared world could lead to an information war was already predicted by Paul Virilio: "If information [...] is at the same time truth and reality, it is also the ideal opportunity for an incommensurable lie [...]."[6] Sides's video addresses precisely this point: What if we have regressed to domestic revival-style fetishists of a late feudalist dominant class, while the economic agent that lives within us celebrates the digital world's reliance on pre-filtering? What if the psychopolitical military equipment[7] has by now turned us into hostile followers of totalitarian spheres of opinion? The question of whether the ego-stroking *Übermensch*'s predilection for "pure" consumption (as a form of neo-romanticized forced enchantment within the Internet of things' cold world of commodities) can be considered a symptom of escapism (with exploitation long ago having chiseled the gravestone of the future) may be a superfluous one here. Ultimately, neither *Headspace* nor Thomas Ligotti has an answer to our fucked-up times beyond their own ideas on downshifting and detox or man-without-qualities existentialism.[8]

(Invisibility in the Visible: The Other Ganzfeld Experience)

The sobering transition from the once-sublime to disenchantment is not far from the idea of finding oneself on an optical journey in a perceptual chamber, or in one of James Turrell's light installations.[9] Where light in physical chambers once provided the raw material needed for the externalization of internal thought processes, by 2015 it was also being prosumed, with artificial lighting spaces repurposed as backdrops for the infamous Ganzfeld effect. In them, Drake arrhythmically danced himself into a GIF in a series of viral marketing meme coups—sometimes to the title music from Seinfeld, sometimes to Beyoncé's "Single Ladies" (since the beat works with absolutely everything), and sometimes with Trump dancing in the box in place of the rapper (in a *Saturday Night Live* parody), all thereby connecting the "cosmic to the plain everyday existence that we try to live in."[10]

"Getting in a zone, from one zone to the next zone, on top of the last zone inside another, packaged up as a somewhat unclear meaninglessness; the absence of anything, time spent in a shed [...] it is some kind of freedom inside another zone." Like a final remnant of human agency, Sides's voice pronounces these words in the voiceover for his video *Like a pig in shit* (2019), as his "melodrama of the mind" communicates out into the void in red text on blue screen.

It seems here as if the erstwhile hut has been mythologized to a UFO: liminal and capable of appearing anywhere, even of inhabiting imaginary spaces—across time, anti-imperialistically, and almost magically. Could this be meant as a warning of the dangers of total disorientation, the emptying of mind and soul? Probably. In Sides's exhibition *Invisible World*, held at London's *Carlos/Ishikawa* gallery in 2016, this seamless, smooth transition from one zone to another, the Turrelesque stretching of space time, was translated into a dense and exuberant installation that visitors could traverse and "inhabit," spread across several rooms and submerged in a sea of light that changed from blue, to green, to purple, to red. Just as Sides's video works present complex systems of references made up of unrestrained montages of "questionable" ingredients (both recycled and self-produced), here, too, reality and representation blurred into a media fiction cobbled together across count-

[4] Cf. Anna Lowenhaupt Tsing, *The Mushroom at the End of the World* (Princeton: Princeton University Press, 2015).

[5] Houellebecq wrote these words under a series of photographs in his exhibition *Rester Vivant* at Palais de Tokyo in Paris (June 23–November 9, 2016) that showed his dog on its deathbed.

[6] Paul Virilio, *City of Panic*, trans. Julie Rose (Oxford: Berg Publishers, 2007), p. 41.

[7] Cf. Friedrich Kittler, *Gramophone, Film, Typewriter*, trans. Geoffrey Winthrop-Young and Michael Wutz (Stanford: Stanford University Press, 1999).

[8] Robert Musil, *The Man Without Qualities*, vol. 1, trans. Sophie Wilkins and Burton Pike (New York: Vintage Books, 1996).

[9] It is speculated that Turrell's installations are influenced by his year-long stint in a prison cell.

[10] Cf. James Turrell, https://www.brainyquote.com/quotes/james_turrell_796210 [accessed July 7, 2020].

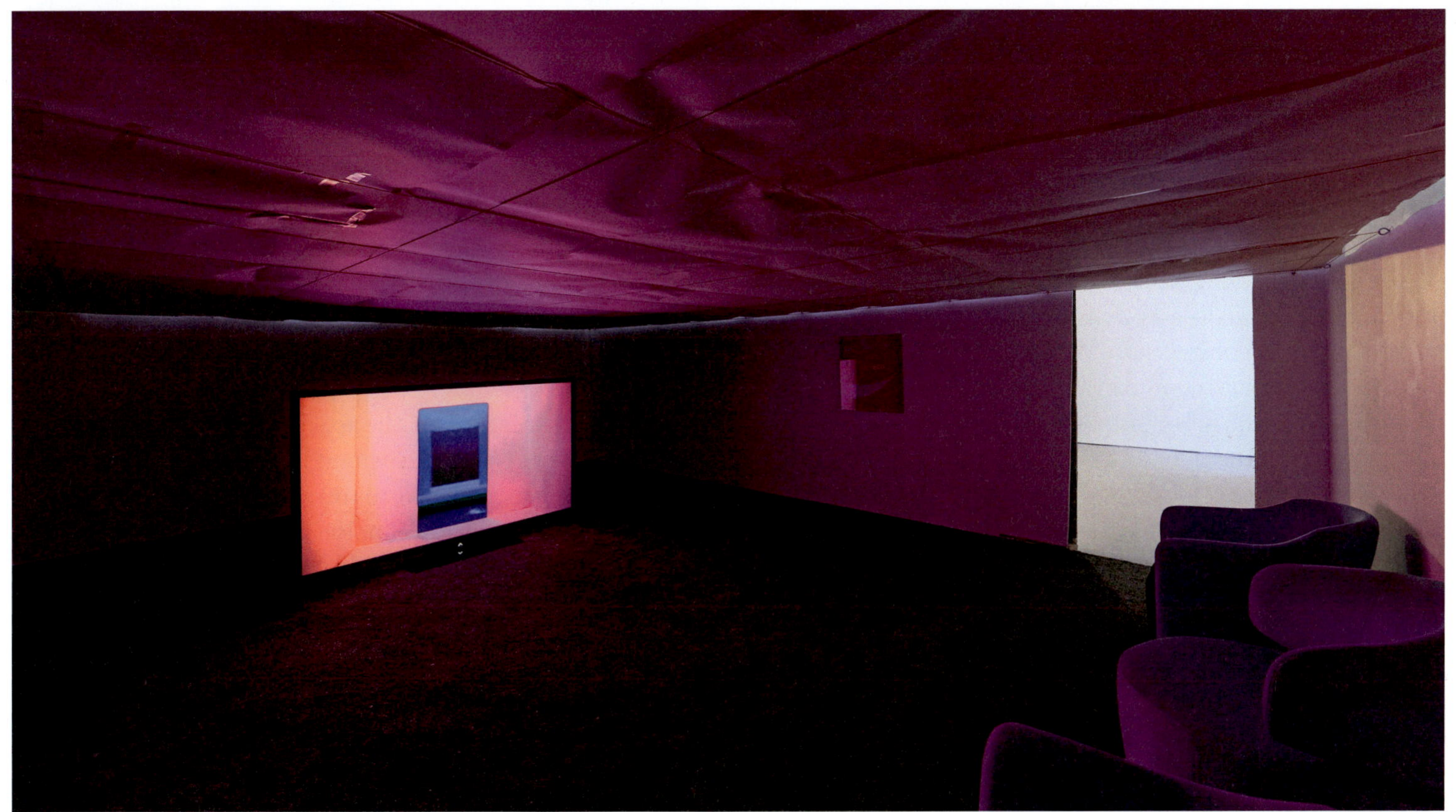

less channels. This occupies a sort of reality, in that it reorganizes and steers public action and opinion, thereby almost liturgically blurring the borders between lay and expert culture, playfulness and seriousness, attraction and repulsion, humor and dismay. On the walls, the withered souls of cut-out images taken from advertising, politics, and obscene porno circulated in colorful trash-aesthetic collages on canvas (*Party Politics*, 2016), producing a gaze that is neither voyeuristic nor somehow sensual, but simultaneously chilly and defiant.

Located in a somewhat isolated part of the gallery and surrounded by a landscape of chairs, the video installation *Invisible World* (2016) saw Sides reincarnate Turrell's lightboxes in the form of scrappy miniature models. Running in the background was an omnipresent soundtrack made up of washing machine noises, snippets of jazz and techno, and a fifteen-minute excerpt of Steven Spielberg's *Minority Report*—a film that functions like a handbook of the language of new media. Sides invisibly channeled this soundtrack's various audio channels through four different outlet pipes; these hung out of sight behind the room's paper roof structure and converged at one point to create a wall of background noise.

It's no coincidence that this subtle sound construction is reminiscent of a hidden "op-

erative procedure"; it was inspired by Francis Coppola's film *The Conversation* (1974). The film serves as a sort of emblem of the pathological self-monitoring of today, which falls somewhere between the naive exploitation of oneself and the exploitation of others. In it, the surveillance specialist Harry Caul shadows a couple, bugging the walls of their hotel room. While Harry initially believes those he is observing are due to fall victim to a planned murder, by the end of the film he believes himself to be the misinformed victim of the couple's own surveillance operation, one whose origins he is unable to uncover from his high-security hideout. The film's key image shows Harry as a disturbed individual playing the saxophone in the middle of his trashed apartment (an image also used by Sides in a collage), thereby presenting the total powerlessness of a person against an "invisible" system. Here, Harry's tragedy is ironically made into our own, one in which the global machinery of images, sounds, and words function as algorithmic constructions of reality.

⊂A Cage is Still a Cage⊃

Sides often uses music and sound as a provocative and apparently parodic leavening agent in his work, almost as if he "put baking pow-

1) Nancy K. Shields, *Fake Fish* (Boston: Weatherhill, 1996), p. 110.

der in a recipe: it makes the audience swell,"[11] as the dramatist Abe Kōbō once put it. Takeshi Inomata's song "The Broken Necklace" plays several times throughout Abe's play *Friends* (1969), its title evoking a significant image within the play. Feeling themselves called upon to heal lonely hearts as a cord holds together the pearls on a necklace, a family invades the life and home of a man like a parasite, claiming to be motivated by compassion. While the family preaches an unending mantra of moral rectitude and goodwill, it benefits from the income and property of the man despite his desperate protests, eventually locking him in a cage and reducing him to the status of a captive animal. Abe's family could be seen as embodying the media public that simultaneously and hypocritically pretends to unite forces against itself, asserting the need for homeland, stability, and rootedness instead of guaranteeing accessibility and emancipation for all.

Visitors to Sides's 2019 exhibition *Emotion is an Unlimited Resource* at the Stadtgalerie Bern were given the chance to experience a taste of this feeling of literal imprisonment for themselves, by navigating an untitled cage-like installation made of chicken wire. Stepping through the tunnel-like passageway towards its dead-end and looking through the mesh of the barrier, they saw two chairs positioned towards them, a rectangular case containing several pistols—like an open gun cabinet out

of reach—and the previously mentioned video work *Like a pig in shit*, with its voiceover: "Getting in a zone, from one zone to the next zone, on top of the last zone inside another [...]." These words are followed shortly afterwards first by a hypnotic Atomic Motion Logo, and then by a black-and-white security camera recording showing a forklift ramming into a shop's display window to the sound-track of DJ PayPal's euphorically upbeat dance hit "You Got Me."

The installation is reminiscent of the ex-start up founder Wendy Liu, who described her early tech life as feeling as if she were imprisoned in Plato's cave, that niche of illusion where one turns one's back on sunlit reality (a reality that has by now given way to the illuminated flicker of the LCD screen).[12]

The liquidized and amorphous form of today's online culture is not anarchistic in nature but archaic, and in its "hypermodern freedom" works hand in hand with the self-imposed subjugation of contingency as necessity.[13] By using that which is readily available, the economy of the hut evokes the idea of a false sense of necessity. A hostile conflict (*stasis*) in the global village (*polis*), where war is waged against one's inner enemy, can ultimately be traced back to the hut (*oikos*). As the "threshold" between interior and exterior, private and public, political and unpolitical, it simultaneously both threatens and renews the village.[14]

[12] Peter Conrad, *Abolish Silicon Valley by Wendy Liu review – rebooting our reality*, https://www.theguardian.com/books/2020/apr/07/abolish-silicon-valley-by-wendy-liu-review-rebooting-our-reality [accessed July 3, 2020].

[13] Cf. Stavros Arabatzis, *Feindselige Mediengesellschaft. Krieg der Öffentlichkeit* (Berlin: Springer Verlag, 2019), p. 117.

[14] Cf. Giorgio Agamben, *Stasis: Civil War as a Political Paradigm* (Stanford: Stanford University Press, 2015).

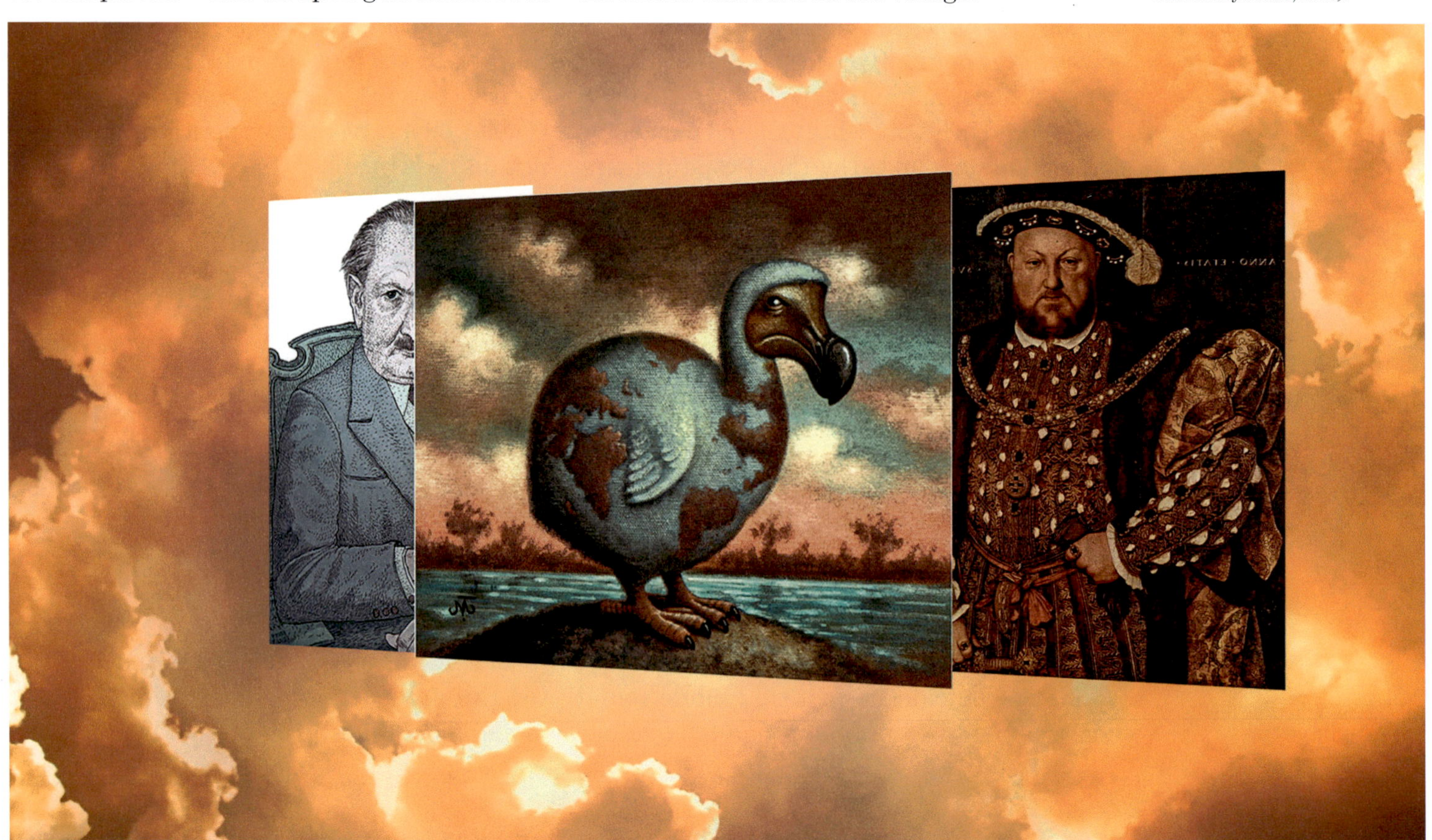

While Sides demonstrates to us the paradox of this state of being "in-between," along with the cult of meditation that currently rages through our markets, codes, and relationships, even the "media-polemic beating to death of an opponent,"[19] he does not attempt to come down on one side of any heated debate with his art. In full knowledge that criticality and artistic autonomy have long since been incorporated into the plastic sphere of value (say hello to the "new spirit of capitalism"), he does not offer any platitudes of technophilic intoxication or technophobia. On the contrary, Sides makes transparent use of technology in his networked and decentralized spaces, by acknowledging their frameworks and what is codified within them. In doing so, he mirrors the tendency of sampling and memes and their creative replicatory genesis, where creation goes hand in hand with imitation and alteration, thereby leading to the irritating ambiguity of a degraded form of communication, one that lacks understanding. That he rarely acts alone in doing so, and more often collectively, ultimately serves as recognition of the necessity of community.

[19] Cf. ibid., p. 29.

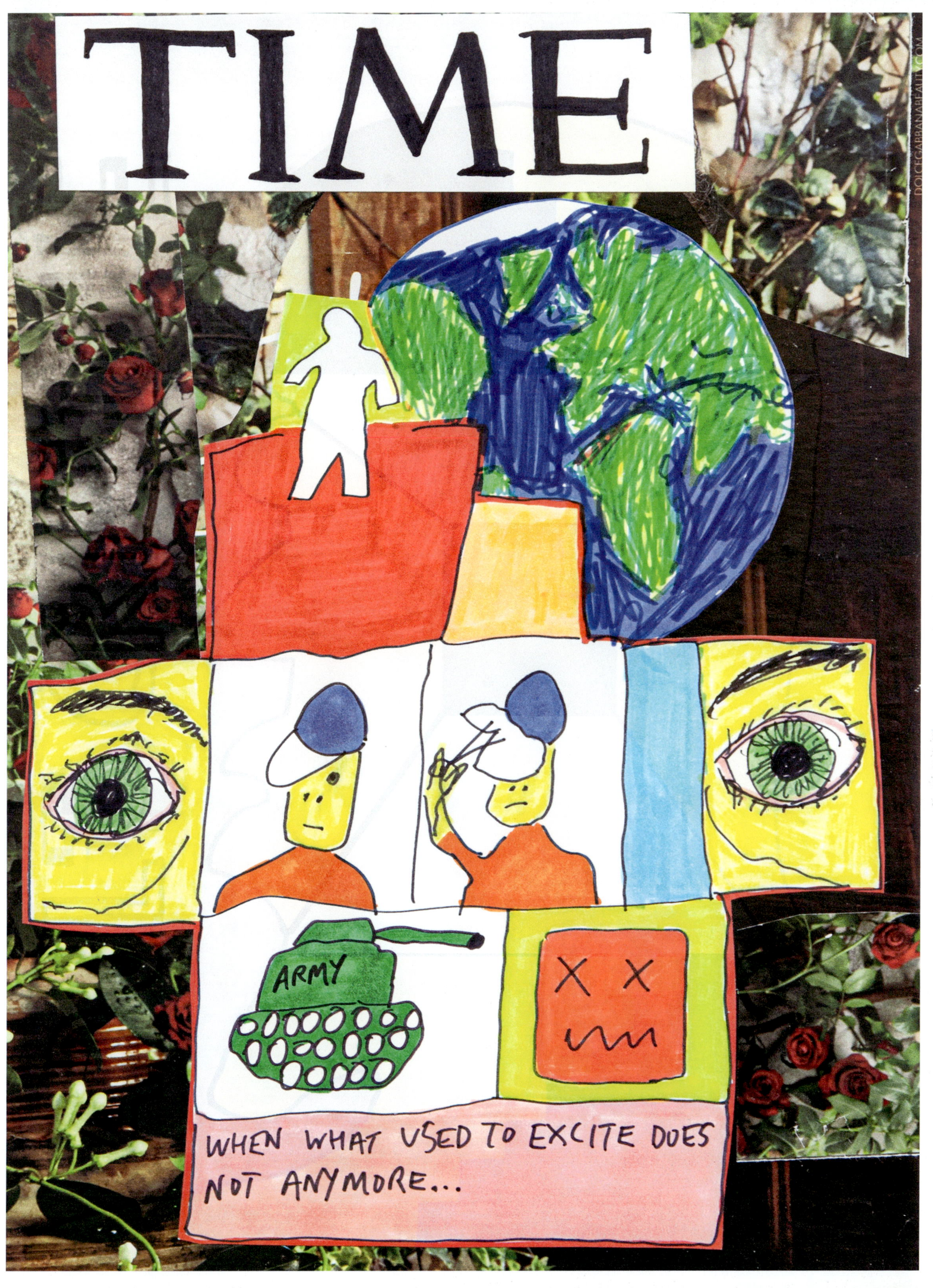

TIME
ARMY
WHEN WHAT USED TO EXCITE DOES
NOT ANYMORE...

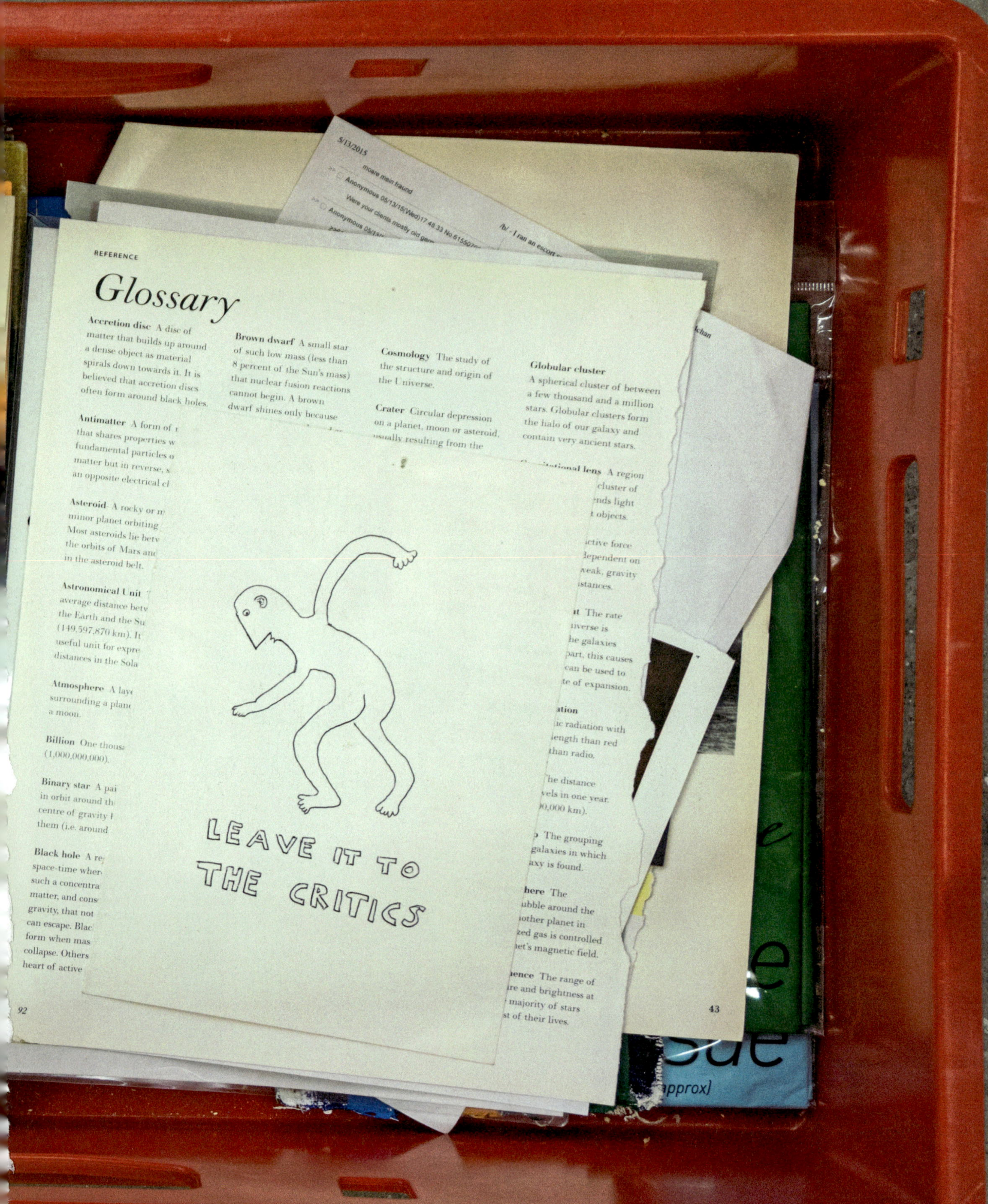
REFERENCE
Glossary
Accretion disc A disc of matter that builds up around a dense object as material spirals down towards it. It is believed that accretion discs often form around black holes.
Antimatter A form of that shares properties w fundamental particles o matter but in reverse, s an opposite electrical cl
Asteroid A rocky or m minor planet orbiting Most asteroids lie betv the orbits of Mars and in the asteroid belt.
Astronomical Unit average distance betv the Earth and the Su (149,597,870 km). It useful unit for expre distances in the Sola
Atmosphere A laye surrounding a plane a moon.
Billion One thousa (1,000,000,000).
Binary star A pai in orbit around th centre of gravity them (i.e. around
Black hole A re space-time wher such a concentra matter, and cons gravity, that not can escape. Blac form when mas collapse. Others heart of active
Brown dwarf A small star of such low mass (less than 8 percent of the Sun's mass) that nuclear fusion reactions cannot begin. A brown dwarf shines only because
Cosmology The study of the structure and origin of the Universe.
Crater Circular depression on a planet, moon or asteroid, usually resulting from the
Globular cluster A spherical cluster of between a few thousand and a million stars. Globular clusters form the halo of our galaxy and contain very ancient stars.
Gravitational lens A region cluster of nds light t objects
ctive force dependent on weak, gravity istances.
t The rate niverse is he galaxies part, this causes can be used to te of expansion.
ation ic radiation with length than red than radio.
The distance vels in one year. 0,000 km).
The grouping galaxies in which axy is found.
here The ubble around the other planet in zed gas is controlled et's magnetic field.
ence The range of re and brightness at majority of stars st of their lives.
LEAVE IT TO THE CRITICS
92
43

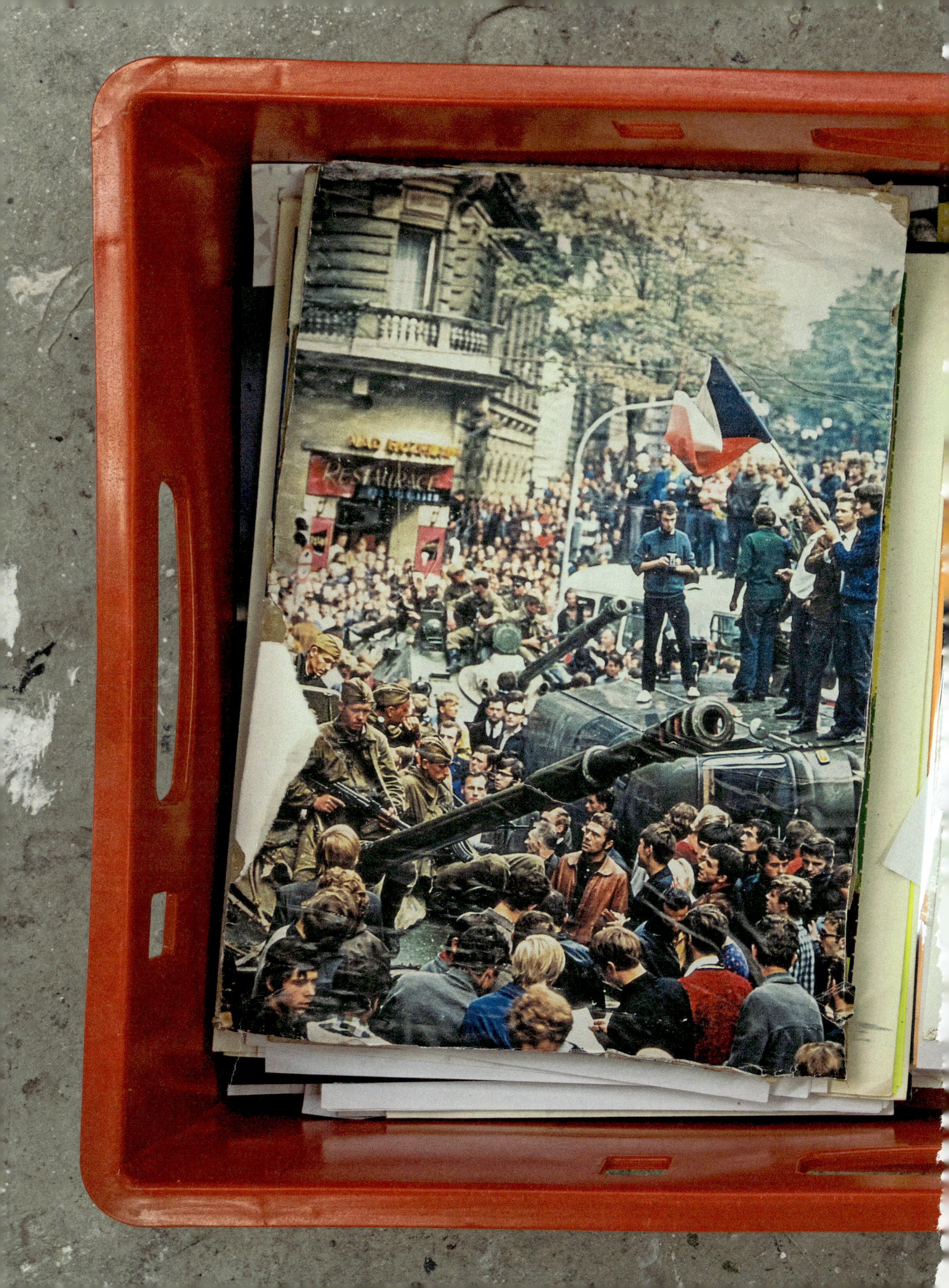

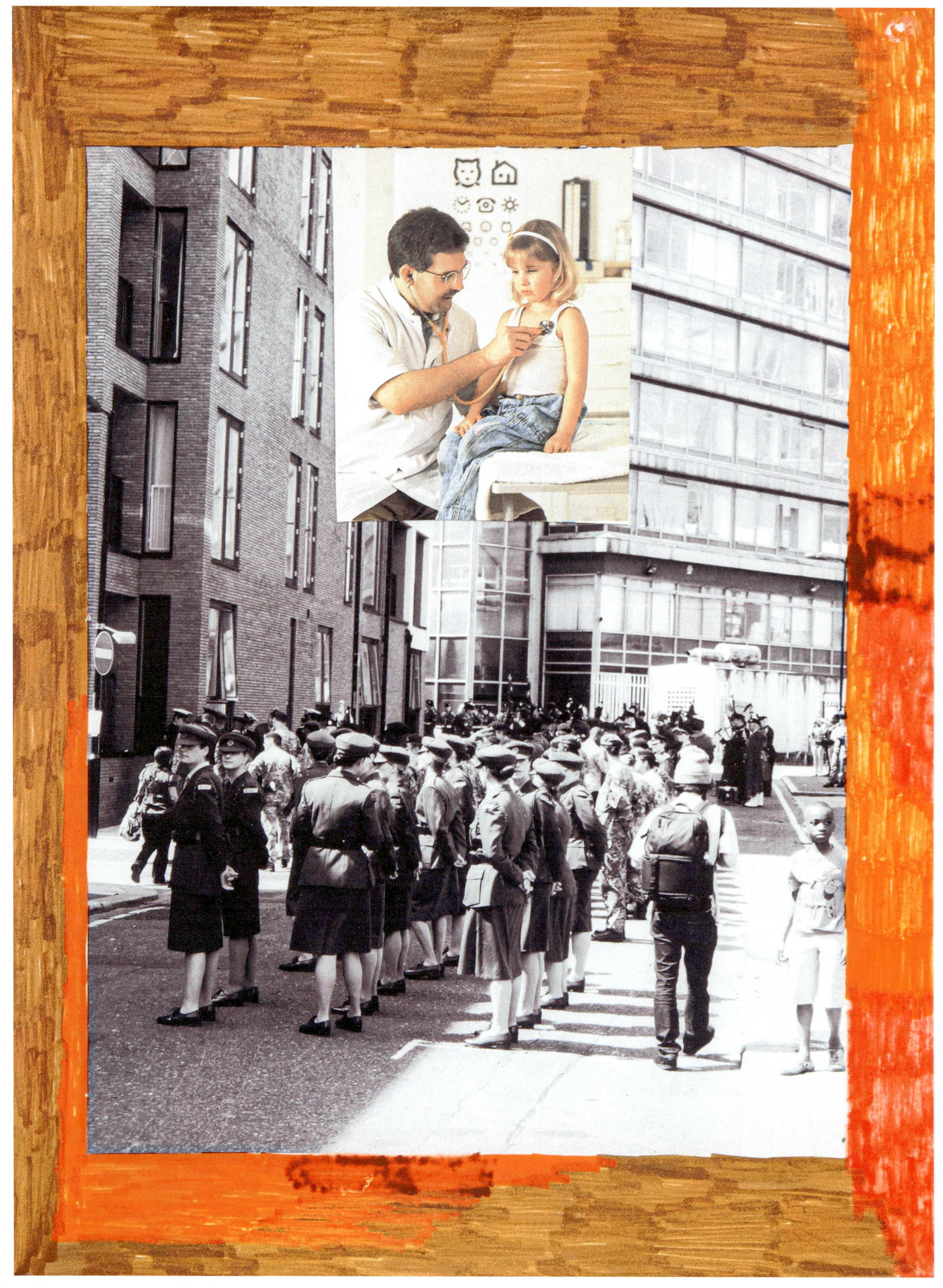

FASCISM & MASCULINITY

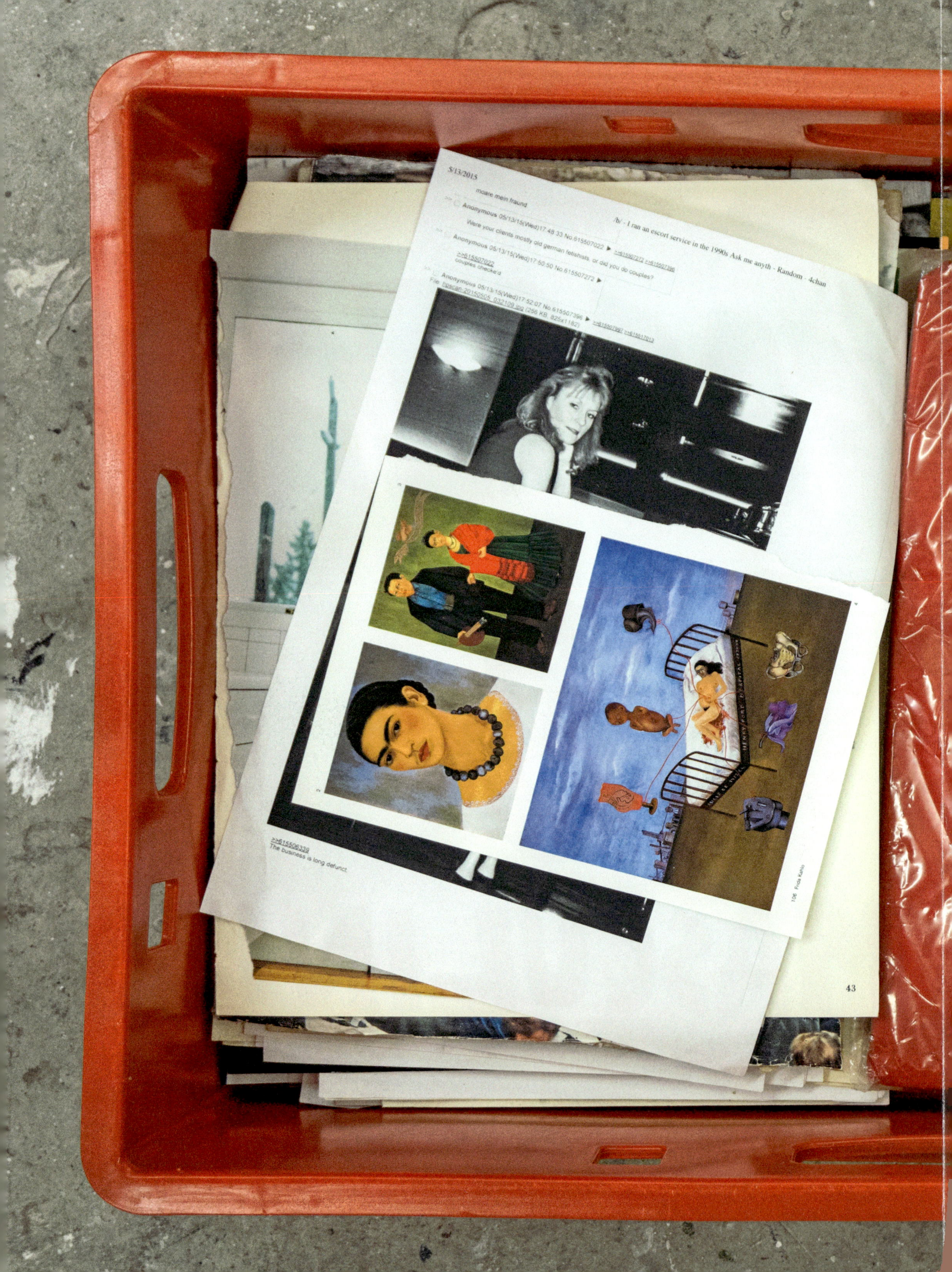

5/13/2015
/b/ - I ran an escort service in the 1990s Ask me anyth - Random - 4chan
moare mein fraund
Anonymous 05/13/15(Wed)17:48:33 No.615507022
Were your clients mostly old german fetishists, or did you do couples?
>>615507272 >>615507398
Anonymous 05/13/15(Wed)17:50:50 No.615507272
>>615507022
couples check'd
Anonymous 05/13/15(Wed)17:52:07 No.615507396
File: hpscan-20150505_032109.jpg (256 KB, 825x1182)
>>615507997 >>615517013
>>615506338
The business is long defunct.
106 Frida Kahlo
43

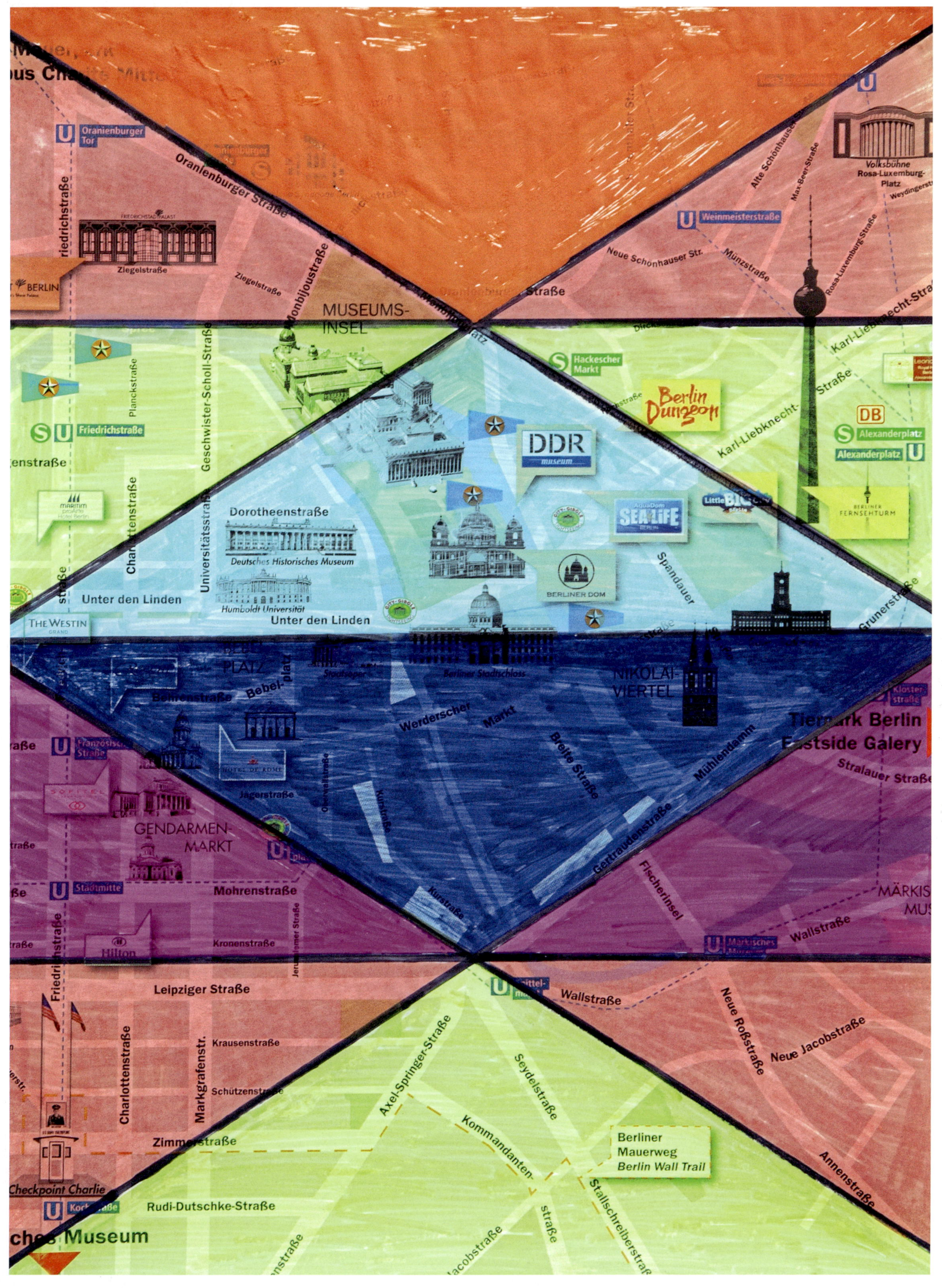
Mauerpark
us Charité Mitte
Oranienburger Tor
Oranienburger
Oranienburger Straße
riedrichstraße
FRIEDRICHSTADTPALAST
Ziegelstraße
Ziegelstraße
BERLIN
Monbijoustraße
Oranienburger Straße
MUSEUMS-
INSEL
Alte Schönhauser
Max-Beer-Straße
Volksbühne
Rosa-Luxemburg-
Platz
Weydingerstr.
Weinmeisterstraße
Neue Schönhauser Str.
Münzstraße
Rosa-Luxemburg-Straße
Karl-Liebknecht-Straße
Hackescher
Markt
Berlin
Dungeon
Planckstraße
Geschwister-Scholl-Straße
Friedrichstraße
Karl-Liebknecht-Straße
DB
Alexanderplatz
Alexanderplatz
enstraße
Charlottenstraße
Universitätsstraße
museum
Hotel Berlin
DDR
museum
SEA LIFE
Little BIG
Berliner
FERNSEHTURM
Dorotheenstraße
Deutsches Historisches Museum
Unter den Linden
Humboldt Universität
Unter den Linden
BERLINER DOM
Spandauer
Grunerstraße
THE WESTIN
GRAND
BEBEL
PLATZ
Bebel-platz
Staatsoper
Berliner Stadtschloss
NIKOLAI
VIERTEL
Klöster-
straße
Behrenstraße
Werderscher
Markt
Tierpark Berlin
Eastside Galery
Französische
Straße
Breite Straße
Mühlendamm
Stralauer Straße
Jägerstraße
SOFITEL
GENDARMEN-
MARKT
platz
Gertraudenstraße
Fischerinsel
MÄRKIS
MUS
Stadtmitte
Mohrenstraße
Kurstraße
Markisches
Museum
Wallstraße
straße
Hilton
Kronenstraße
Jerusalemer Straße
Leipziger Straße
mittel-
Wallstraße
Friedrichstraße
Charlottenstraße
Krausenstraße
Neue Roßstraße
Neue Jacobstraße
Markgrafenstr.
Schützenstraße
Axel-Springer-Straße
Seydelstraße
Kommandanten-
Berliner
Mauerweg
Berlin Wall Trail
Annenstraße
Checkpoint Charlie
Zimmerstraße
straße
Kochstraße
Rudi-Dutschke-Straße
Stallschreiberstr.
Jacobstraße
ches Museum

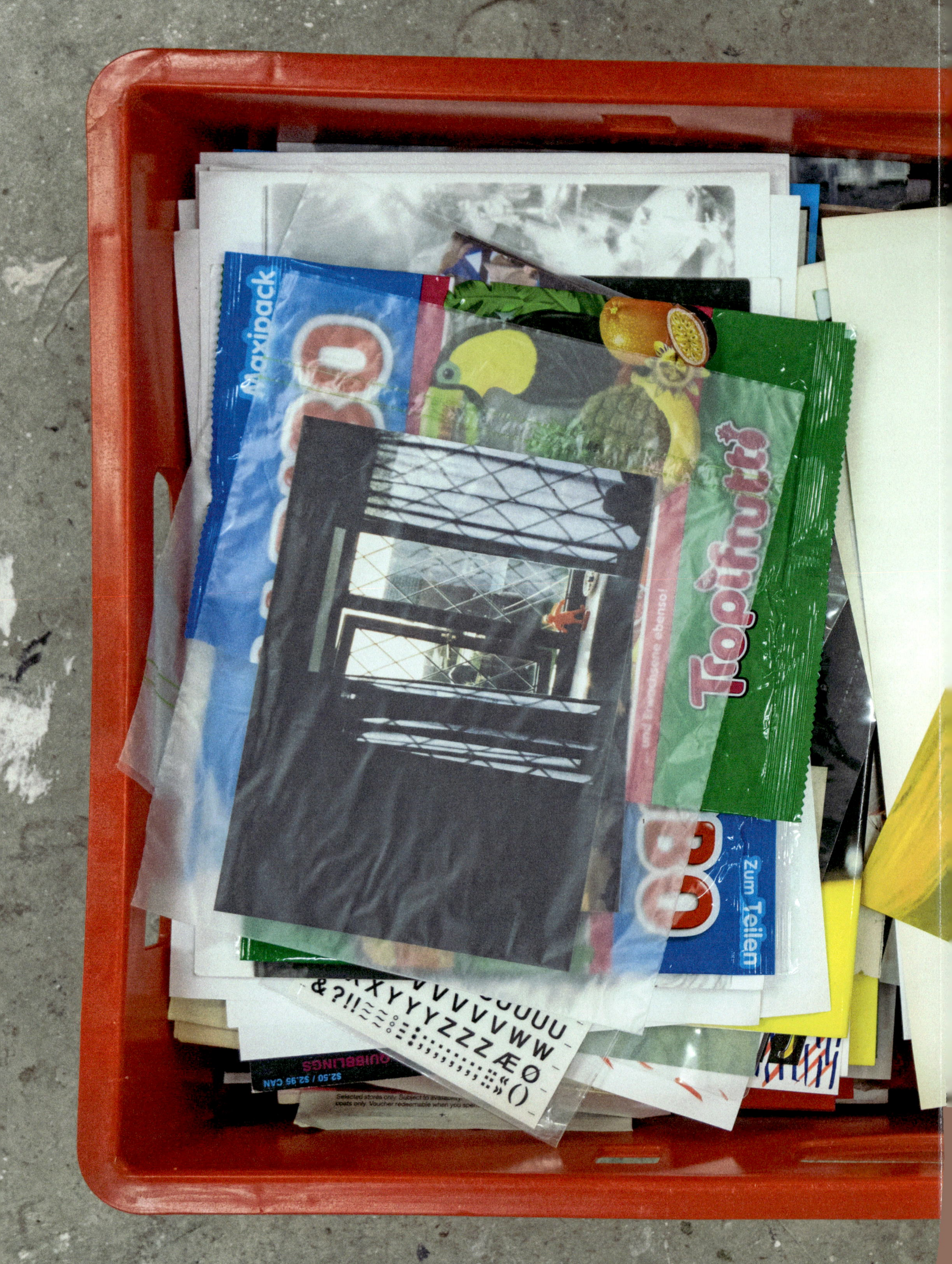

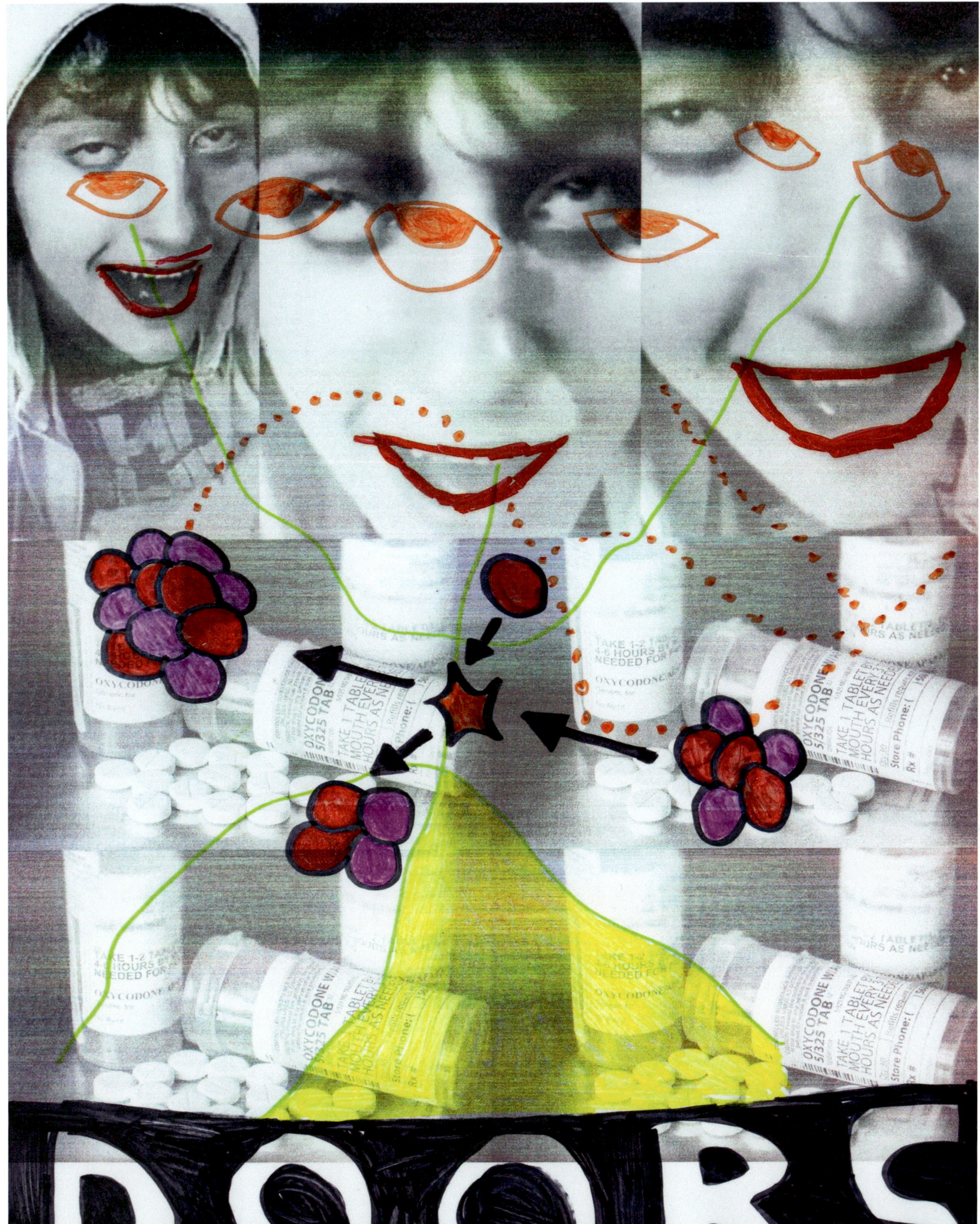

DOORS

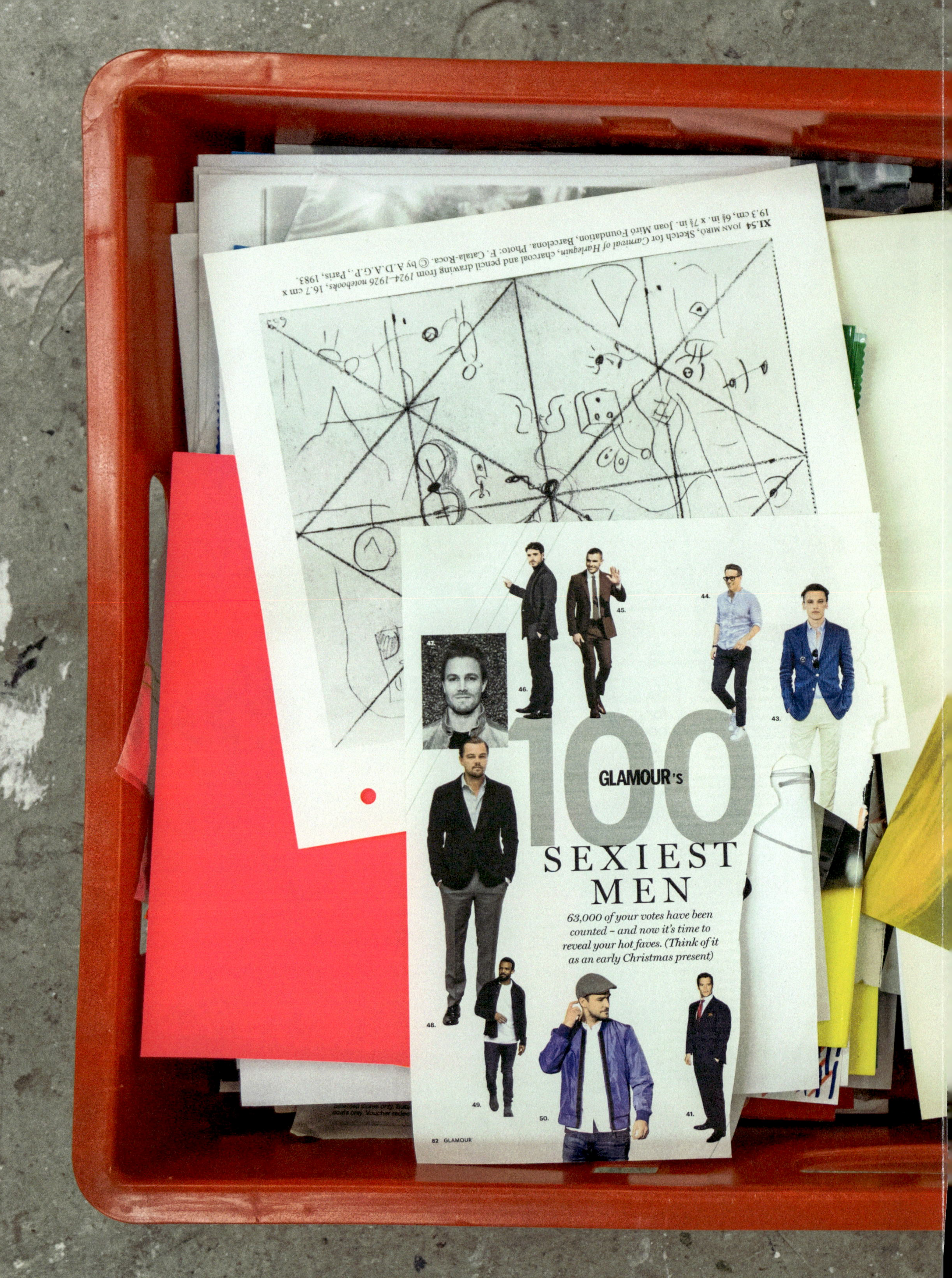

XL.54 JOAN MIRÓ, Sketch for Carnaval of Harlequin, charcoal and pencil drawing from 1924–1926 notebooks, 16.7 cm x 19.3 cm, 6⅝ in. x 7⅝ in. Joan Miró Foundation, Barcelona. Photo: F. Catalá-Roca. © by A.D.A.G.P., Paris, 1983.
GLAMOUR's
100
SEXIEST MEN
63,000 of your votes have been counted – and now it's time to reveal your hot faves. (Think of it as an early Christmas present)
45.
44.
43.
47.
46.
48.
49.
50.
41.
82 GLAMOUR

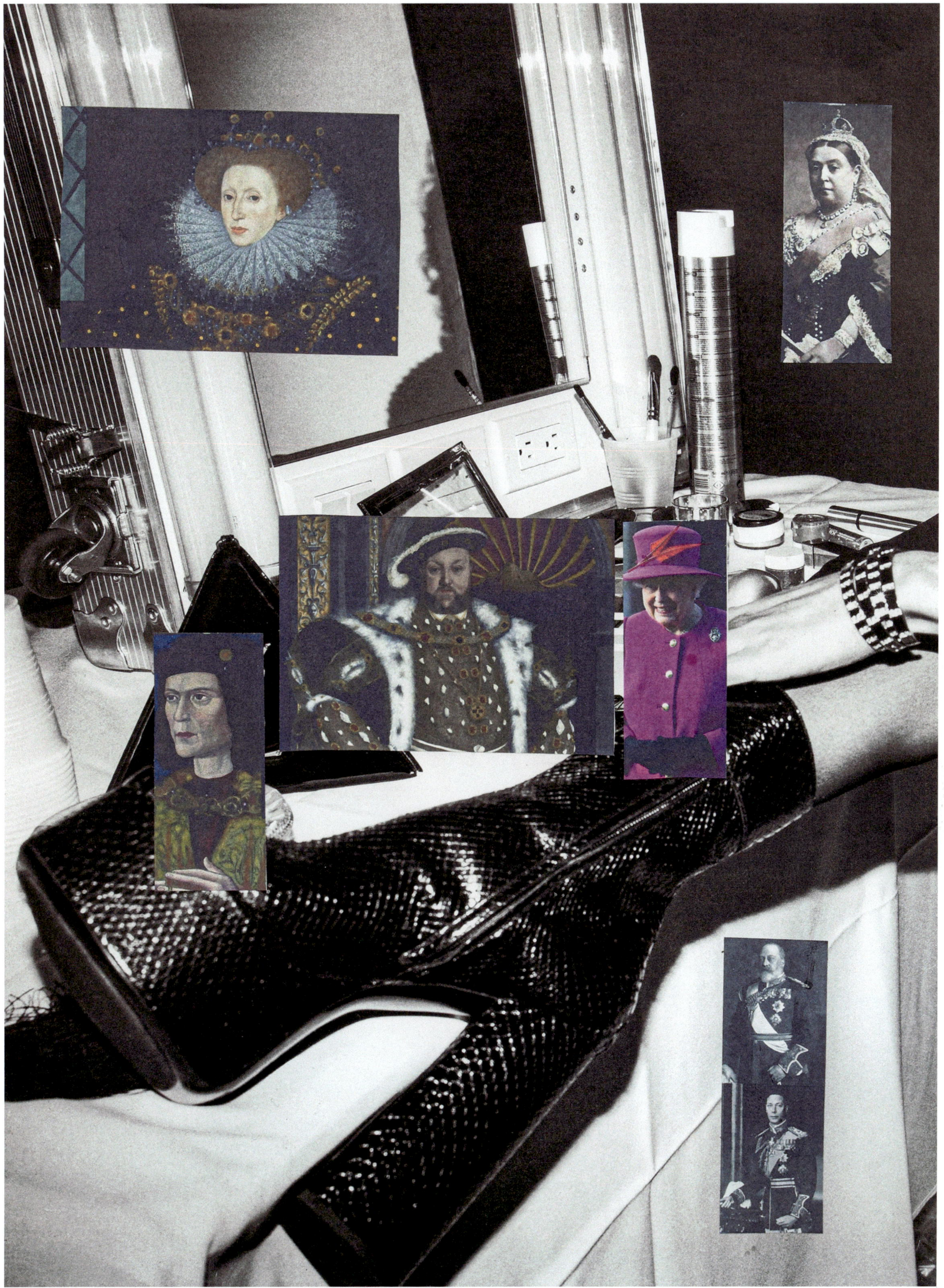

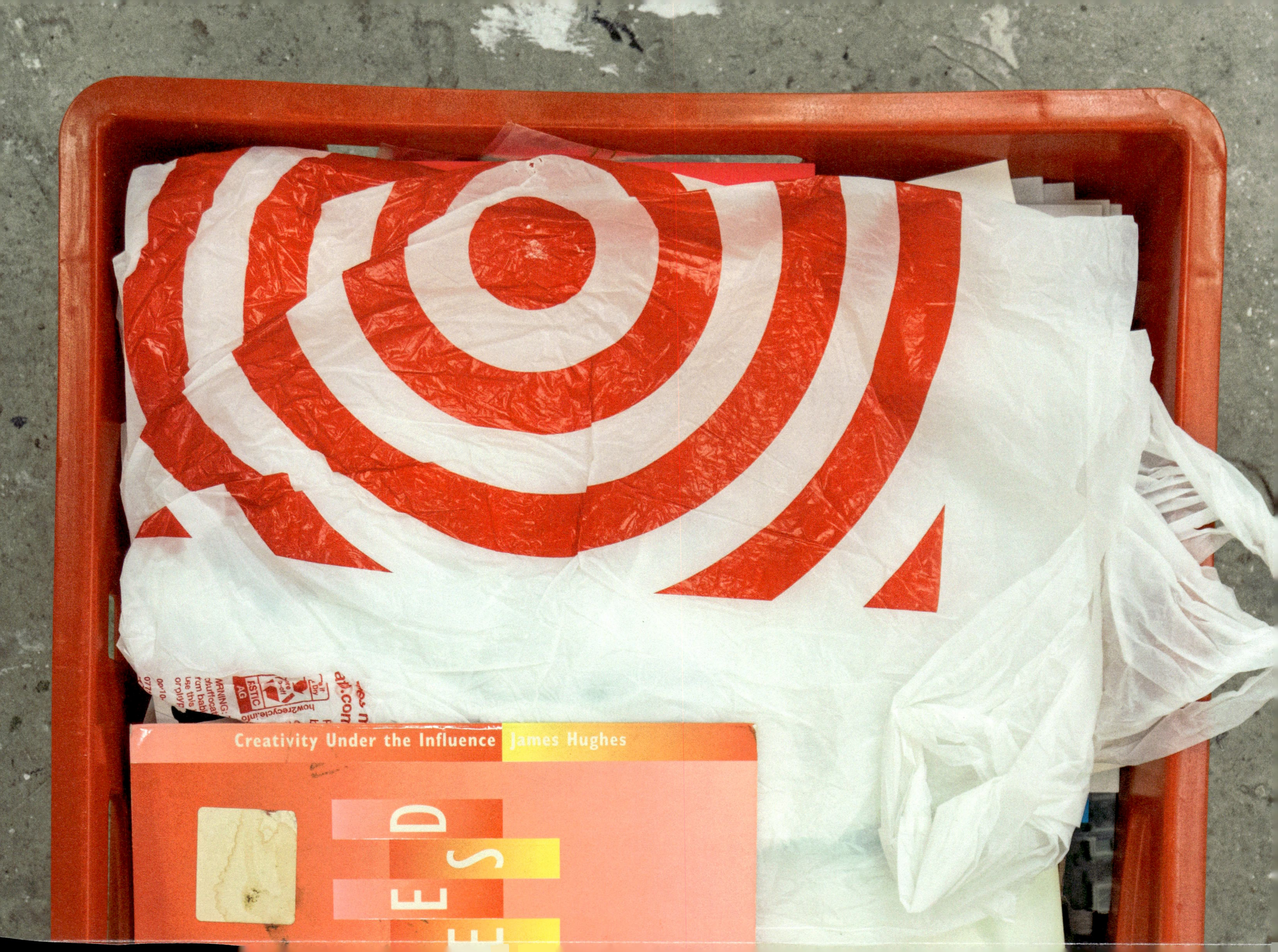

Creativity Under the Influence James Hughes
S
E
E
D

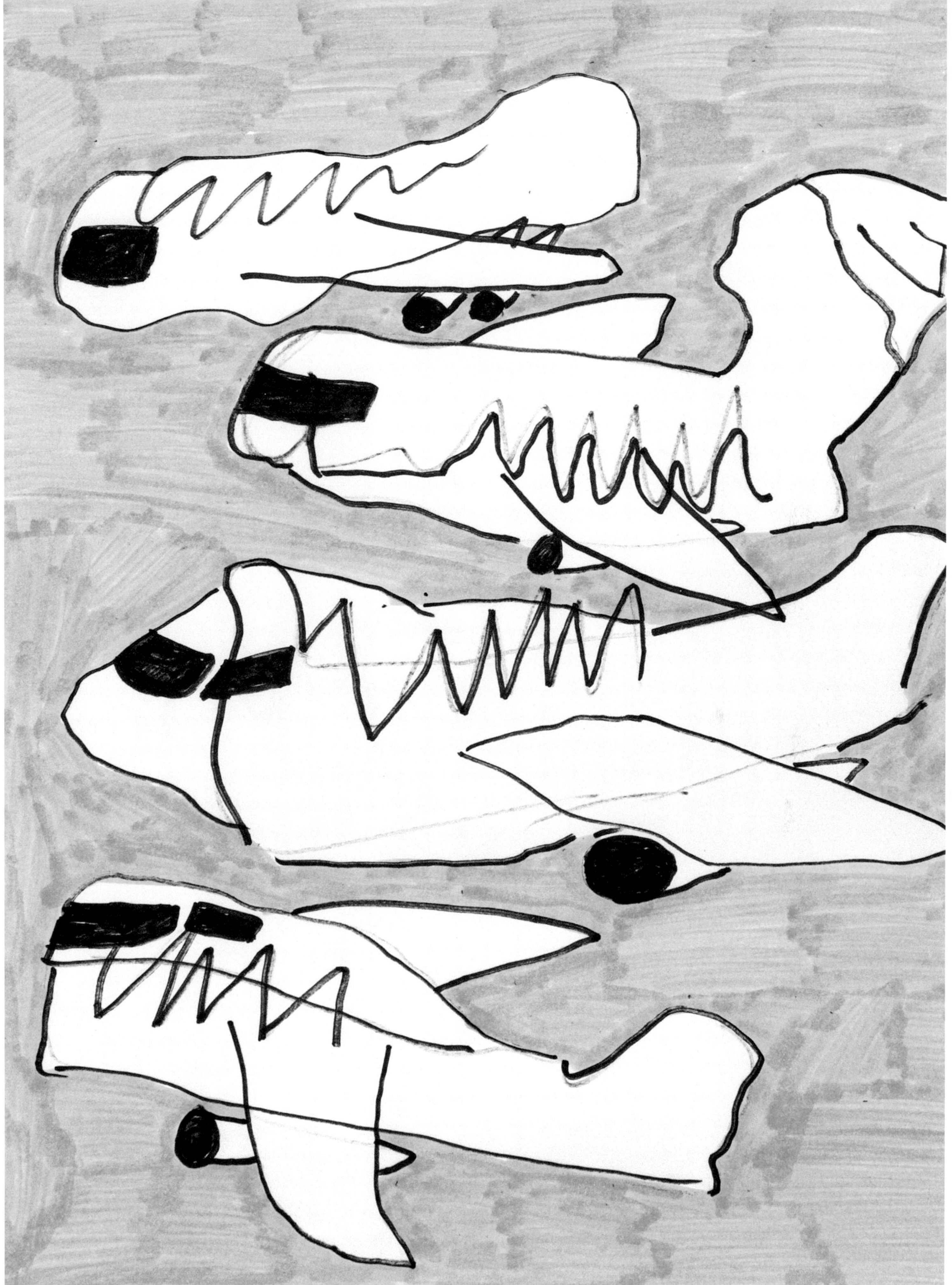

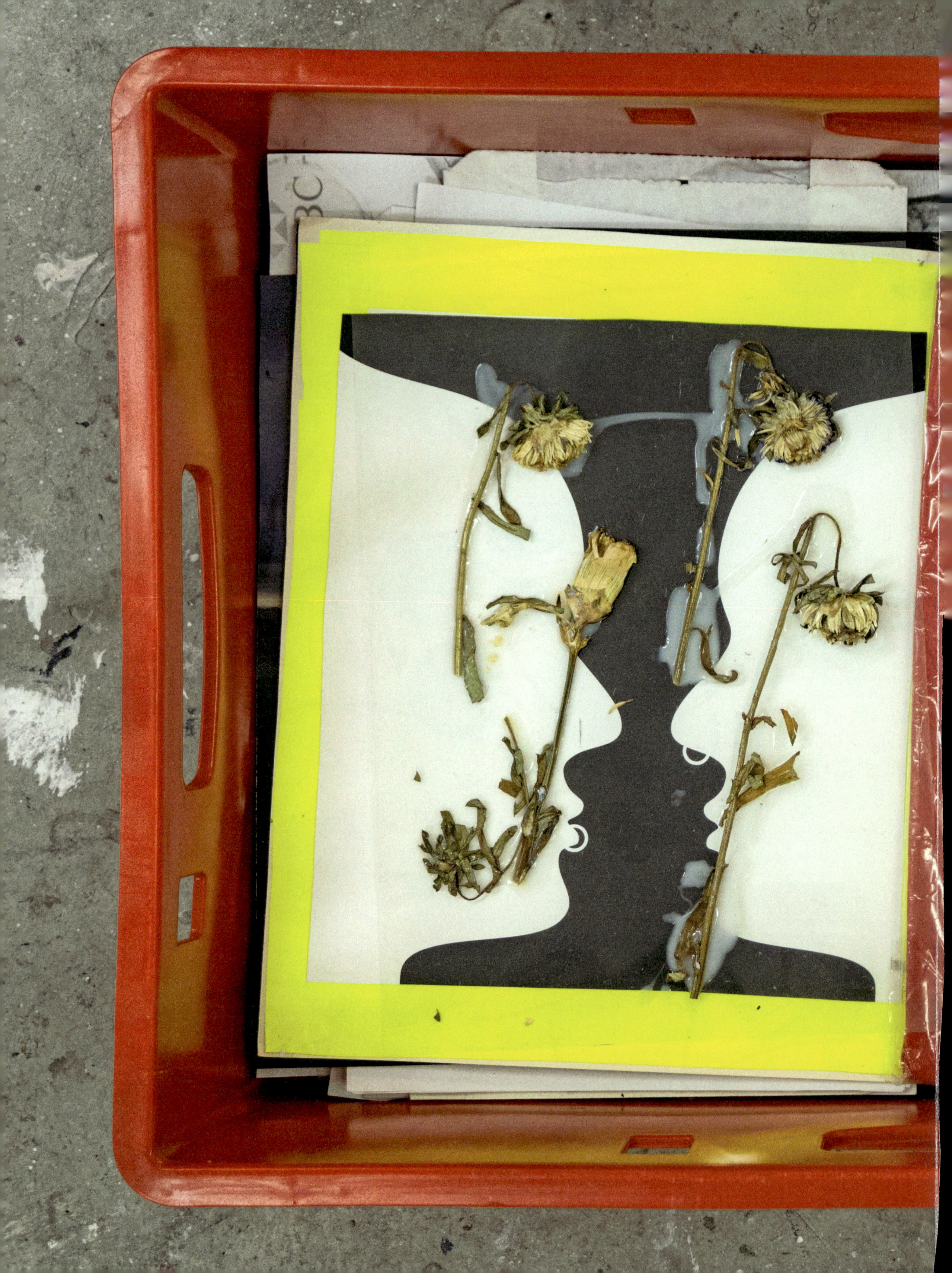

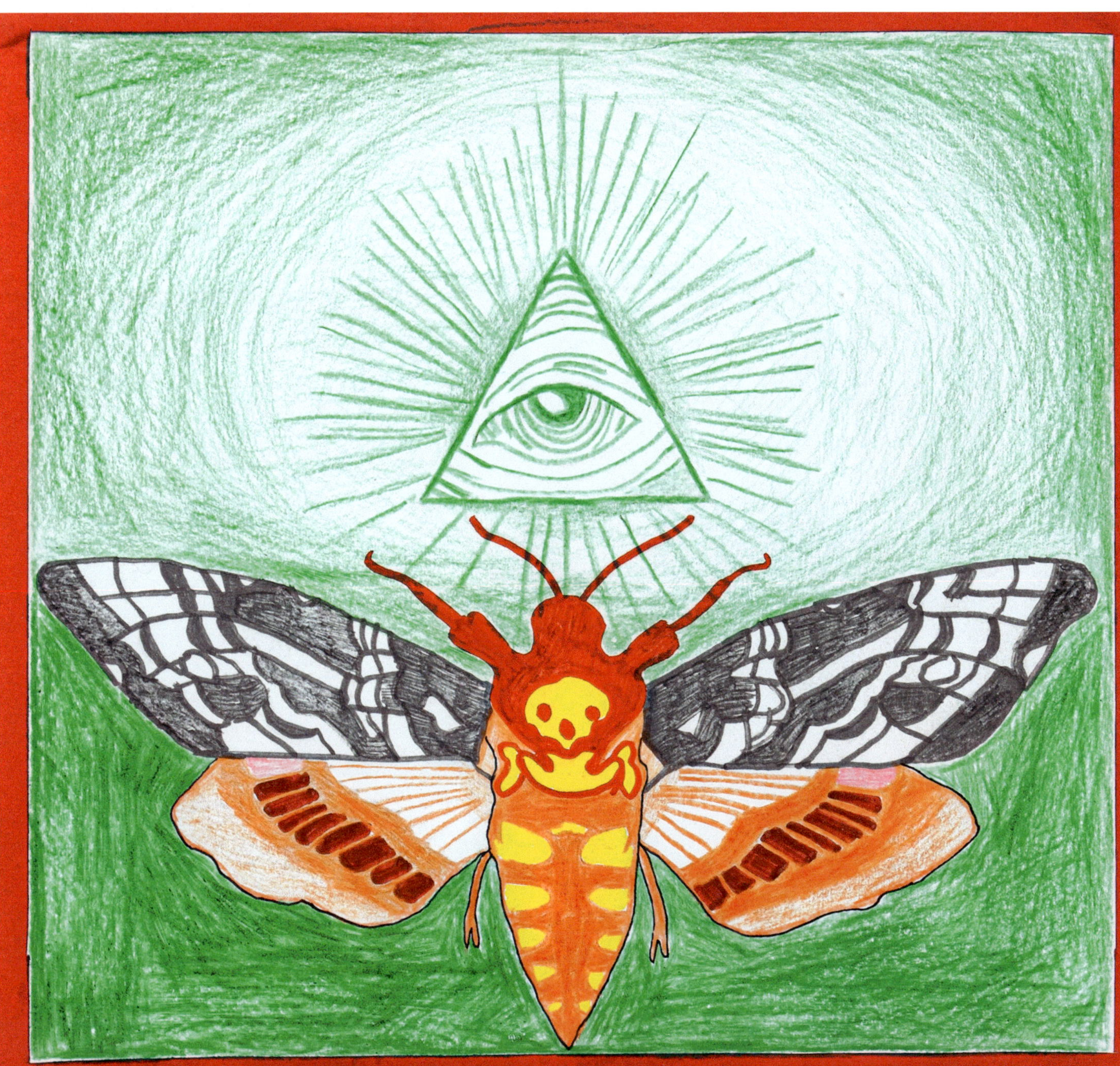

1968

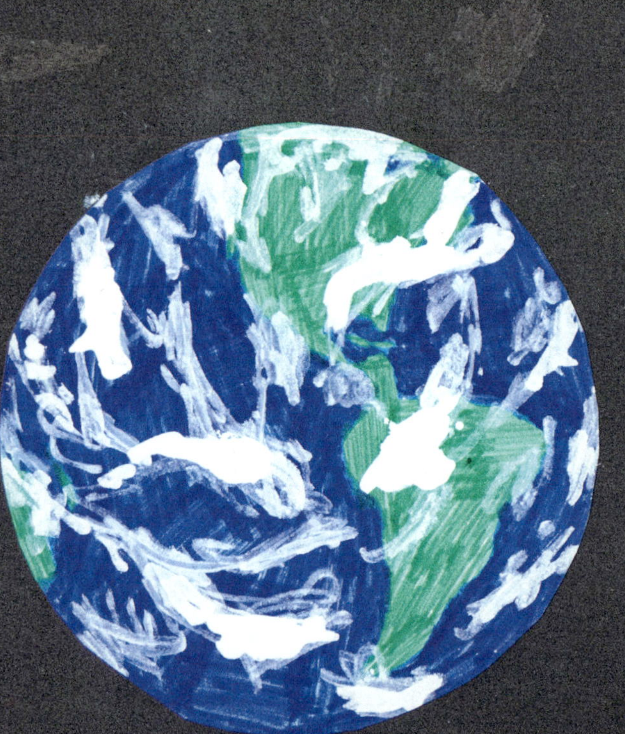
eunuchs

ASPIRATIONS and ASPiRIN are proper killing everyone's buzz all the time

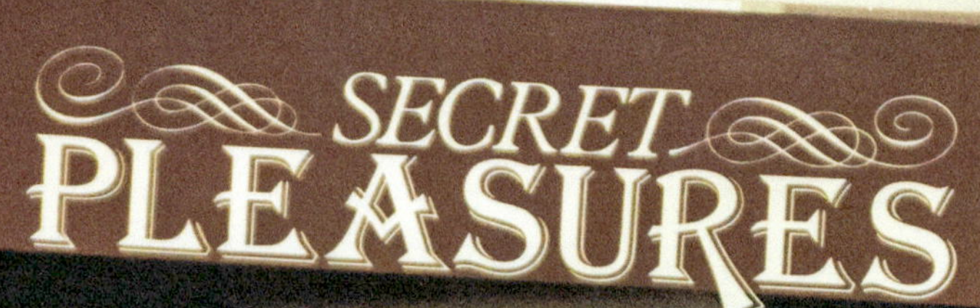

SECRET PLEASURES
Susan Marchant-Haycox
SECRET PLEASURES
GALLERY BOOKS

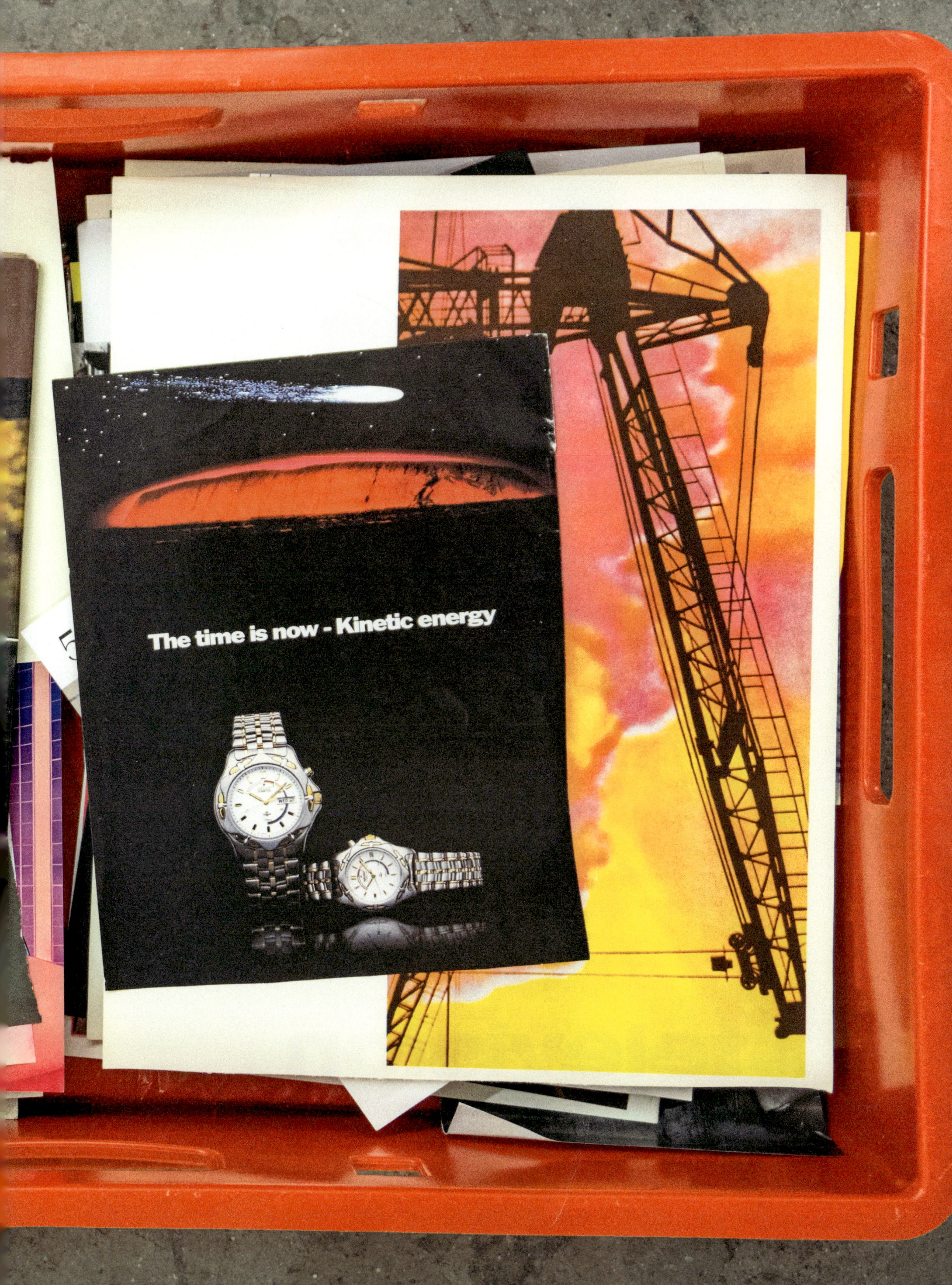
The time is now - Kinetic energy

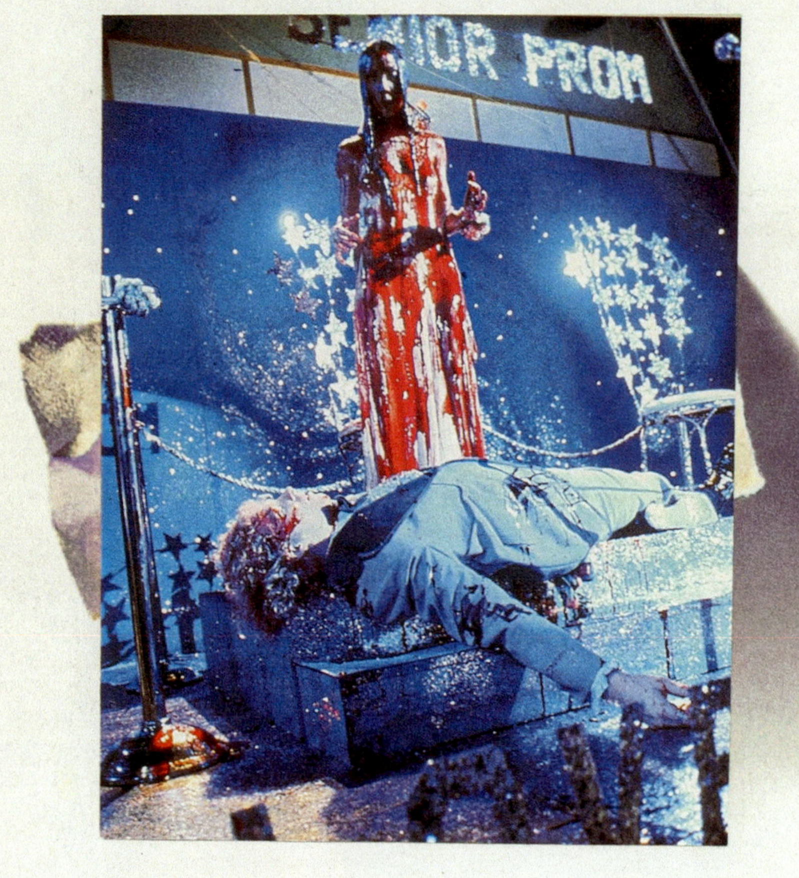

television

KILLS

Officers' Warning
0.5 mg Nicotine

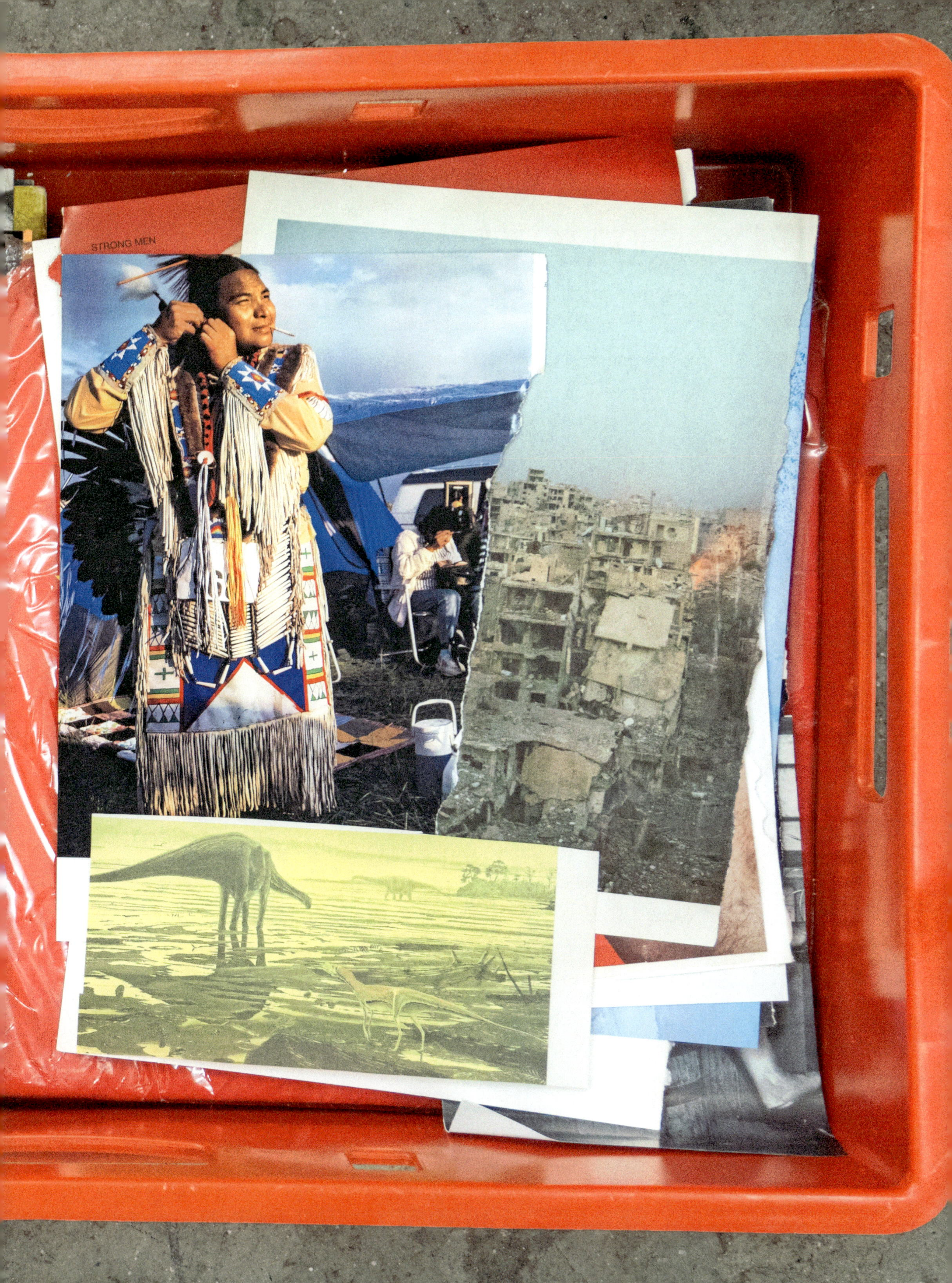
STRONG MEN

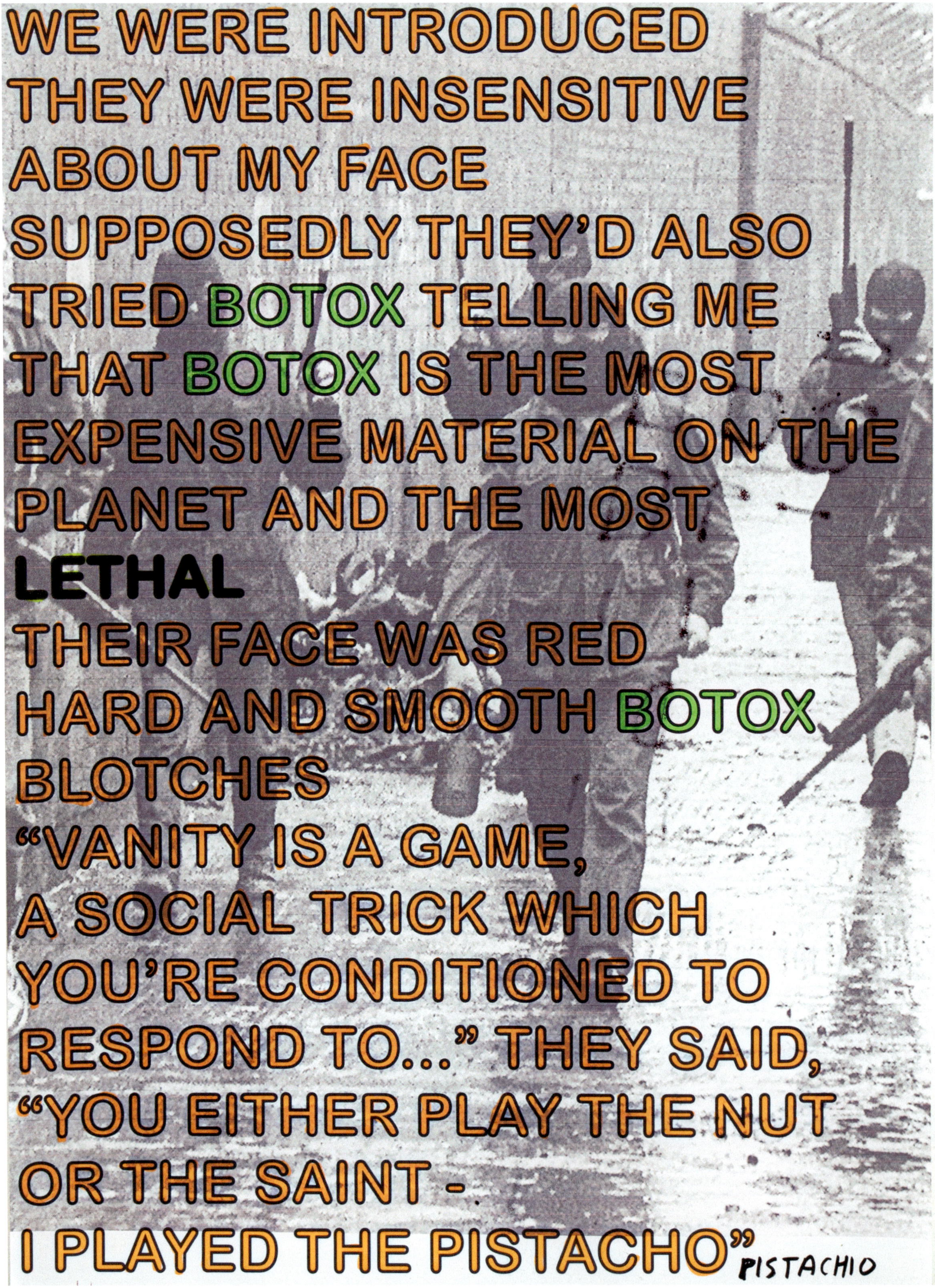

WE WERE INTRODUCED
THEY WERE INSENSITIVE
ABOUT MY FACE
SUPPOSEDLY THEY'D ALSO
TRIED BOTOX TELLING ME
THAT BOTOX IS THE MOST
EXPENSIVE MATERIAL ON THE
PLANET AND THE MOST
LETHAL
THEIR FACE WAS RED
HARD AND SMOOTH BOTOX
BLOTCHES
"VANITY IS A GAME,
A SOCIAL TRICK WHICH
YOU'RE CONDITIONED TO
RESPOND TO..." THEY SAID,
"YOU EITHER PLAY THE NUT
OR THE SAINT -
I PLAYED THE PISTACHO"
PISTACHIO

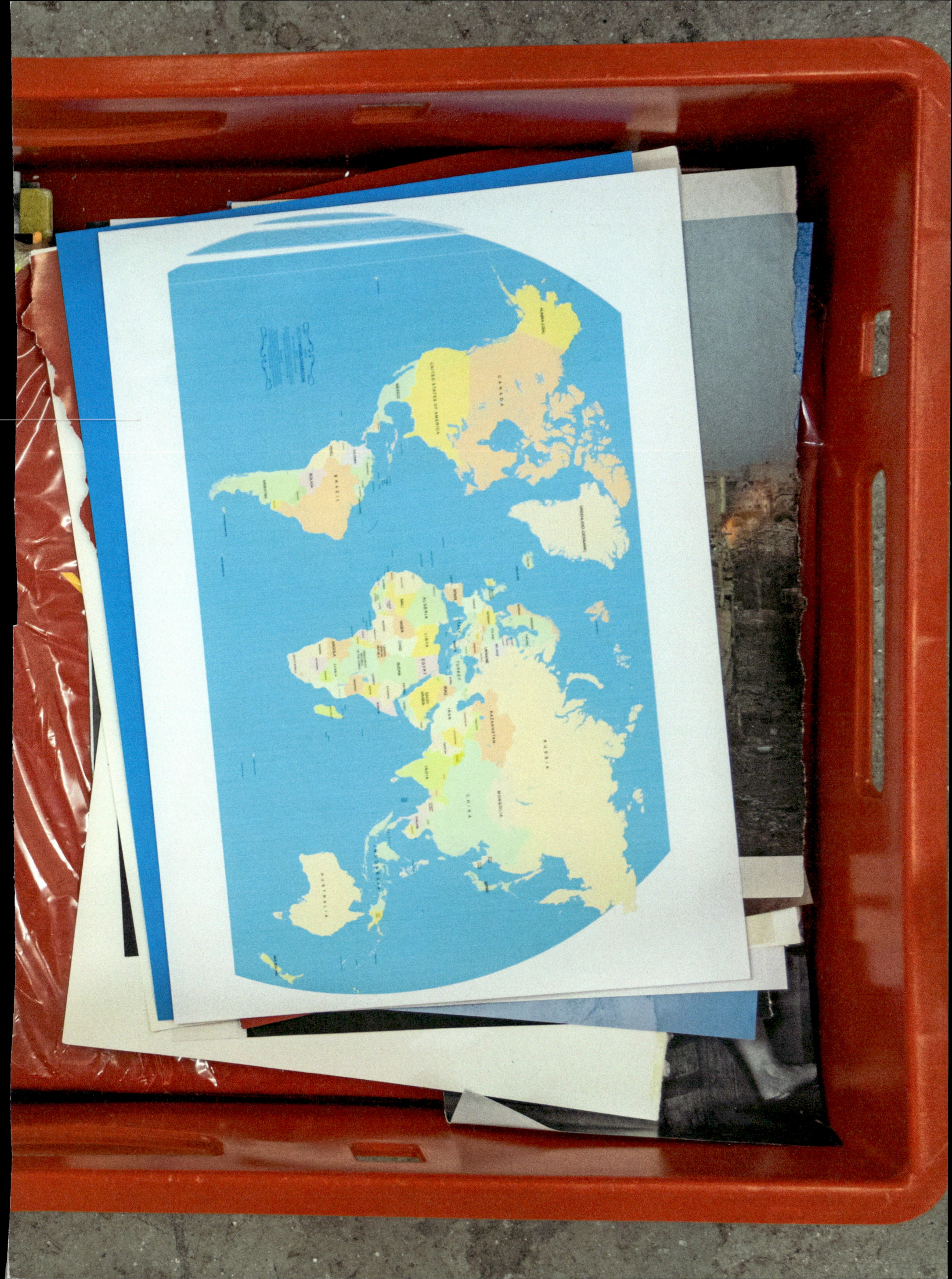

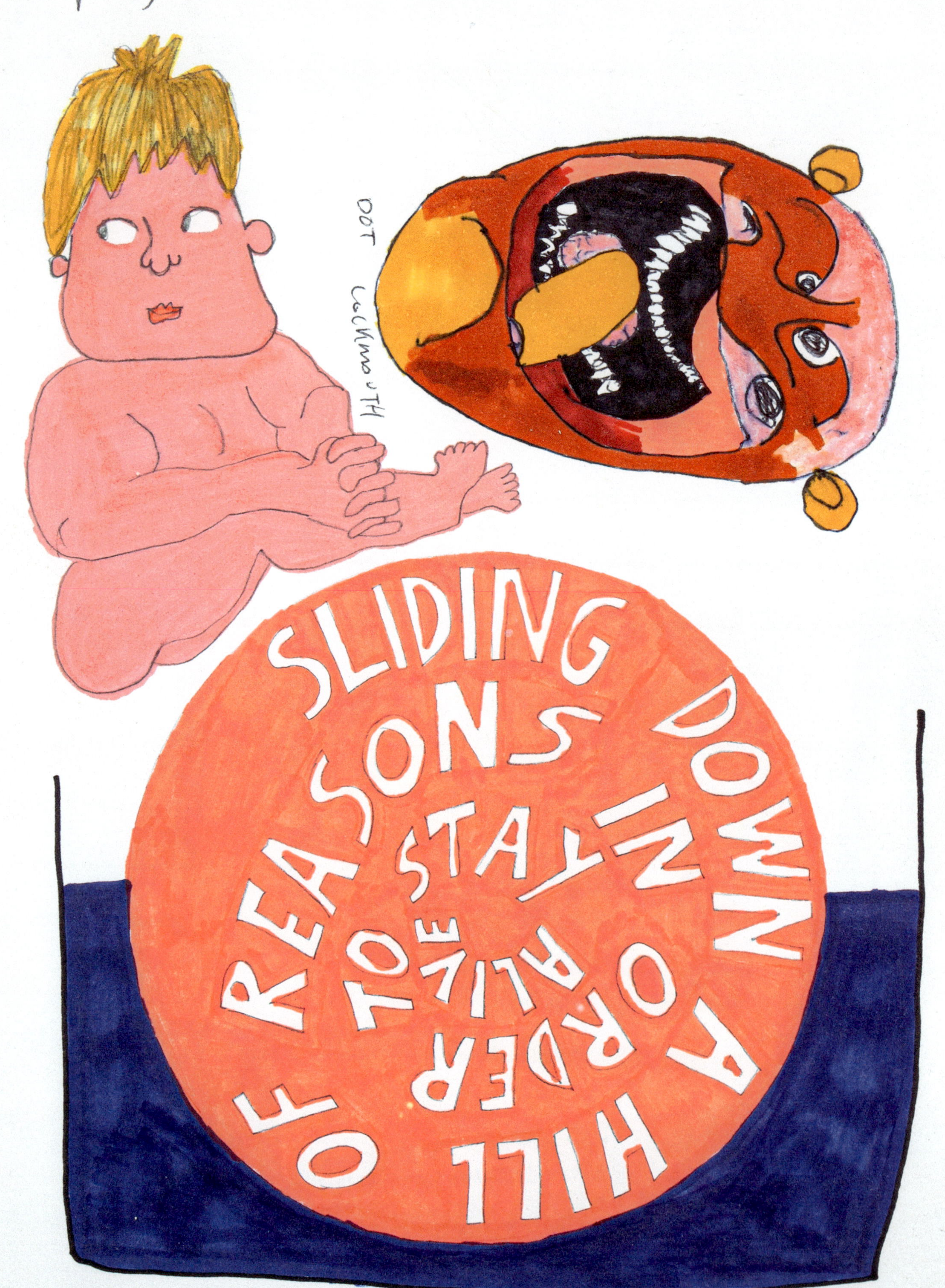

Use poetry
DOT coldmouth
SLIDING DOWN A HILL OF REASONS IN ORDER TO STAY ALIVE

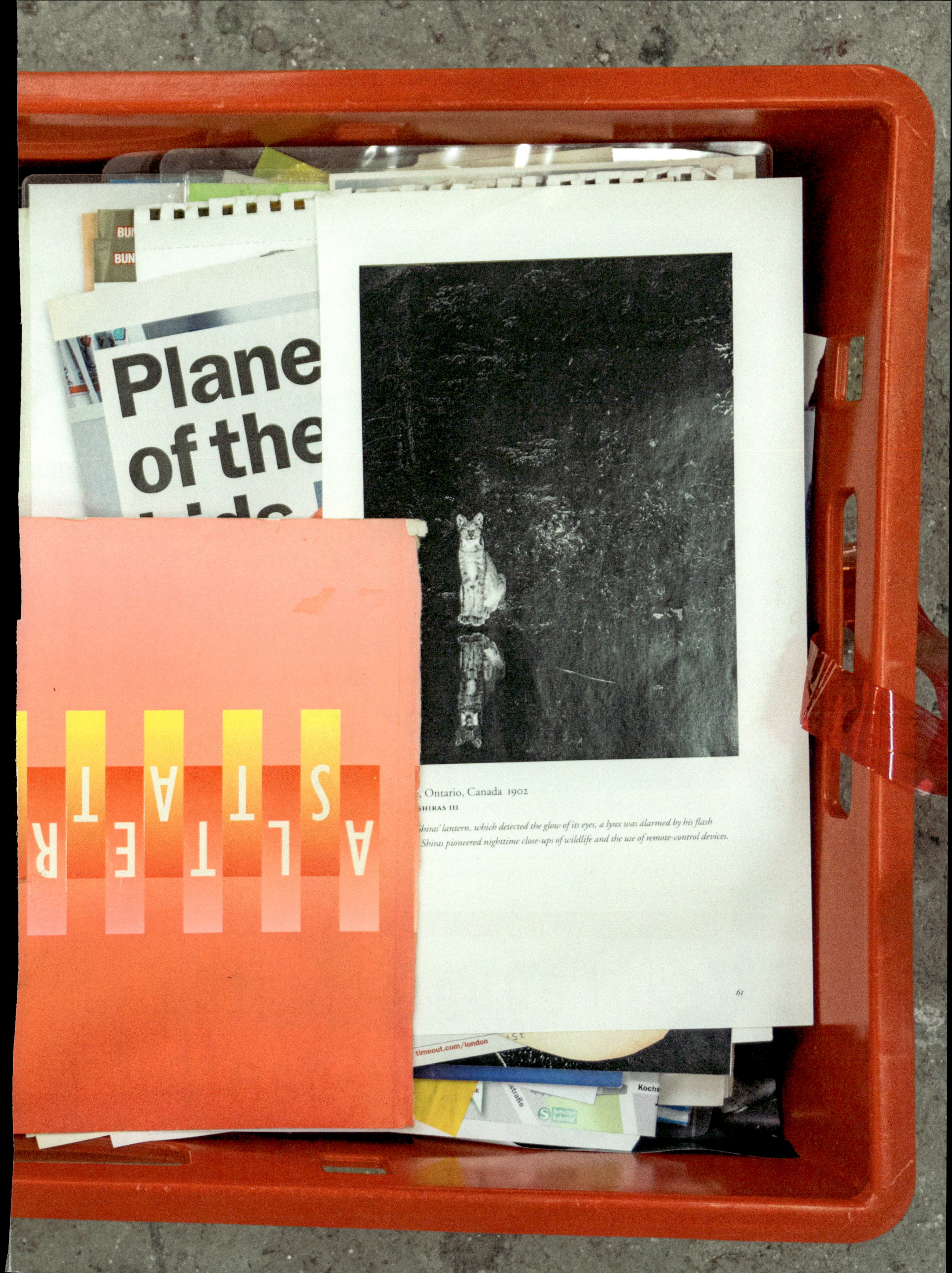

Planet
of the

BUN
BUN

ALTER STATE

, Ontario, Canada 1902

SHIRAS III

Shiras' lantern, which detected the glow of its eyes, a lynx was alarmed by his flash
Shiras pioneered nighttime close-ups of wildlife and the use of remote-control devices.

61

timeout.com/london

Kochs

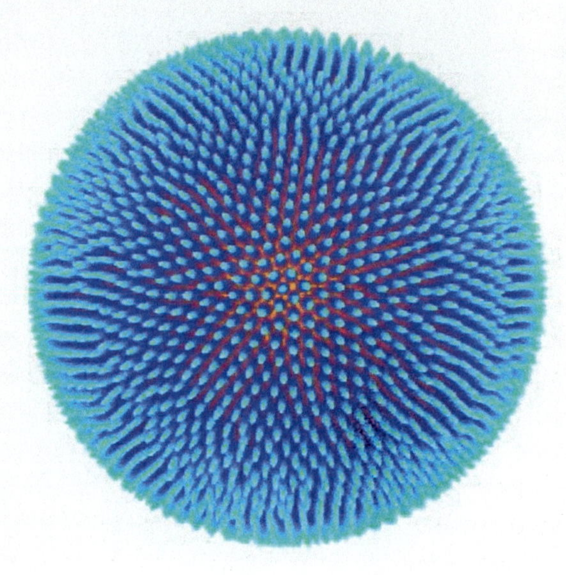

the devil equals death
and death equals death
. rich people are weird

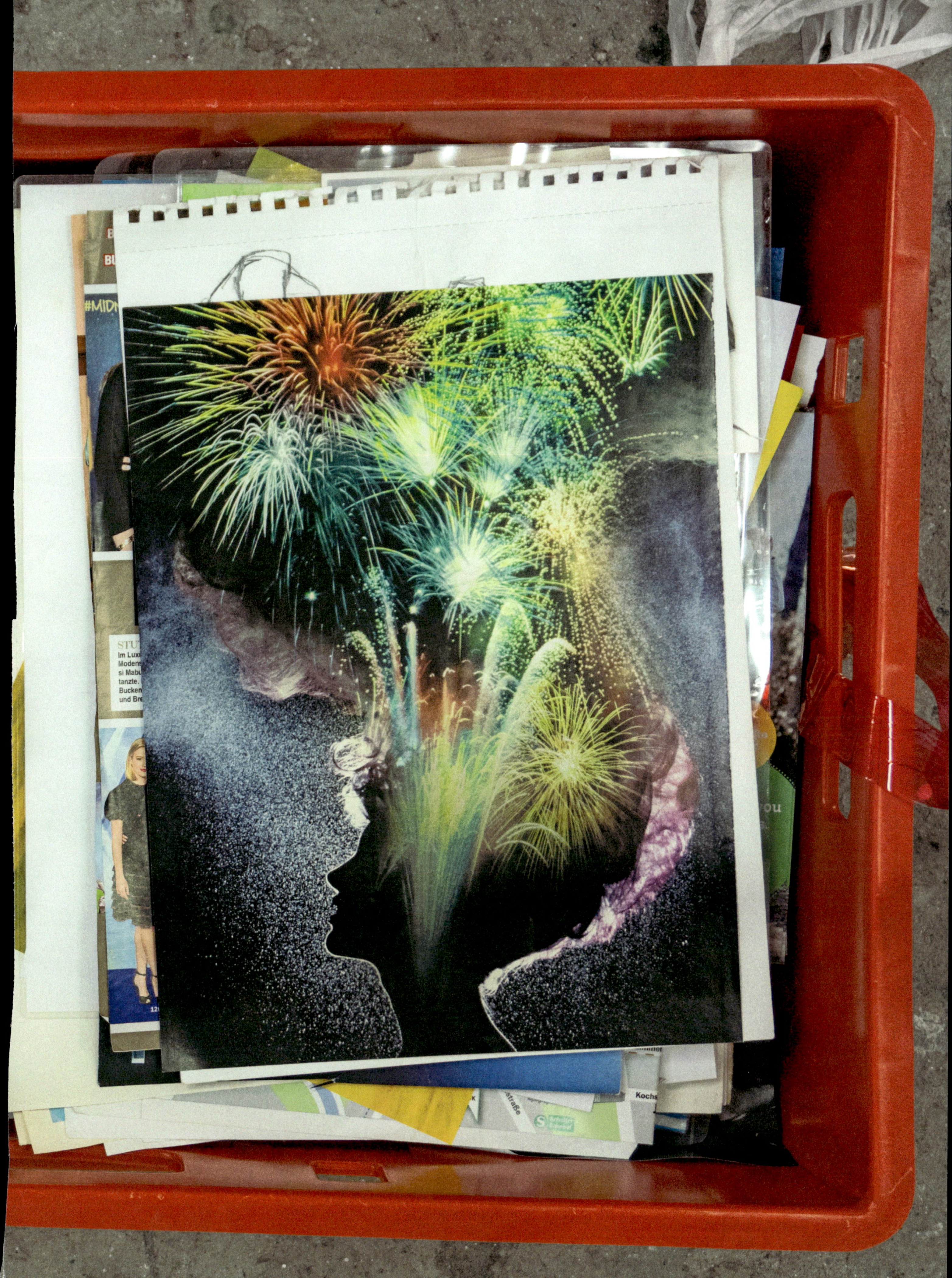

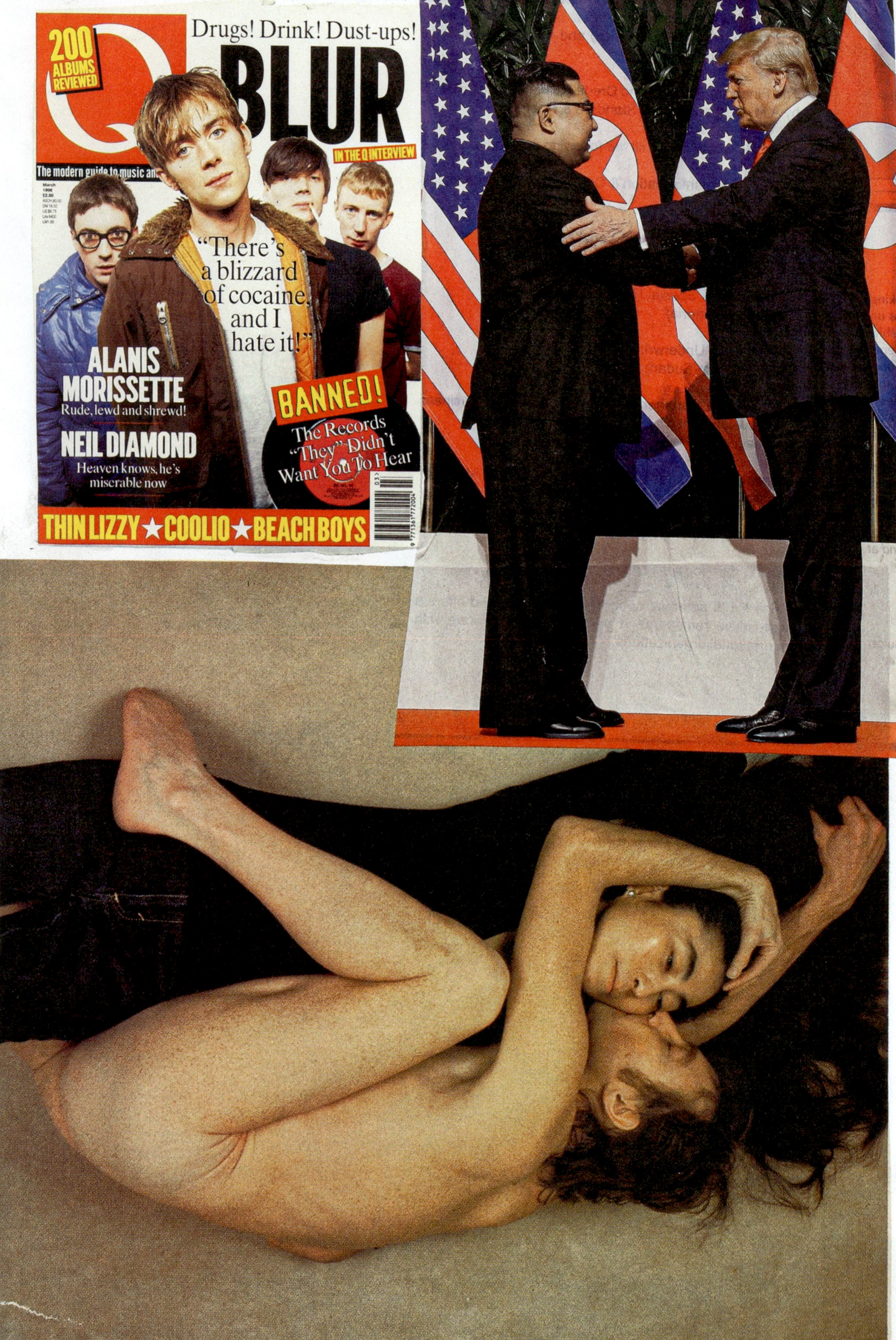
200 ALBUMS REVIEWED
Q
The modern guide to music and
Drugs! Drink! Dust-ups!
BLUR
IN THE Q INTERVIEW
"There's a blizzard of cocaine, and I hate it!"
ALANIS MORISSETTE
Rude, lewd and shrewd!
NEIL DIAMOND
Heaven knows, he's miserable now
BANNED!
The Records "They" Didn't Want You To Hear
THIN LIZZY ★ COOLIO ★ BEACH BOYS

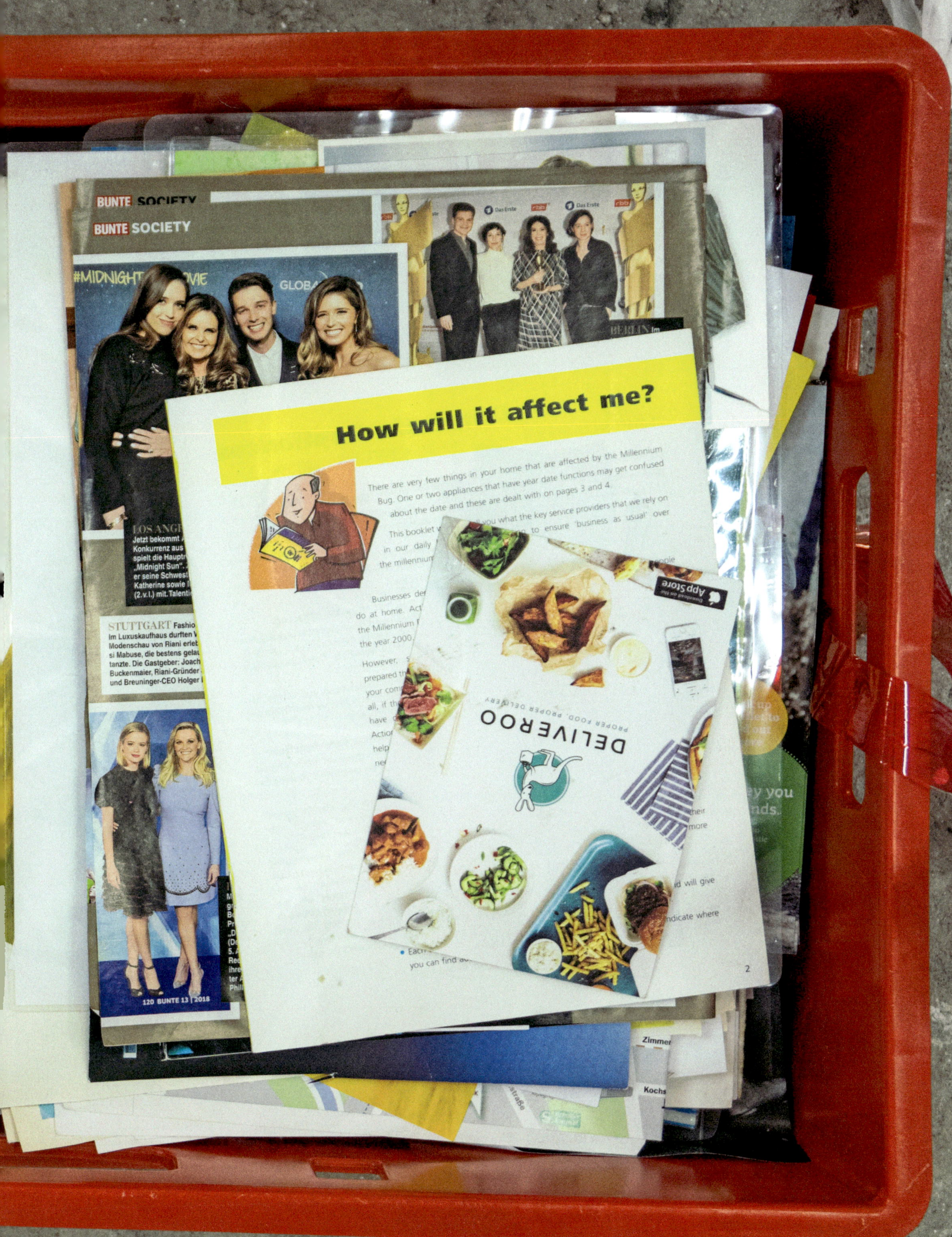
BUNTE SOCIETY
BUNTE SOCIETY
#MIDNIGHT MOVIE
GLOBAL
Das Erste rbb
Das Erste rbb
BERLIN
LOS ANGE
STUTTGART Fashio
How will it affect me?
There are very few things in your home that are affected by the Millennium
Bug. One or two appliances that have year date functions may get confused
about the date and these are dealt with on pages 3 and 4.
This booklet
in our daily
the millennium
Businesses
do at home. Act
the Millennium
the year 2000
However,
prepared th
your com
all, if th
have
Action
help
ne
DELIVEROO
PROPER FOOD, PROPER DELIVERY
App Store
you
nds.
will give
dicate where
Each
you can find
2
Zimmer
Kochs
120 BUNTE 13 | 2018

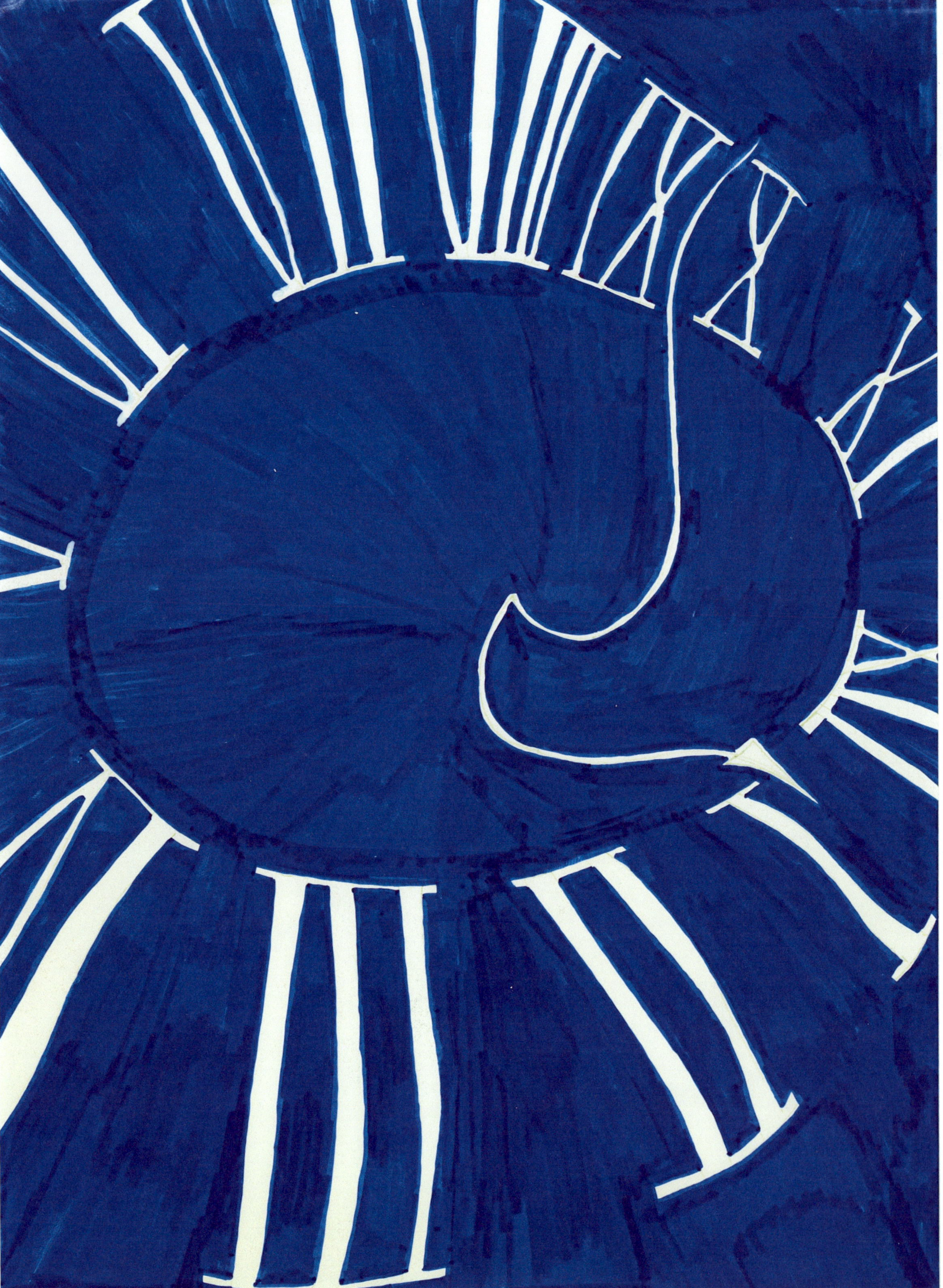

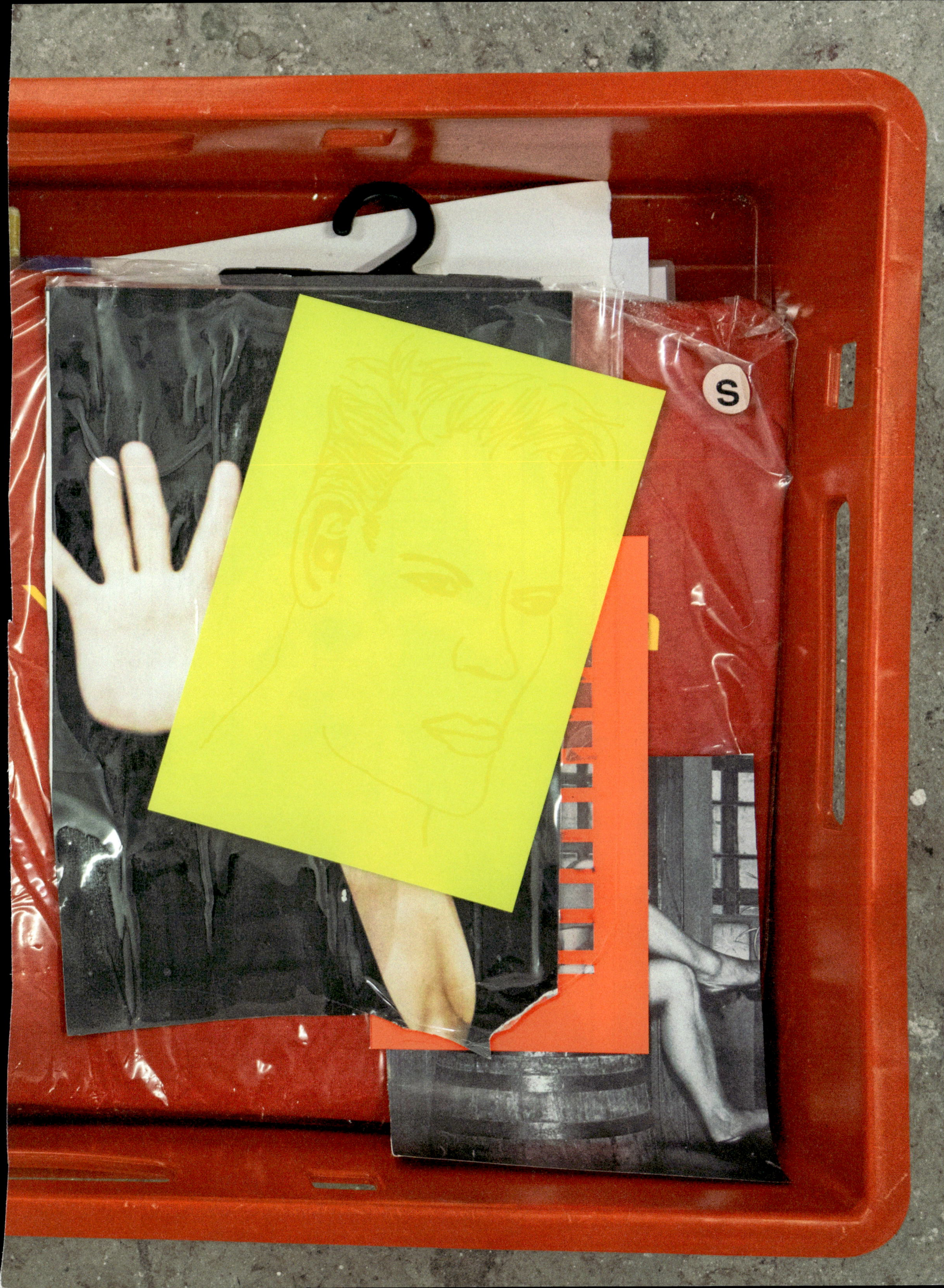

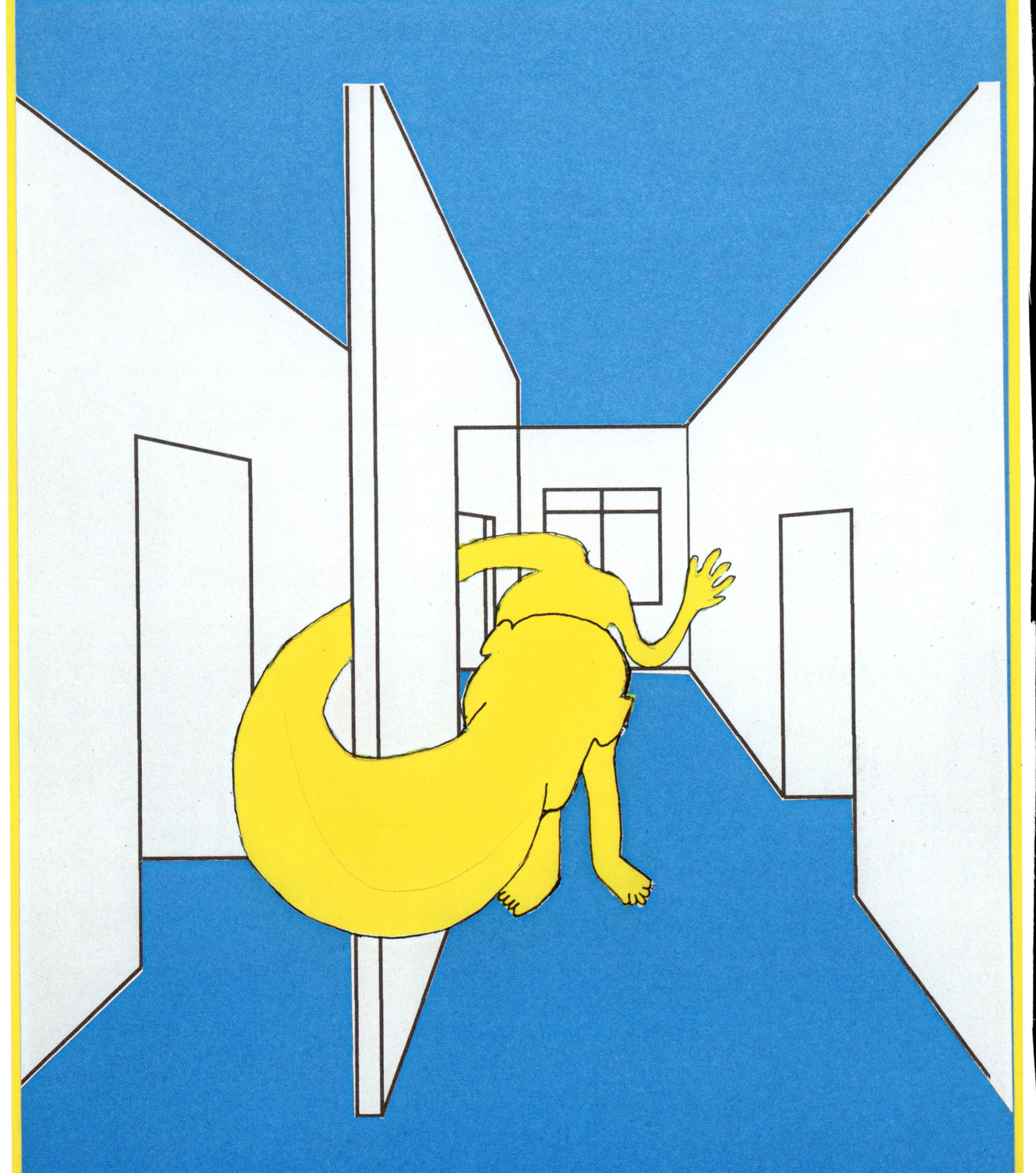
I THINK THEREFORE I AM

(Rob Crosse)

1985 geboren / born in Hertford-
shire, GB

Lebt und arbeitet / Lives and works
in Berlin, DE

2012 MFA Slade School of Fine
Art, London, GB

2007 BA (Hons) Photography,
Arts University College Bournemouth, Bournemouth, GB

{EINZELAUSSTELLUNGEN /
SOLO EXHIBITIONS}

2018 *Solo Presentations*, Jerwood,
London, GB

2017 *Prime Time*, Grundy Art
Gallery, Blackpool, GB

2016 *Clear as a Bell*, Kingsgate
Workshops, London, GB

{GRUPPENAUSSTELLUNGEN /
GROUP EXHIBITIONS}

2021 *ars viva 2021*, Kunstverein
Hannover, Hannover / Hanover, DE

2020 *ars viva 2021*, Museum
Angewandte Kunst,
Frankfurt/M., DE
BPA at Gropius Bau, Gropius Bau,
Berlin, DE

2019 *Bad Bodies*, Tomorrow Maybe,
Hongkong / Hong Kong, HK

2018 *JHG Sampler*, John Hansard
Gallery, Southampton, GB
A Real Job is to Make Something,
AIR Gallery, London, GB

2016 *Time and Space*, Bemis
Center for Contemporary Arts,
Omaha, Nebraska, US
Visions in the Nunnery, Nunnery
Gallery, London, GB

2014 *Always and Again*, Steam-
box, Research Centre of the IMCA,
Dublin, IE

2013 *Family Politics*, Jerwood,
London, GB
New Perspectives, Katara Art
Center, Doha, QA
Catlin Art Prize, Londonewcastle
Project Space, London, GB
Anthology, Charlie Smith,
London, GB

{PREISE, STIPENDIEN,
RESIDENZEN /
AWARDS, SCHOLARSHIPS,
RESIDENCIES}

2021 Rupert, Vilnius, LT
Fogo Island Arts, CA

2020 *ars viva 2021*, Kulturkreis
der deutschen Wirtschaft im BDI
e. V., Berlin, DE

2019 Berlin Program for Artists
(BPA), Berlin, DE
Videotage, Eaton, HK

2016 Film and Video Umbrella
Commission, GB
Grants for the Arts, Arts Council
England, GB

2015 Kingsgate Workshops, London,
GB
Bemis Center for Contemporary
Arts, Omaha, US

2013 Anthology Winner, Charlie
Smith London, GB
Katara Art Center, Doha, QA
Woodmill GP, London, GB
Bermondsey Square Community
Fund, GB

{PERFORMANCES}

2020 *One day all this could be
yours*, part 2, KW Institute for
Contemporary Art, Berlin, DE

2019 *Dear Samuel*, Eaton,
Hongkong / Hong Kong, HK

2018 *One day all this could be
yours*, Jerwood, London, GB

2017 *Now Facing*, Lychee One
Gallery, London, GB

⟨Sung Tieu⟩

1987 geboren / born in
Hai Duong, VN

Lebt und arbeitet / Lives and works
in Berlin, DE, und / and London, GB

2009–2013 BFA Fine Arts,
Hochschule für bildende Künste,
Hamburg, DE

2012–2013 BFA Art Practice,
Goldsmiths, University of London,
London, GB

{EINZELAUSSTELLUNGEN /
SOLO EXHIBITIONS}

2021 Kunstmuseum Bonn,
Bonn, DE

2020 Emalin, London, GB
In Cold Print, Nottingham Con-
temporary, Nottingham, GB
Zugzwang, Haus der Kunst,
München / Munich, DE

2019 *Parkstück*, Fragile, Berlin, DE
Formative Years on Dearth,
Parrhesiades, The Yard & Flat
Time House, London, GB
Loveless, Piper Keys, London, GB

2018 *Song for Unattended Items*,
Royal Academy of Arts, London, GB

2017 *Remote Viewing*, Nha San
Collective, Hanoi, VN
Memory Dispute, Sfeir-Semler
Galerie, Hamburg, DE

2015 *Emotion Refuge,* Micky
Schubert, Berlin, DE
Subnational Enterprise, Dong
Xuan Center & Kinderhook &
Caracas, Berlin, DE

2014 *TROI OI*, in diversen vietnamesischen Blumenläden in U-Bahn-
Stationen / in various Vienamese
flower shops in subway stations,
Berlin, DE

{GRUPPENAUSSTELLUNGEN /
GROUP EXHIBITIONS}

2021 *INFORMATION (Today)*,
Kunsthalle Basel, Basel, CH
ars viva 2021, Kunstverein Hannover, Hannover / Hanover, DE

2020 *ars viva 2021*, Museum
Angewandte Kunst, Frankfurt/M.,
DE
Though It's Dark, I Still Sing, 34th
Bienal de São Paulo, São Paulo, BZ

Steirischer Herbst, Graz, AT
Klosterruine, Berlin, DE
Come Closer, Matter of Art Biennale,
Prag / Prague, CZ
In the Forest, Even the Air Breathes,
GAMeC Museum, Bergamo, IT
Magical Soup, Hamburger Bahnhof –
Museum für Gegenwart – Berlin,
Berlin, DE

2019 *ELC TV Dinner III*, East Lon-
don Cable, Tate Modern, London, GB
The Season of Cartesian Weeping,
East London Cable, David Roberts
Foundation, London, GB
The Ghost War, WTF Gallery,
Bangkok, TH
Mercury, Tallinn Art Hall, Tallinn, EE
While I Kiss The Sky, Senn Galerie,
Wien / Vienna, AT
back there, Kunstverein Tiergarten,
Berlin, DE
HybrID, Kunsthaus Hamburg,
Hamburg, DE
*Deep Sounding – History as Multiple
Narratives*, DAAD Galerie, Berlin, DE
*S/F Photography, or a Monolith
after 200 years*, Kayoko Yuki Gallery,
Tokio / Tokyo, JP
Artists Use Photography, Praz
Delavallade Gallery, Los Angeles, US
A Fear of Monsters, Asia Film
Archive, Singapur / Singapore, SG

2018 *The Culture Collider*, Manggha.
Museum of Japanese Art and Tech-
nology, Krakau / Krakow, PO
No War, No Vietnam, Galerie Nord,
Kunstverein Tiergarten, Berlin, DE
UnAuthorised Medium, Framer
Framed, Amsterdam, NL
*Objects in the mirror are closer
than they appear*, Royal Academy
of Arts, London, GB
Domestic Detail, Play-Co Studio Ed
Fornieles, London, GB
*First I have to put my face on, Like
A Little Disaster*, Polignano, IT

2017 *Original Fake*, Maisterraval-
buena, Madrid, ES

Gender, Identity and Material, Royal Academy of Arts, London, GB
DISPLA(Y)CED, Kunstverein Alte Feuerwache Loschwitz und im öffentlichen Raum / and in public spaces, Dresden, DE
The Stillness of a Departure, Polansky Gallery, Prag / Prague, CZ
Premiums, Royal Academy of Arts, London, GB
Plazoleto, Skyline Plaza, Frankfurt am Main, DE
Neue Kunst In Hamburg, Multiple Box, Hamburg, DE

2016 *Park View*, Frankfurt am Main, Berlin Project Space Festival, Berlin, DE

2015 *WAR II*, Mostyn, Wales, GB
By Boat (Farewell), Gallery José Garcia, Mexiko-Stadt / Mexico City, MX
Group Show, Micky Schubert, Berlin, DE
DEEP SKIN, Sudbury Neutrino Observatory (SNOlab), Ontario, CA

{PERFORMANCES}

2020 *Inferiority Complex V*, Cashmere Radio, Berlin, DE

2019 *Inferiority Complex IV*, Kunsthaus Hamburg, Hamburg, DE

2018 *Inferiority Complex III*, Framer Framed, Amsterdam, NL
Inferiority Complex II, An Viet Foundation, London, GB

2017 *Inferiority Complex I*, 47 Canal Gallery, New York, US
Trade Agreement II, Live Art Development Agency, London, GB
Trade Agreement I, Deptford Lounge, London, GB
Between your parted legs II, Sung Tieu & Christian Naujoks, Royal Academy of Arts, London, GB

2016 *Between your parted legs I*, Sung Tieu & Christian Naujoks, Kunstverein in Hamburg, DE

2014 *Atlas*, Bundeskunsthalle, Bonn, DE

2012 *Villa I: This House Is A Triadic Fascist And Made Of Industry Glass*, mit / with Villa Design Group, George and Dragon, London, GB

{PREISE, RESIDENZEN / AWARDS, RESIDENCIES}

2021 Fogo Island Arts, CA

2020 *ars viva 2021*, Kulturkreis der deutschen Wirtschaft im BDI e. V., Berlin, DE

2020 Alfried Krupp von Bohlen und Halbach-Stiftung, Essen, DE
Ausgezeichnet #5, Stiftung Kunstfonds & Kunstmuseum Bonn, Bonn, DE

2019 NTU Centre for Contemporary Art, Singapur / Singapore, SG
Stiftung Kunstfonds, Bonn, DE

2018 Arts Maebashi, Maebashi, JP
Raven Row, London, GB
Galileo Digital Art Price, Royal Academy of Arts, London, GB
Almacantar Studio Award, London, GB

2015 New Space Arts Foundation, Hue, VN

2017 MAP2: Communities, London, in collaboration with Something Human, London, GB
Landseer Prize, Royal Academy of Arts, London, GB

2013 Neue Kunst in Hamburg Kunstpreis, Hamburg, DE

⟨Richard Sides⟩

1985 geboren / born in Rotherham, GB

Lebt und arbeitet / Lives and works in Berlin, DE

2012 MA Sculpture, Royal College of Art, London, GB

2008 BA (Hons) Contemporary Fine Art, Sheffield Hallam, GB

{EINZELAUSSTELLUNGEN / SOLO EXHIBITIONS}

2019 *Dwelling*, Kunstverein Braunschweig, Braunschweig, DE

2017 *PURE HATE, Liszt*, Berlin, DE

2016 *INVISIBLE WORLD*, Carlos / Ishikawa, London, GB
INFINITE WAR, Art Sheffield, Sheffield, GB
Owned by No One, Caro Sposo, Paris, FR

2014 *happiness happening hunting, Tongewölbe T25*, Ingolstadt, DE
don't blow it in the vector, Kunsthalle Winterthur, Winterthur, CH
Freeze, Frieze Frame, New York, US

2013 *the omega point just ate his brains*, Carlos/Ishikawa, London, GB

2012 *Stop killing my buzz*, Zabludowicz Collection, London, GB

2011 *The Joyful System (democracy still ain't no given)*, SPACE, London, GB
On Revolutions for the Heavenly Spheres, Supplement, London, GB

{GRUPPENAUSSTELLUNGEN / GROUP EXHIBITIONS}

2021 *ars viva 2021*, Kunstverein Hannover, Hannover / Hanover, DE

2020 *ars viva 2021*, Museum Angewandte Kunst, Frankfurt/M., DE
Eraser, KW Institute for Contemporary Art, Berlin, DE
Bureau de Change, Campoli Presti, London, GB
Kasten, Stadtgalerie Bern, Bern, CH

2019 *Clipping the Din*, Krinzinger Projekte, Wien / Vienna, AT

Scenes of the Crimes, Georg Kargl, Wien / Vienna, AT
Emotion is an Unlimited Resource, Stadtgalerie Bern, Bern, CH
FOAF, Warschau / Warsaw, PL
Owner of a Lonely Heart, Galerie L'inlassable, Paris, FR

2018 *EURO*, Haus zur Liebe, Schaffhausen, CH
Reduced to Clear, Le Bourgeois, London, GB
BUG OUT, Schiefe Zähne, Berlin, DE
READYMADES BELONG TO EVERYONE, Swiss Institute, New York, US
l(i)fe, Condo London @ Carlos/Ishikawa, London, GB
Death Lolz, Ludlow 38, New York, US

2017 *Geometry of Now*, GES-2, Moscow, RU

2016 *Six Memos for the Next Millenium*, Mallorca, ES
The Enthusiasts, Te Tuhi, Auckland, NZ
Rough House, Glasgow International, Glasgow, GB
Rock, Paper, Scissors, Primo Piano, Paris, FR

2015 *ITALY*, Watch-It Gallery, London, GB
The Boys, The Girls and The Political, Lisson Gallery, London, GB
Fig 2.0, ICA, London, GB
The Absolute Outside, Spor Klübü, Berlin, DE

2014 *Painful zombies quickly watch a painful graveyard*, Almanac, Turin, IT
La référence d'objet n'est pas définie à une instance d'objet, Galerie Édouard Manet, Paris, FR
Journal, ICA, London, GB
L Before K – Anachronistic Correspondency, Hamburg International Short Film Festival, Hamburg, DE

2013 *To Clear The Bush Of Your
Garden*, David Dale, Glasgow, GB
*Music made by computers for star
systems*, Ravenna Planetarium,
Ravenna, IT
*Fortune tellers make a killing now-
adays*, South London Gallery,
London, GB
Wendel! Open Your Door, CGP,
London, GB
*You Screen I Screen Unscreen Sun
Screen*, Library+, London, GB
(ON) Accordance, Grand Union,
Birmingham, GB
General Practice, The Woodmill,
London, GB

2012 *SoundSpill*, Galerie West,
Den Haag / The Hague, NL
Gewaltopia and Other Places, Flat
Time House, London, GB
An Echo Button Event, Chisenhale
Gallery, London, GB

Museum Angewandte Kunst

(WIE WOLLEN WIR LEBEN?)

In ihrem Hauptwerk *Vita activa* (1958) entwickelt Hannah Arendt drei Begriffe menschlicher Tätigkeit: Arbeit, Herstellen und Handeln. Mit dem letzten – dem Handeln – verbindet sie die Gründung und Erhaltung eines Gemeinwesens, das laut Arendt die Bedingungen für eine Kontinuität, für Erinnerung und damit für Geschichte erst schafft. Sie sieht somit Handlung zunächst sowohl getrennt von der Arbeit an der bloßen Existenzsicherung als auch getrennt von dem Herstellen einer künstlichen Welt, die dem natürlichen Wandel etwas wie materielle Dauer entgegenhält. Institutionen wie Museen finden sich vor allem im Arendt'schen Handlungskonzept wieder. Sie nehmen die hergestellten Dinge und setzen sie in einen gesellschaftlichen Kontext. Die Arbeiten von Künstlerinnen und Künstlern pendeln zwischen dem Herstellen von Welt und dem Handeln in der Welt. Sie sind dahingehend offener, und genau das macht sie für die Museen so wichtig.

Das Museum Angewandte Kunst lenkt seit seiner Neukonzeption unter der Leitung des Direktors Prof. Matthias Wagner K seinen Fokus immer wieder auf die Wahrnehmung aktueller gesellschaftlicher Entwicklungen. Historisch betrachtet ist das Haus ein Produkt des Industriekapitalismus: von wohlhabenden Bürgerinnen und Bürgern im 19. Jahrhundert gegründet, die Objekte sammelten und sie als Vorbilder des guten Geschmacks ausstellten. Die Sammlungen sollten einen direkten praktischen Nutzen haben am Übergang von der handwerklichen zur industriellen Produktion. An diesen Exponaten lassen sich bis heute die grundsätzlichen Beziehungen von Technologie und Produkt, Gestaltung und Gesellschaft nachzeichnen und neue Perspektiven und Zugangsweisen entwickeln. Gerade die finden sich in den Themen der angewandten und bildenden Kunst wieder. Deshalb arbeitet das Haus für seine Ausstellungen und Veranstaltungen sehr gern und oft mit zeitgenössischen Künstlerinnen und Künstlern zusammen. Denn in den Themen, die diese aufgreifen und bearbeiten, lassen sich die Perspektiven auf die Kernfragen menschlicher Existenz verhandeln.

Rob Crosse, Richard Sides und Sung Tieu, die *ars viva*-Preisträger und -Preisträgerin 2021, berühren in ihren Werken auf je unverwechselbare Weise die Frage nach dem, wie wir leben und leben wollen. Ihr zentrales Medium ist der digitale Film, jeweils ergänzt um Fotografie, Installation und zuweilen auch Objekte. Rob Crosse möchte ich als taktilen Beobachter bezeichnen, der uns mit seinen Filmbildern und fiktiven Dialogen von der Oberfläche des Wahrnehmbaren in die Tiefen des Empfundenen führt. Crosse erzählt aus der Perspektive seiner Protagonisten. Uns wird dabei eine große Identifikation möglich, die jedoch durch die Eingriffe des Künstlers immer wieder gestört und gebrochen wird. Dadurch macht Crosse die feine Linie zwischen Begehren und Liebe, zwischen Eros, Philia und Agape wahrnehmbar.

Sung Tieu holt die Bilder und Ereignisse der Vergangenheit zurück in die Gegenwart, denn nur hier können sie neu bewertet und vielleicht auch geheilt werden. Filmschnitt, Kamerabewegung, aber vor allem Farbverfremdungen und Sound erzeugen aus den Landschaftsaufnahmen, die in den Wäldern und im Mekong-Delta Vietnams entstanden sind, einen ungeheuren Sog, der uns in den Krieg zurückzieht. Sung Tieu erzählt vom Krieg jedoch nicht im Duktus des Dokumentarischen, sondern stellt eine gleichsam drückende wie fantastische Atmosphäre her, die sich aus Ritual, Magie und körperlicher Erinnerung speist.

Richard Sides hingegen scheint wie ein Krieger. Seine Waffen sind die Bilder des Internets. Er nutzt für seine Filme jene Webseiten, die alles und jeden zur Ware werden lassen. Sides nimmt die hohe Schlagzahl der Sequenzen auf, bemächtigt sich ihrer und gibt den Bildfolgen seinen eigenen Rhythmus. Seine Filme sind ein prinzipieller Kommentar, der die Freiheit des Individuums im Angesicht digitaler Ökonomisierung in Zweifel zieht. In der Aggressivität ihrer glasklaren Aussage offenbart sich dennoch ein sensibler Geist, der den Wunsch nach einem gutem, einem richtigen Leben nicht aufgegeben hat.

Grit Weber, Stellvertretende Direktorin

Kuratorin für Design, Kunst und Medien, Museum Angewandte Kunst, Frankfurt/M.

Museum Angewandte Kunst

(HOW DO WE WANT TO LIVE?)

In her magnum opus *The Human Condition* (1958), Hannah Arendt discusses three concepts of human activity: labor, work, and action. She associates the last one—action—with the establishment and preservation of community, which, according to her, first creates the conditions for continuity, for remembering, and thus for history. Therefore she regards action as being both separate from the labor of simply ensuring existence, and also separate from work on an artificial world, which responds to natural flux with something like material duration. Particularly institutions such as museums are found in Arendt's concept of action, as they take things that are produced and place them in a social context. The works of artists oscillate between work on the world and action in the world. They are therefore more open, and it is precisely this that makes them important for museums.

Since being conceived anew under the management of the director, Professor Matthias Wagner K, the Museum Angewandte Kunst has focused again and again on the perception of current developments in society. From a historical perspective, the institution is a product of industrial capitalism: it was established in the nineteenth century by affluent citizens who collected objects and exhibited them as examples of good taste. The collections were supposed to have a direct, useful application at the transition from handcraft to industrial production. These objects make it possible, even until today, to trace fundamental relationships between technology and product, design and society, and to develop new perspectives and approaches. In particular, they are found again in the topics of applied and visual art, which is why the institution collaborates gladly and frequently with contemporary artists for its exhibitions and events; in the topics that artists take up and process, it is possible to negotiate the perspectives on central questions of human existence.

In their works, Rob Crosse, Richard Sides, and Sung Tieu, the winners of the 2021 *ars viva* prize, each touch on questions of how we live and want to live in a distinctive way. Their central medium is digital film, respectively supplemented with photography, installation, and occasionally also objects. I would like to describe Rob Crosse as a tactile observer, who, with his film images and fictitious dialogues, leads us from the surface of the perceptible into the depths of experience. Crosse narrates from the perspective of his protagonists and thus facilitates great identification for us—but it is an identification that is disrupted and refracted by the artist's interventions. He therefore makes the fine line between desire and love, between Eros, Philia, and Agape, perceptible.

Sung Tieu brings the pictures and events of the past back to the present, since only here can they be assessed anew and perhaps also healed. The film editing, camera movement, and above all color alienations and sound generate a tremendous pull that draws us back to the war based on landscape images created in the forests and Mekong Delta of Vietnam. Sung Tieu tells of the war but, rather than using a documentary style, produces instead a quasi-oppressive and fantastical atmosphere, which draws on ritual, magic, and physical memory.

Richard Sides, in contrast, seems like a warrior. His weapons are pictures from the internet. For his films, he utilizes such websites that turn everything and everyone into a commodity. Sides picks up on the sequences' high number of hits, takes possession of them, and gives the sequences of images a rhythm of his own. His films are generally commentaries that question the freedom of the individual in the face of digital economization. What is nonetheless also revealed in the aggressiveness of their crystal-clear message is a sensitive spirit that has not given up the desire for a good and true life.

Grit Weber, Deputy Director

Curator of Design, Art, and Media, Museum Angewandte Kunst, Frankfurt/M.

Kunstverein Hannover

(WELCHE IST UNSERE GEGENWART?)

„Der Verein hat den gemeinnützigen Zweck, die bildende Kunst, vor allem die zeitgenössische, bekannt zu machen und das Verständnis für die Arbeiten und Probleme der Künstler in der Öffentlichkeit auf breiter Basis zu fördern; der Verein will auch zum Kunstsammeln anregen", heißt es bereits in der Satzung des 1832 gegründeten Kunstvereins Hannover, die bis heute nichts an ihrer Gültigkeit einbüßen musste.

Wie immer in der bildenden Kunst kann man nun sehr verschiedener Meinung sein, was „junge Kunst heute" bedeutet oder welche Künstlerinnen und Künstler als weniger oder mehr etabliert anzusehen und welche gar unter ihnen förderungswürdig sind. Jurysysteme versprechen eine vermeintlich demokratische Auswahl, doch kommen auch hier stets verschiedene Wahrnehmungen der Gegenwart zusammen, was die frühere Direktorin Katrin Sello 1981 zu der damaligen Herbstausstellung im Kunstverein Hannover so umschrieb: „Es wäre ein etwas naiver Glaube an den Harmonie stiftenden Geist des Pluralismus, anzunehmen, dass in einer vielköpfigen Jury die Subjektivität der Einzelnen sich zur Objektivität des Weltgeistes summiere."

Das mehrschichtige Auswahlverfahren von *ars viva* war umfangreich und besonders spannend, nicht zuletzt da wir eine sehr große Jury bildeten. Wir finden das Ergebnis hervorragend und freuen uns nun auf die eingangs zitierten „Probleme der Künstler" und Künstlerinnen. Diese haben sich historisch in Form und Inhalt gewandelt, doch sie existieren – und dass Institutionen und Preisverleiher davon ausgehen, diese verbessern zu können, indem sie sich ihrer annehmen, ist wiederum eine in der Historie wiederkehrende Konstante, die wir gerne immer wieder neu auf den Prüfstand stellen.

In der Geschichte des Kunstvereins Hannover lassen sich verschiedene Perspektiven auf die Gegenwart sowie die Relevanz gegenwärtiger Positionen beobachten; so leiteten zunächst die bürgerlichen Gründer und Mäzene den Verein. Direktiven unterschiedlicher Stadtoberhäupter markierten das Programm, und schließlich kam man zu dem Modell, das heute das bekannteste und meistpraktizierte ist: Für die Programmgestaltung werden Leiterinnen und Leiter bestellt. Mit den künstlerischen Direktorinnen und Direktoren seit den späten 1960er-Jahren internationalisierte sich die Programmatik des Kunstvereins Hannover und wurde stetig weiterentwickelt. Neben Einzelpräsentationen prägten auch thematische Ausstellungen mit gesellschaftlich relevanten Inhalten die Ausrichtung des Kunstvereins, der heute einer der größten und bekanntesten der Republik ist.

Über die Ausstellungspraxis hinaus wurde zudem 1983 der „Preis des Kunstvereins Hannover" ins Leben gerufen, um insbesondere jungen Künstlerinnen und Künstlern nicht nur Ausstellungsmöglichkeiten, sondern einen Lebens- und Arbeitsort zu ermöglichen, damit – so die Ursprungsidee – die Stadtgesellschaft bereichert werde. Hierfür steht seit Beginn ein Atelierhaus mit Garten seitens der Immobilienfirma Gundlach mietfrei zur Verfügung, in welchem die jeweils ausgewählten Stipendiatinnen und Stipendiaten ein beziehungsweise zwei Jahre leben; sie erhalten hierfür einen monatlichen Zuschuss, der von Stadt und Land übernommen wird. Junge Talente zu entdecken und diese zu begleiten, ist also nicht nur unsere Aufgabe, sondern lebendig gepflegte Praxis des Kunstvereins Hannover. Umso mehr freuen wir uns, bereits zum dritten Mal die Preisträgerinnen und Preisträger des begehrten Kunstpreises *ars viva* in unseren Räumen zu zeigen, wodurch unser Programm bestens ergänzt wird.

Kathleen Rahn
Direktorin, Kunstverein Hannover, Hannover

Kunstverein Hannover

⟨WHAT IS OUR PRESENT?⟩

"The association has the not-for-profit purpose of promoting visual art, and contemporary art in particular, and of fostering a broader understanding of the works and problems of artists in the public eye; the association also strives to encourage collecting art"; this was written in the statutes of the Kunstverein Hannover when it was established in 1832, and the statement has not had to forfeit any of its validity even up until today.

As always in visual art, one can indeed have very different opinions about what the "young art of today" means, or which artists are regarded as more or less established and which of them are worthy of support in the first place. Jury systems promise a supposedly democratic selection but various perceptions of the present are also always involved, something that the former director of the Kunstverein Hannover, Katrin Sello, already described in 1981 with regard to that year's fall exhibition: "It would be a naïve belief in the harmony-building spirit of pluralism to accept that the subjectivity of the individuals in a large jury comes together to form the objectivity of the world spirit."

The multilayered selection process of *ars viva* was wide-ranging and particularly fascinating, not least since we formed a very large jury. We find the result outstanding and now look forward to the abovementioned "problems of artists." Even though they have changed in form and content over history, they exist—and the fact that institutions and presenters of awards believe they can improve the understanding of them by accepting them is in turn a recurring constant in history that we are pleased to put to the test again and again.

In the history of the Kunstverein Hannover, it is possible to observe various perspectives on the present as well as the relevance of contemporary positions; the middle-class founders and art patrons thus initially managed the association. Directives by various municipal leaders shaped the program, ultimately giving rise to the model that is the most well known and most practiced today: directors are appointed for the program planning. Under the artistic directors since the late 1960s, the program of the Kunstverein Hannover has been internationalized and continuously developed further. In addition to solo presentations, thematic exhibitions with socially relevant topics have also shaped the orientation of the Kunstverein, which is today one of the biggest and renowned art associations in Germany.

In addition to the exhibition practice, the "Preis des Kunstvereins Hannover" (Prize of the Kunstverein Hannover) was also brought into being in 1983, to facilitate in particular not only exhibition opportunities for young artists, but also a new place to live and work, so that—according to the original idea—urban society would be enriched. For this, the Gundlach real estate company provides a studio building with a garden rent-free, in which the respectively selected grant recipients live for one and/or two years; in this connection, they also receive a monthly subsidy provided by the city and federal state. Discovering and accompanying young talents is thus not only our task, but also a vibrantly cultivated practice of the Kunstverein Hannover. We are therefore all the more pleased to already present the winners of the coveted *ars viva* prize in our rooms for the third time, whereby our program is supplemented in an optimal way.

Kathleen Rahn

Director, Kunstverein Hannover, Hanover

Fogo Island Arts

Fogo Island Arts (FIA) ist eine residenzbasierte Organisation für zeitgenössische Kunst und Ideen, die Künstler*innen, Filmemacher*innen, Schriftsteller*innen, Musiker*innen, Kurator*innen, Designer*innen und Denker*innen aus aller Welt fördert. Seit 2008 holt FIA die spannendsten aufstrebenden und etablierten Künstlerinnen und Künstler der Gegenwart auf die kanadische Insel Fogo Island vor der Küste Neufundlands, wo sie am Residenzprogramm teilnehmen und Einzelausstellungen in der Fogo Island Gallery zeigen. Als Teil seiner internationalen Aktivitäten bietet FIA zudem öffentliche Programme in kanadischen Städten und im Ausland an, die sich mit Schlüsselfragen von aktuellem Interesse befassen. Dazu gehört auch die interdisziplinäre Gesprächsserie „Fogo Island Dialogues".

Die besondere Partnerschaft mit dem Kulturkreis der deutschen Wirtschaft im BDI e. V., die mittlerweile im fünften Jahr besteht, ermöglicht es den *ars viva*-Preisträgerinnen und -Preisträgern, im Rahmen des internationalen Residenzprogramms einen Monat auf Fogo Island zu verbringen. Die Residenz bietet den Künstlerinnen und Künstlern nicht nur die Gelegenheit zu forschen und zu produzieren, sondern auch in eine Gemeinschaft und Lebensweise einzutauchen, die tief mit der Natur verbunden ist.

Die FIA-Programme sind global angelegt, beziehen ihre Relevanz jedoch aus dem lokalen Kontext. Als Initiative der Wohltätigkeitsorganisation Shorefast ist FIA in ein Netzwerk von Sozialunternehmen und gemeinnützigen Programmen eingebettet, die auf den kulturellen, gesellschaftlichen und ökonomischen Besonderheiten der Insel aufbauen, sich aber auch nach außen wenden. FIA und Shorefast verfolgen das Ziel, Gemeinschaften zu stärken und erfolgreiche Partnerschaften zwischen Kunst und Wirtschaft zu entwickeln, indem sie auf lokaler Ebene innovative Ideen umsetzen, die sich weltweit adaptieren und anwenden lassen.

Während dieser Text entsteht, befinden wir uns in der zutiefst beunruhigenden und zerstörerischen Situation einer globalen Pandemie. Dieser kataklystische Moment hat eine sowohl buchstäbliche als auch metaphorische Rückkehr an unsere lokal begrenzten Wohnorte erzwungen und uns daran erinnert, dass wir, auch wenn Teile unseres Lebens zunehmend von digitalen Technologien unterstützt werden, leibliche und soziale Wesen bleiben. Diese Perspektive beschert uns ein gesundes neues Bewusstsein für das, was uns nah und zutiefst lebensnotwendig ist, und damit die Gelegenheit, positive Veränderungen herbeizuführen.

Lokal verankert und global geprägt, zielt unsere Arbeit darauf ab, den Austausch von Ideen und Innovationen über Grenzen hinweg zu fördern. In diesem Zusammenhang ist das Potenzial von Kunst und Künstlerinnen und Künstlern, Fragen zu stellen, neue Sichtweisen anzubieten und teils „unlogisch zu denken", umso bedeutender, wenn wir nach positiven Anfängen suchen, um die postpandemische Welt zu gestalten.

Nicolaus Schafhausen
Strategischer Direktor, Fogo Island Arts

Alexandra McIntosh
Direktorin für Programme und Ausstellungen, Fogo Island Arts, Fogo Island, Kanada

Fogo Island Arts

Fogo Island Arts (FIA) is a residency-based contemporary art and ideas organization that supports artists, filmmakers, writers, musicians, curators, designers, and thinkers from around the world. Since 2008, FIA has brought some of the most exciting emerging and renowned artists of today to Fogo Island, Newfoundland, Canada, to take part in residencies and to present solo exhibitions at the Fogo Island Gallery. FIA also presents public programs that engage with key issues of contemporary concern in cities across Canada and abroad, including the Fogo Island Dialogues interdisciplinary conversation series, as part of its international outreach.

Fogo Island Arts' special partnership with the Kulturkreis der deutschen Wirtschaft im BDI e. V., now in its fifth year, invites *ars viva* laureates to spend a month on Fogo Island as participants of the international residency program. The residency provides the artists with opportunities for research and production as well as an immersion in a community and way of life deeply connected with the natural world.

FIA programs are global in scope but draw relevance from their local context. An initiative of Shorefast, FIA is embedded within a network of social businesses and charitable programs that build upon the cultural, social, and economic specificities of Fogo Island but also connect to the larger world. FIA and Shorefast aim to strengthen communities and develop successful partnerships between the fields of art and business, implementing innovative ideas at the local level that can be adapted and applied at a global scale.

At the time of writing, we find ourselves in the highly disconcerting and destructive situation of a global pandemic. This cataclysmic moment has enforced a literal and metaphorical return to the local places in which we live, reminding us that, while aspects of our lives are increasingly supported by digital technologies, we remain embodied, social creatures. This perspective grants us a healthy new awareness of what is near to us and most essential, and with it, an opportunity to create positive change.

Grounded in the local and informed by the global, our work aims to foster an exchange of ideas and innovation across borders. Within this context, the potential of art and artists to pose questions, offer new perspectives, and engage in "illogical thinking" is ever more significant as we look for positive ways to begin shaping the post-pandemic world.

Nicolaus Schafhausen
Strategic Director, Fogo Island Arts

Alexandra McIntosh
Director of Programs and Exhibitions, Fogo Island Arts, Fogo Island, Canada

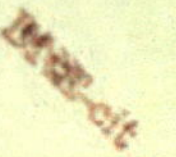

Devil's birthday, the

"The Devil's birthday"

. . . it was quite common for people to say, when
pea soup was being served, "It's the Devil's birthday
again".

„'s wär' irgendein Teufelskerl, ein lustiger Kerl im Camp oder in der Stadt.“

"'t'would be some devilskin, some funny man around the camp or town."

Oscar Enberg, *ars viva* 2017/18, September 2018

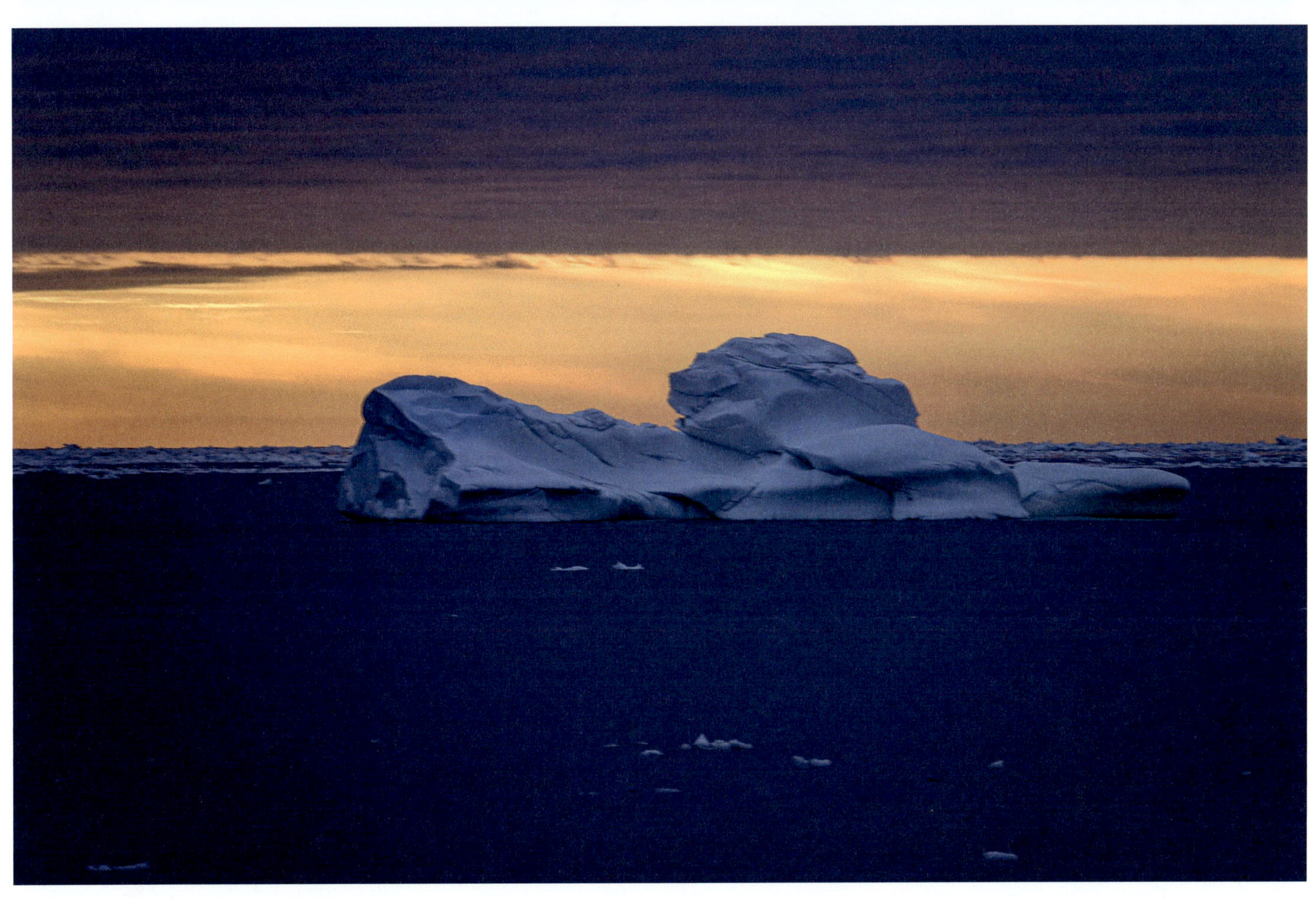

Sommer: Ich kam mitten in einem Schneesturm an. Die Luft war frisch und voller Schnee, der Wind so heftig, dass man nicht aufrecht gehen konnte. Aufgewühlt toste das Meer, Eisklumpen zermahlend. Nebel statt Horizont. Ich war am Ende der Welt gestrandet. Und ich liebte es.

Summer time: I arrived in the middle of a snowstorm. The air was fresh and filled with snow, the wind so fierce you couldn't walk upright. The ocean was wild and roaring, grinding ice nuggets. Fog instead of horizon. I was stranded at the end of the world. And I loved it.

Niko Abramidis, *ars viva* 2018/19, Fogo Island, Juni/June 2019

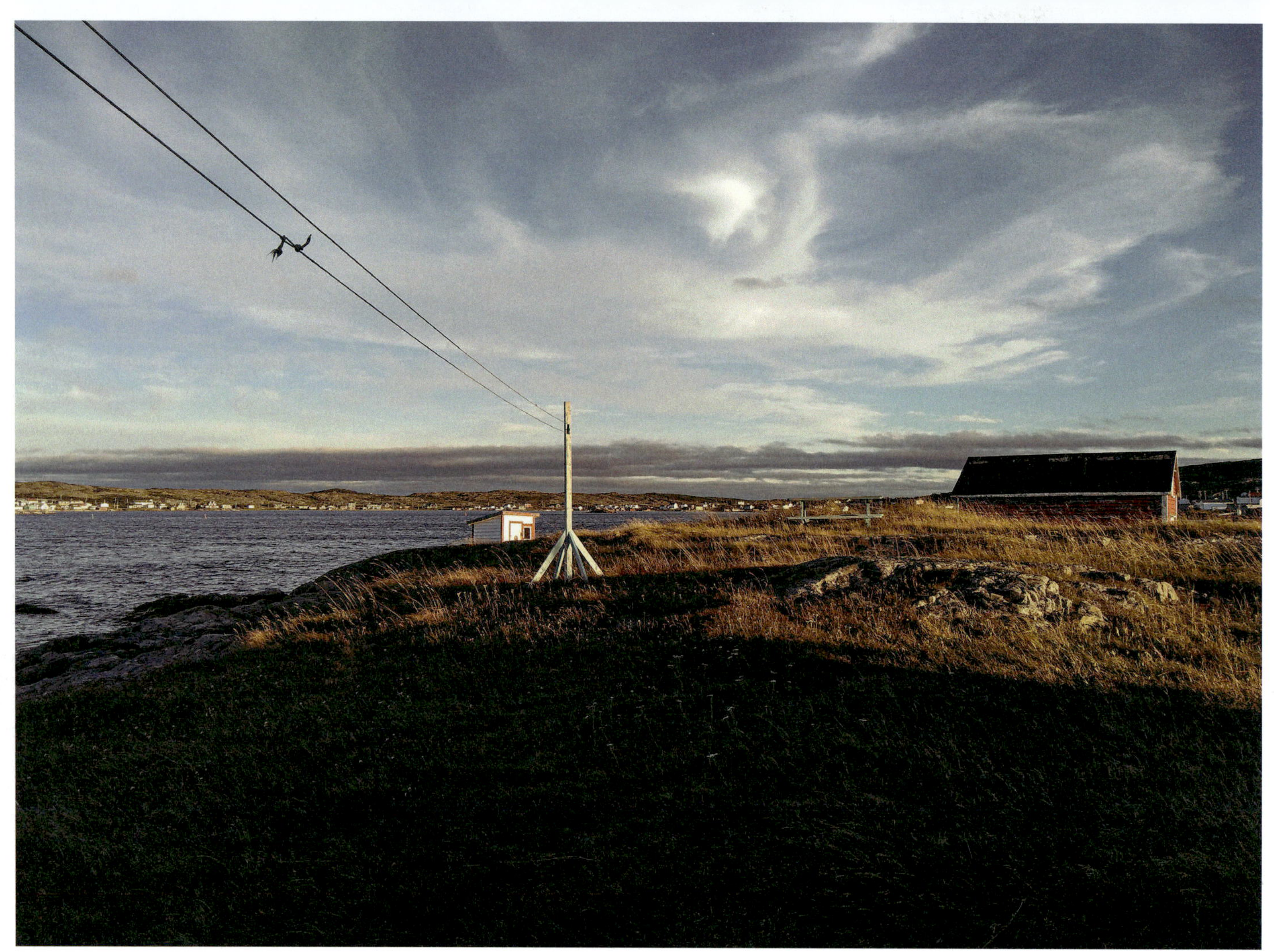

Perfekt verbunden.

Perfectly Connected.

Keto Logua, *ars viva* 2018/19, Fogo Island, August 2019

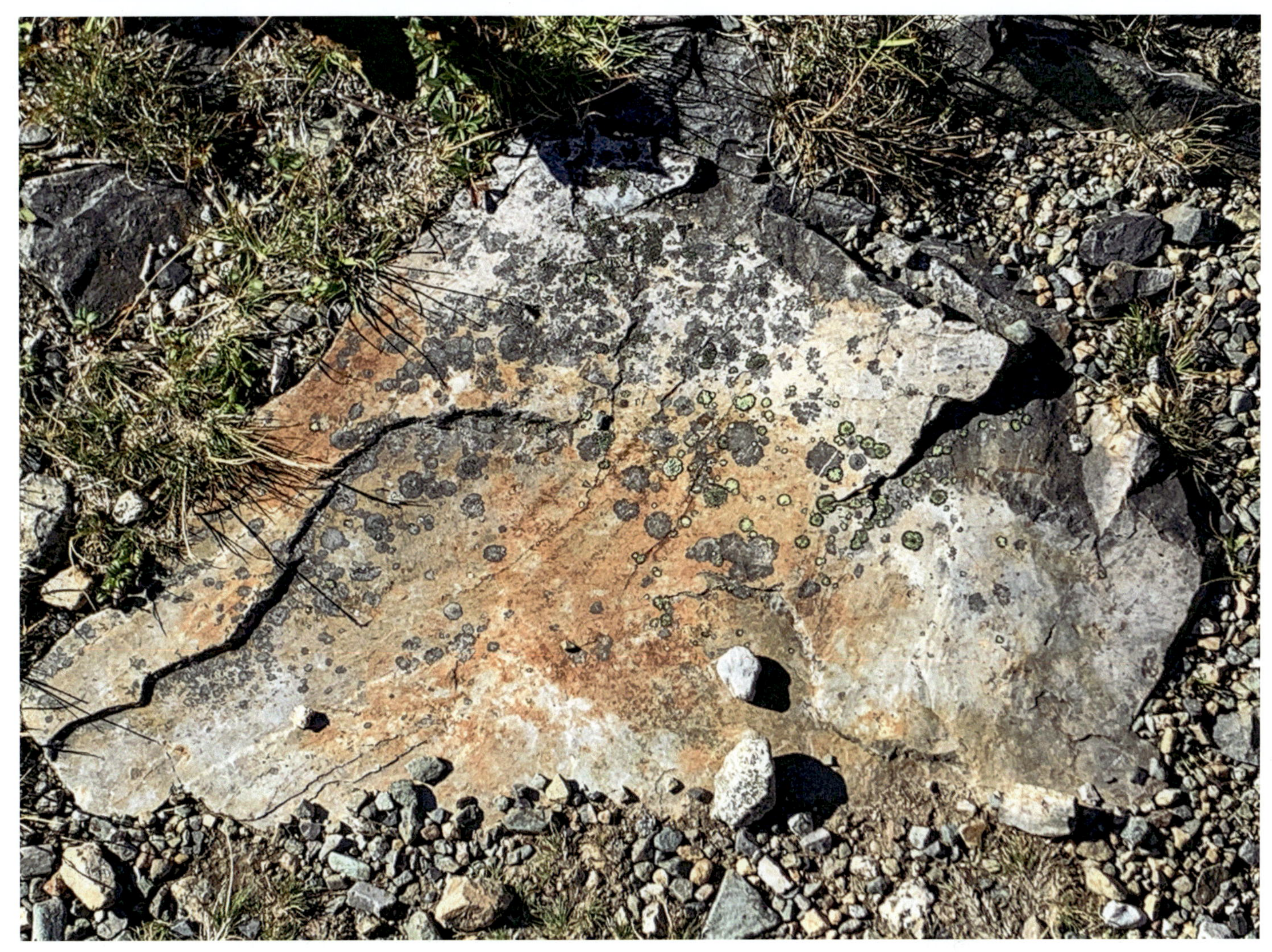

Die Farben, die Formation und das Leuchten der Steine auf Fogo Island strahlen eine eigene Kraft und Geschichte aus. Ihre Rauheit und gleichzeitige Zartheit sind mir im Gedächtnis geblieben. Je nach Lichteinfall, Tageszeit und Wetter verändern sie ihren Charakter und ihre Gestalt.

The colors and the formation and the luminousness of the stones on Fogo Island radiate a power and history of their own. Their roughness and simultaneous delicateness have remained in my memory. Depending on the incidence of light, time of day, and weather, they change their character and appearance.

Cana Bilir-Meier, *ars viva* 2018/19, Fogo Island, September 2019

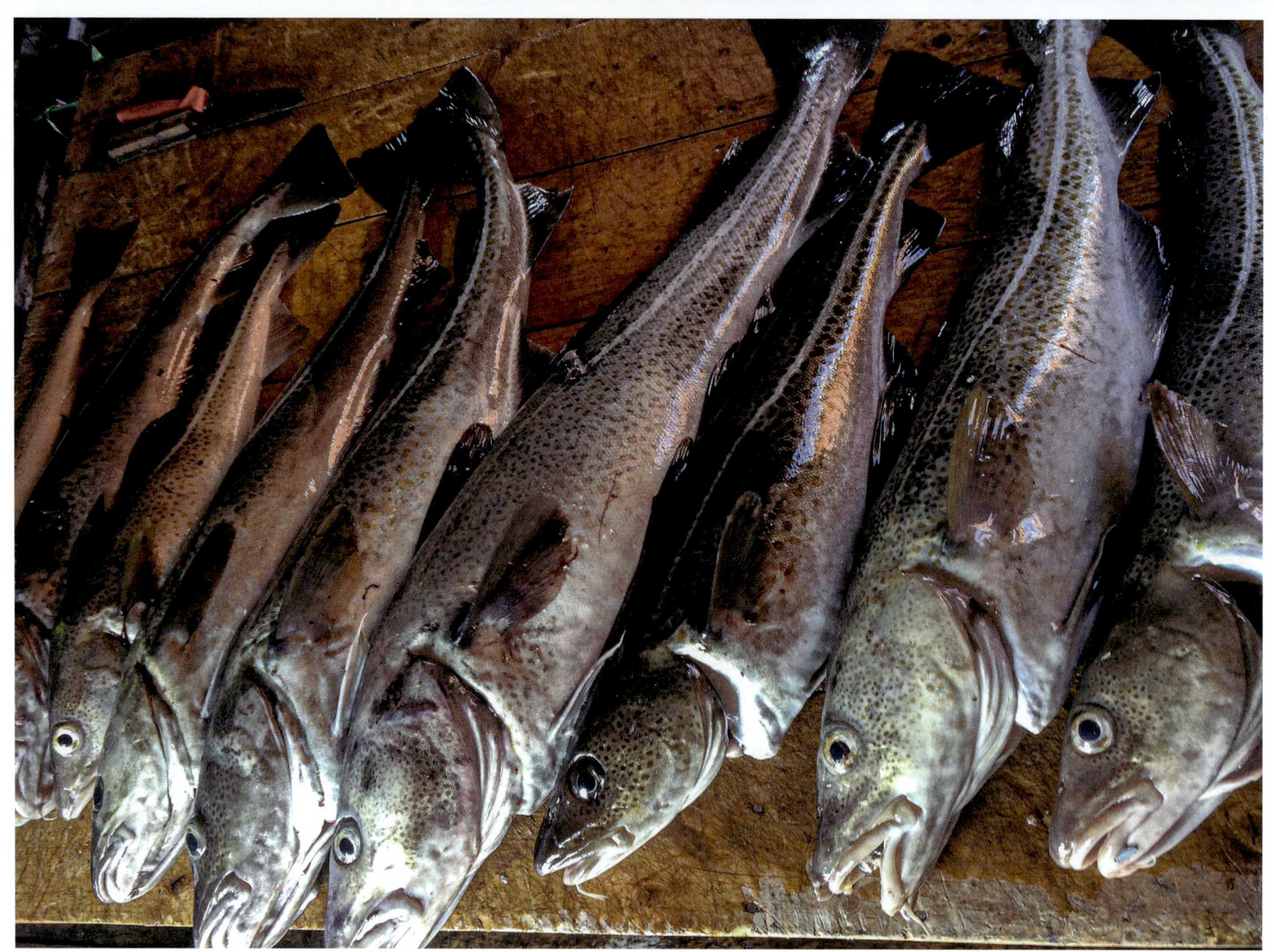

Ich war erst drei Tage auf Fogo, als ich von jungen Menschen, die auf Fogo leben und arbeiten, eingeladen wurde abends mitzuziehen. Wir gingen erst essen, dann in eine Bar, wo fleißig Karaoke gesungen wurde. Danach gab es ein Lagerfeuer in der Natur – wir haben verschiedene Speisen gegrillt und gesungen, bis die Sonne langsam aufging. Meine schönste Nacht auf Fogo!

I had been on Fogo for three days when I was invited to spend the evening with some young people who live and work there. First we went to eat, then to a bar where karaoke was being sung industriously. Afterwards, there was an outdoor bonfire: we grilled various foods and sang until the sun slowly ascended. My most beautiful night on Fogo!

Thibaut Henz, *ars viva* 2019/20, Fogo Island, Juli/July 2019

1998
Kai Althoff
Lothar Hempel
Manfred Pernice
Torsten Slama
Sean Snyder

1997
Heike Baranowsky
Eva Grubinger
Daniel Pflumm
Heidi Specker
Wawrzyniec Tokarski

1996
Martin Gerwers
Dirk Skreber
Corinne Wasmuht

1995
Thomas Demand
Jochen Lempert
Barbara Probst
Wolfgang Tillmans

1994
Udo Koch
Karin Sander
Beate Terfloth

1993
Iris Häussler
Leni Hoffmann
Eran Schaerf
Pia Stadtbäumer
Ute Weiss-Leder

1991
Stephan Dietrich
Bogomir Ecker
Ludger Gerdes
Jörg Herold
Astrid Klein
Raimund Kummer
Olaf Metzel
Aribert von Ostrowski
Hermann Pitz
Götz Stöckmann

1990
Birgit Antoni
Gisela Bullacher
Dieter Kiessling
Mischa Kuball

1989
Thomas Huber
Rupprecht Matthies
Michael van Ofen
Christiane Richter
Dieter Villinger

1988
Ernst Caramelle
Ingo Günther
Christina Kubisch
Boris Nieslony

1987
Ludger Gerdes
Candida Höfer
Daniel Poensgen
Thomas Ruff
Thomas Struth

1986
Bogomir Ecker
Raimund Kummer
Hermann Pitz
Thomas Virnich

1985
Ute Pleuger
Eun Nim Ro
Rosemarie Trockel

1984
Helmut Dorner
Lutz Fritsch
Clemens Kaletsch
Axel Lieber
Mechthild Nemeczek
Peter Telljohann
Claude Wall

1983
Hans-Peter Adamski
Max Neumann
Albert Oehlen
Hyun-Sook Song
Volker Tannert
Elisabeth Wagner
Troels Wörsel

1982
Marina Abramovic
Klaus vom Bruch
Barbara Hammann
Peter Kolb
Marcel Odenbach
Friederike Pezold
Frank Soletti

1981
Hella Berent
Otto Boll
Bruno Krenz
Johannes Lenhart
Christiane Möbus
Reinhard Mucha
Gerd Rohling

1980
Erhard Göttlicher
Friedemann Hahn
Thomas Kaminsky
Nikolaus Koliusis
Horst Schuler
Isolde Wawrin
Jochen Weber-Diedrichs

1979
Jaroslav Adler
Josef Erben
Axel Hütte
Marin Kasimir
Barbara & Michael Leisgen
Geerd Moritz
Katharina Sieverding

1978
Gerald Domenig
Ralph Fleck
Christian Hanussek
Nicole van den Plas
Rolf Zimmermann

1977
Wolfgang Finck
Theo Lambertin
Gerhard Merz
Anna Oppermann

1973/76
Arbeitsstipendien/
Project artists' grant

1971
Dieter Asmus
Claus Böhmler
Hede Brühl
Jobst Meyer
Peter Nagel
Peter Nettesheim
Alf Schuler
Nikolaus Störtenbecker
Norbert Tadeusz
Dietmar Ullrich

1969
Roberto Cordone
Rolf-Gunter Dienst
Wolfgang Göddertz
Karl-Hermann Käppel
Hans-Günther van Look
Karl Vogelsang

1968
Georg Baselitz
Jürgen Erasmus Schlammer
Hans-Wolfgang Lingemann
Gerwalt Kafka
Tessa Traut

1967
Heinrich Brummack
Gabriele Grosse
Karl-Horst Hödicke
Werner Knaupp
Arno Oppermann

1966
Peter Könitz
Lorenz G. Lenz
Willy Meyer-Osburg
Josua Reichert

1965
Jürgen Lachéra
Jens Lausen
Friedrich Meckseper
Manfred Schmitz
Ekkehard Thieme
Bernd Völkle

1963
Klaus Bushoff
Marianne Eichbaum
Gerhard von Graevenitz
Paul Isenrath
Christian Roeckenschuss
Dieter Rühmann
Hans J. Schreiner

1962
Gerd Hanebeck
Dieter Kraemer
Helmut Sundhaußen

1961
Bert Gerresheim
Peter Großbach
Rudolf Schoofs
Ehrengaben:
Hans Arp
Max Ernst

1960
Horst Antes
Bernhard Boes
Volkmar Haase
Herbert Kämper
Heimrad Prem
Ursula Sax

1959
Peter Brüning
Peter-Wilhelm Klasen
Philip Weichberger
Helmut Wolff

1958
Gerhard Ausborn
Ursula Benker-Schirmer
Winfried Gaul

Otto-Herbert Hajek
Jochen Hiltmann
E.R. Nele
Hedwig Popp-Thomas
Manfred Sieler
Jan Voss
Karl-Heinz Wich

1957
Manfred Großmann
August Jäkel
Horst Janssen
Guido Jendritzko
Dieter Kerchner
Rudolf Mauke
Pitt Moog
Günter Ferdinand Ris
Rolf Sackenheim
Will Sensen
Herbert Zangs

1956
Klaus Arnoldt
Hal Busse
Michael Croissant
Wolfgang Dahnke
Roland Dörfler
Irene Goethert-Merz
Jürgen von Hündenberg
Paul Kamper
Hans Kock
Bernd Krimmel
Hans Metz
Günter Neusel
Dieter Rudolph
Brigitte Jonelat-Saebisch
Ernemann F. Sander
Willi Wernz
Gerhard Wind
Reiner Zimnik

1955
Walter Brendel
Klaus Frank
Paul Ibenthaler
Helmut Lander
Irene Merz
Hermine Müller
Karl Potzler
Eberhard Schlotter
Gotthelf Schlotter
Günther Schoregge
Horst Skodlerrak
Dieter Stein
Hans Steinbrenner
Rudi Tröger
Wilhelm Uhlig
Joachim Wermann
Alfred Winter-Rust
Paul Wunderlich
Thomas Zach

1954
Ursula Arndt
Herrmann Bachmann
Ernst Dostal
Joachim Dunkel
Erwin Wichbaum
Eva Großberg
Carl-Henz Kliemann
Harry Kögler
Helmut Lang
Heiner Malkowsky
Clemens Pasch
Jörn Pfab
Karl Stachelscheid
Helmut Verch
Karl Wennig

1953
Egon Altdorf
Jürgen Brandes
Harald Duwe
Johann-Georg Geyger
Erhard Gross
Helmut Hoffmann
Friedrich J. Meis
Albert-Christoph Reck
Karl Reidel
Helmut Rogge
Piere Schumann
Gerhard Wendland

⟨Rob Crosse⟩

Dear Samuel, 2019
Videostills / Video stills
9:30 min, 1-Kanal-Videoinstallation,
HD-Video, Farbe, Ton / Single-channel
video installation, HD video, color, sound
Unterstützt von / Supported by
videoclub, Videotage und/ and Eaton HK
S. / pp. 24, 33–37

Prime Time, 2017
Videostills / Video stills
20 min, 1-Kanal-Videoinstallation, HD-
Video, Farbe, Ton / Single-channel video
installation, HD video, color, sound
Im Auftrag von / Commissioned by Film
and Video Umbrella; Grundy Art
Gallery, Blackpool, GB
Unterstützt von / Supported by Arts
Council England
S. / pp. 28, 38–41

Clear as a Bell, 2016
Videostills / Video stills
7:55 min, 1-Kanal-Videoinstallation,
HD-Video, Farbe, Ton / Single-channel
video installation, HD video, color, sound
Im Auftrag von / Commissioned by
Kingsgate Projects
Unterstützt von / Supported by Arts
Council England
S. / pp. 25, 29, 42, 43

Mall Walking, 2015
Videostills / Video stills
13 min, 1-Kanal-Videoinstallation, HD-
Video, Farbe, Ton / Single-channel video
installation, HD video, color, sound
Unterstützt von / Supported by Bemis
Center for Contemporary Arts, Omaha, US
S. / pp. 44–47

Innenseiten / Inner sides:
David Nash, *In Case of Death*, 2016

Entwickelt in Bezug auf den Film /
Commissioned in response to the film
Clear as a Bell (2016) von / by Rob Crosse

Wenn nicht anders angegeben Courtesy
für alle Werke / Unless otherwise stated
all works courtesy: Rob Crosse

⟨Sung Tieu⟩

To the Editor: Inside the Block, 1995, 2019
Druck auf Zeitungsstapel /
Print on newspaper stock
49,5 × 31 cm / 19 ½ × 12 ¼ in
S. / pp. 61–62

Move around, get inside – Brutally minimalist interior, 2019, 2019
Digitaldruck auf Zeitungsstapel /
Digital print on newspaper stock
49,5 × 31 cm / 19 ½ × 12 ¼ in
S. / pp. 63–64

Prügelei auf Spielplatz, 2019, 2019
Druck auf Zeitungsstapel /
Print on newspaper stock
49,5 × 31 cm / 19 ½ × 12 ¼ in
S. / pp. 65–66

Borders 2.0, 2018, 2020
Druck auf Zeitungsstapel /
Print on newspaper stock
49,5 × 31 cm / 19 ½ × 12 ¼ in
S. / pp. 67–68

Manning the Deck, 2019, 2020
Druck auf Zeitungsstapel /
Print on newspaper stock
49,5 × 31 cm / 19 ½ × 12 ¼ in
S. / pp. 69–70

Citizen of Nowhere, 2020, 2020
Druck auf Zeitungsstapel /
Print on newspaper stock
49,5 × 31 cm / 19 ½ × 12 ¼ in
S. / pp. 71–72

*Troops Employ Phantastic New Tools
In 'Nam, 1969*, 2017
Digitaldruck auf Zeitungsstapel /
Digital print on newspaper stock
49,5 × 31 cm / 19 ½ × 12 ¼ in
S. / pp. 73–74

Two Worlds, Four Spirits, 1996, 2018
Digitaldruck auf Zeitungsstapel /
Digital print on newspaper stock
49,5 × 31 cm, 19 ½ × 12 ¼ in
S. / pp. 75–76

Innenseiten der Abfolge im Katalog
nach geordnet / Inner sides based on
the order of the catalogue:

Installationsansicht / Installation view:
Formative Years on Dearth,
Parrhesiades, The Yard & Flat Time
House, London, GB, 2019
Foto / Photo: Mark Blower

Loveless, 2019
7-Kanal-Klanginstallation in Objekten /
7-channel sound installation in objects
18 min, komponierte Klänge auf 7
tragbaren Lautsprechern, 7 MP3-
Spieler, Tischeinheiten aus Edelstahl,
Lebensmittel- und Getränkebehälter,

Druck auf Papierstapel, Dimensionen
variabel / composed sounds on 7
portable speakers, 7 MP3 players,
stainless steel table units, food and
drink containers, print on newspaper
stock, dimensions variable
Installationsansicht / Installation view:
Loveless, Piper Keys, London, GB, 2019
Foto / Photo: Mark Blower

Parkstück (Detail), 2019
6-Kanal-Klanginstallation in Objekten /
6-channel sound installation in objects
15 min, komponierte Klänge auf 6
tragbaren Lautsprechern, 6 MP3-
Spieler, Tischeinheiten aus Edelstahl,
Picknickkorb, Kühlbox,
Lebensmittelbehälter, Druck auf
Papierstapel, Dimensionen variabel /
composed sounds on 6 portable
speakers, 6 MP3 Players, stainless steel
table units, picnic baskets, cooling box,
food containers, print on newspaper
stock, dimensions variable
Installationsansicht / Installation view:
Parkstück, Fragile, Berlin, DE, 2019
Foto / Photo: Jonas Wendelin

Zugzwang (Detail), 2020
6-Kanal-Klanginstallation in Objekten /
6-channel sound installation in objects,
20:45 min,
HD-Video auf Computerbildschirm /
HD-video on office monitor, 2:36 min
Schreibtisch aus Schwarzstahl, Tastatur,
Computermaus, Bilderrahmen,
Computergehäuse, zwei Drucke auf
Zeitungspapier, Haifischbecher, Öl,
Bürostuhl, zwei Regale aus Schwarzstahl,
Fotoalbum, Sparschwein, Büroordner,
Schuhe, Globus, Erste-Hilfe-Set,
Briefablage, Schokoladenglückskäfer,
Kinderwagen mit Nachthemd,
Porzellanfiguren, Plastikblumen,
Schmuckschachtel, 1-Cent-Münze,
bedruckte Becher, Aschenbecher,
Eimer, Aktenkoffer, Plastikhocker,
Handschuhe, 6 tragbare Lautsprecher,
6 MP3-Player / Black steel desk,
keyboard, mouse, picture frames,
computer case, two prints on newspaper
stock, shark cup, oil, office chair, two
black steel shelving units, photo album,
piggy bank, office folder, shoes, globe,
first-aid kid, letter tray, chocolate lady
birds, pram with sleeping dress,
porcelain figures, plastic flowers,
jewelry box, one-cent coin, printed
mugs, ashtray, bin, briefcase, plastic
stools, gloves, six portable speakers,
six MP3 Players

Schreibtisch / Desk: 289,5 × 140 × 72 cm
(114 × 55⅛ × 28⅜ in) und / and zwei
Regale / two shelves, , jeweils / each :
391 × 283,4 × 67,5 cm (154 × 11⅝ × 26⅝ in)
Installationsansicht / Installation view:
Zugzwang, Haus der Kunst, München /
Munich, DE, 2020
Foto / Photo: Maximilian Geuter

Manning The Deck (Detail), 2020
Edelstahlspiegel, Druck auf
Zeitungspapier, Papiernotizen,
Fotografie, Magnete / Stainless steel
mirror, print on newspaper stock, paper
notes, photograph, magnets
135 × 90 cm / 53⅛ × 35⅜ in
Installationsansicht / Installation view:
Zugzwang, Haus der Kunst, München /
Munich, DE, 2020
Foto / Photo: Maximilian Geuter

Zugzwang (Detail), 2020

*Troops Employ Phantastic New Tools
In 'Nam, 1969*, 2017
Digitaldruck auf Zeitungsstapel /
Digital print on newspaper stock
49,5 × 31 cm, 19 1/2 × 12 1/4 in
Installationsansicht / Installation view:
Song for Unattended Items, Royal
Academy of Arts, London, GB, 2018
Foto / Photo: Mark Blower

No Gods, No Masters, 2017
Videostill / Video still
19:13 min, HD-Video, 4-Kanal-Ton /
HD video, 4-channel sound

Wenn nicht anders angegeben Courtesy
für alle Werke / Unless otherwise stated
all works courtesy: Sung Tieu und / and
Emalin, London, GB

⸤Richard Sides⸥

Midnight in a Perfect World, 2019
Videostill / Video still
1:09:37 min, 1-Kanal-Video, Farbe, Ton /
Single-channel video, color, sound
S. / p. 81

Installationsansicht / Installation view:
Dwelling, Kunstverein Braunschweig,
Braunschweig, DE, 2019–2020
Foto / photo: Stefan Stark
S. / p. 82

Invisible World, 2016
22:52 min
1-Kanal-Videoinstallation, Farbe,
4-Audiokanäle, Mixed Media,

Dimensionen variabel / Single-channel
video installation, color, 4-channel
sound, mixed media, variable dimensions
Installationsansicht: Carlos/Ishikawa,
London, GB, 2016
Courtesy: Richard Sides und / and
Carlos/Ishikawa, London, GB
S. / p. 85

Like a pig in shit, 2019
Videostill / video still
18:50 min, 1-Kanal-Videoinstallation,
Farbe, Ton / Single-channel video, color,
sound
S. / p. 86

*When what used to excite does not
anymore …*, 2019
Permanent-Marker, Papiercollage auf
Zeitschriftenpapier / Permanent
marker, paper collage on magazine page
21 × 29,7 cm
S. / p. 89

Surprise procession, 2019
Permanent-Marker, Inkjet-Print auf
gefundenem Papier / Permanent
marker, inkjet print on found paper
21 × 29,7 cm
S. / p. 90

Self-reflection in perspective, 2019
Tinte, Papiercollage / Ink, paper collage
21 × 29,7 cm
S. / p. 91

Fascism & Masculinity, 2018
Permanent-Marker auf Papier /
Permanent marker on paper
21 × 29,7 cm
S. / p. 92

*What is all this? What is all this stuff
around me; this stream of experiences
that I seem to be having all the time?*,
2019
Permanent-Marker auf Papier /
Permanent marker on paper
21 × 29,7 cm
S. / p. 93

Untitled (abstract tourism), 2018
Permanent-Marker auf gefundenem
Berliner Stadtplan / Permanent marker
on found tourist map of Berlin
21 × 29,7 cm
S. / p. 94

*There's a blizzard of cocaine and I
hate it*, 2019

Collage auf Papier / Collage on paper
21 × 29,7 cm
S. / p. 95

Twisted and/or cooked, 2019
Permanent-Marker, Inkjet-Print,
Azetatfolie auf Papier, beschichtet /
Laminated permanent marker, acetate,
over inkjet print on paper
21 × 29,7 cm
S. / p. 96

*the devil equals death and death equals
death – rich people are weird*, 2019
Papiercollage, Inkjet-Print auf Papier /
Paper collage, inkjet print on paper
21 × 29,7 cm
S. / p. 97

Serial killers, 2019
Collage auf Zeitschriftenpapier /
Collage on magazine page
22,2 × 29,7 cm
S. / p. 98

*Sliding down a hill of reasons in order to
stay alive*, 2003–2019
Permanent-Marker, Kugelschreiber auf
Papier / Permanent marker, ballpoint
pen on paper
21 × 29,7 cm
S. / p. 99

Jet set, 2017
Permanent-Marker auf Papier /
Permanent marker on paper
21 × 27,6 cm
S. / p. 100

This motion will never stop, 2019
Inkjet-Print, Permanent-Marker auf
Papier / Inkjet print, permanent marker
on paper
21 × 29,7 cm
S. / p. 101

1968, 2019
Papiercollage, Zeichnung, Papiercollage,
Permanent-Marke auf Papier / Pencil
drawing, paper collage, permanent
marker on paper
21 × 29,7 cm
S. / p. 102

Television kills, 2018
Collage auf Zeitschriftenpapier /
Collage on magazine page
22 × 29,7 cm
S. / p. 103

*ASPIRATIONS and ASPiRIN are
proper killing everyone's buzz all the
time*, 2019
Inkjet-Print, Textmarker auf Papier /
Inkjet print, highlighter pen on paper
21 × 29,7 cm
S. / p. 104

Innenseiten / Inner sides:

Materialboxen im Studio / Boxes of
materials in the studio, 2020

Wenn nicht anders angegeben Courtesy
für alle Werke / Unless otherwise stated
all works courtesy: Richard Sides

⊏Künstlerresidenzen /
Artist residencies 2019
Fogo Island, CAN⊐

© Oscar Enberg
S. / p. 116

© Niko Abramidis & NE,
Foto / Photo: Susi Gelb
S. / p. 117

© Keto Logua
S. / p. 118

© Cana Bilir-Meier
S. / p. 119

© Thibaut Henz
S. / p. 120

Diese Publikation erscheint anlässlich
der Ausstellungsreihe mit Werken der
Preisträgerin und der Preisträger des
Kulturkreises der deutschen Wirtschaft
im BDI e. V. /
This publication was released to accompany the prizewinners' exhibition

ars viva 2021

Rob Crosse

Sung Tieu

Richard Sides

Ausstellungen / Exhibitions

10.10.2020 – 31.01.2021
Museum Angewandte Kunst
Schaumainkai 17
60594 Frankfurt/M.
www.museumangewandtekunst.de

Frühling / Spring 2021
Kunstverein Hannover
Sophienstraße 2
30159 Hannover / Hanover
www.kunstverein-hannover.de

Residenz / Residency

Fogo Islands Arts
334-Suite 100
PO Box 70-JBS
Fogo Island, NL
AOG 2X0 Kanada / Canada
www.fogoislandarts.ca

Publikation

Herausgeber / Editor:
Kulturkreis der deutschen Wirtschaft
im BDI e. V.
Haus der Deutschen Wirtschaft
Breite Straße 29
10178 Berlin
Deutschland / Germany
www.kulturkreis.eu

Geschäftsführerin / Managing Director:
Dr. Franziska Nentwig
Redaktion / Editors:
Min-young Jeon, Mathilda Legemah
Autorinnen, Autoren / Authors:
Min-young Jeon, Colin Lang,
Mathilda Legemah, Elisa R. Linn,
Alexandra McIntosh, Kathleen Rahn,
Nicolaus Schafhausen, Marc Siegel,
Grit Weber
Gestaltung / Design:
Siyu Mao

Lektorat / Copyediting:
Ilka Backmeister-Collacott, Sarah Quigley
Übersetzungen / Translations:
Ben Caton, Amy Klement, Kurt Rehkopf
Projektmanagement / Project Manage-
ment, Kerber Verlag:
Martina Kupiak
Reproduktionen / Reproductions:
Max Color, Berlin
Papier / Paper:
Chromolux Metallic silver 250 g,
Chromolux Metallic silver 90g,
LuxoArt Samt 100 g
Schriften / Fonts:
Roumald

Die Deutsche Nationalbibliothek verzeich-
net diese Publikation in der Deutschen
Nationalbibliografie; detaillierte biblio-
grafische Daten sind im Internet über
http://dnb.dnb.de abrufbar. / The Deutsche Nationalbibliothek lists this publication in the Deutsche Nationalbibliografie;
detailed bibliographic data are available
on the Internet at http://dnb.dnb.de.

Printed by / Gesamtherstellung:
DZA Druckerei zu Altenburg GmbH
Gutenbergstraße 1
04600 Altenburg
www.dza-druck.de

Published by / Vertrieb:
Kerber Verlag, Bielefeld
Windelsbleicher Str. 166–170
33659 Bielefeld
Germany
Tel. +49 (0) 5 21/9 50 08-10
Fax +49 (0) 5 21/9 50 08-88
info@kerberverlag.com
kerberverlag.com

Kerber publications are distributed
worldwide / KERBER Publikationen
werden weltweit vertrieben:

ACC Art Books
Sandy Lane
Old Martlesham
Woodbridge, IP12 4SD
UK
+44 1394 38 99 50
+44 1394 38 99 99 (F)
accartbooks.com

Artbook | D.A.P.
75 Broad Street, Suite 630
New York, NY 10004
USA
+1 212 627 19 99
+1 212 627 94 84 (F)
artbook.com

AVA Verlagsauslieferung
Scheidegger
Obere Bahnhofstr. 10A
8910 Affoltern am Albis
Switzerland
+41 44 762 42 41
+41 44 762 42 49 (F)
avainfo@ava.ch

KNV Zeitfracht
Verlagsauslieferung
kerber-verlag@knv-zeitfracht.de

ISBN 978-3-7356-0741-6
www.kerberverlag.com
Printed in Germany